政府购买居家养老服务的行动研究

朱晓卓 著

东南大学出版社
SOUTHEAST UNIVERSITY PRESS
·南京·

图书在版编目(CIP)数据

政府购买居家养老服务的行动研究 / 朱晓卓著. —南京：东南大学出版社，2024.5
ISBN 978-7-5766-1421-3

Ⅰ.①政… Ⅱ.①朱… Ⅲ.①养老-社会服务-政府采购制度-研究-中国 Ⅳ.①D669.6 ②F812.2

中国国家版本馆CIP数据核字(2024)第105440号

责任编辑：陈潇潇(380542208@qq.com)
责任校对：子雪莲　装帧设计：王　玥　责任印制：周荣虎

政府购买居家养老服务的行动研究
Zhengfu Goumai Jujia Yanglao Fuwu de Xingdong Yanjiu

著　　者	朱晓卓
出版发行	东南大学出版社
社　　址	南京四牌楼2号　邮编：210096
出 版 人	白云飞
网　　址	http://www.seupress.com
电子邮件	press@seupress.com
经　　销	全国各地新华书店
印　　刷	广东虎彩云印刷有限公司
开　　本	700 mm×1 000 mm　1/16
印　　张	17.5
字　　数	290千字
版　　次	2024年5月第1版
印　　次	2024年5月第1次印刷
书　　号	ISBN 978-7-5766-1421-3
定　　价	56.00元

＊ 本社图书若有印装质量问题，请直接与营销部调换。电话(传真)：025-83791830。

前言

人口老龄化已经是世界普遍的社会现象,我国迅速和深度地推进老龄化也成为未来很长一段时间必须面对的现实问题。《国家积极应对人口老龄化中长期规划》指出:"人口老龄化是社会发展的重要趋势,是人类文明进步的体现,也是今后较长一段时期我国的基本国情。"三大定位的阐述对于我国人口老龄化面临的形势做了清晰的判断。"十四五"时期,将积极应对人口老龄化上升到国家战略既是社会老龄人口实际所需,更是政府责任的必然选择。但是,我国进入老龄化社会具有突发性的特征,尤其是独生子女和人口老龄化的"邂逅",进一步叠加了老龄化的危机感。我国社会已经进入一种"未经充分准备的生活"的非常状态,"谁来养老、怎么养老"成为社会的普遍焦虑。当中国特色社会主义进入新时代,美好生活成为社会民众共同的追求,其中方便、可及且有质量的养老服务也理应是美好生活的一部分。

以何种方式应对养老问题,以何种模式解决养老需求,各国各地有不同的选择。西方社会所提出的福利社会将养老作为一项社会福利赋予社会民众。我国对于人口老龄化的应对,也经历了从政府全部兜底到向社会化发展的过程。面对日益庞大的老年群体,日益增长的养老服务需求,政府远远不可能完全依赖于批地盖楼建养老机构,一方面机构的床位数毕竟有限,另一方面也需要大量的包括人力、物力等方面资源去支撑养老机构的运行,供需之间的矛盾必然突出。加之现代社会中老年人参与社会的积极性也在不断提高,只要身体允许老年人仍然有较强的参与各类社会活动的需求。养老不再是一个封闭的场景,而是越来越开放,越来越需要和外界交流。所以,在"十四五"期间,国家提出了构建"居家社区机构相协调、医养康养相结合"的养老服务体系,在强调健康服务供给的同时,也对居家、社区和机构三种养老服务模式提出了贯通要求,也就是考虑到打破养老模式之间的封闭状态,让服务能跟着老年人走,这也是一种服务意识的转变。

从现实来看,我国大部分老年人都会选择居家养老,这不仅是传统文化的影响,更是将养老融入社会之中。机构养老更多是失能失智老年人的无奈选择。对于自理老年人来说,居家是更好的选择,回归家庭、回归社会才是最好的养老方式,也符合我国传统家庭理念,老年人在家庭承担家务继续发挥余热,在社会通过社区继续参与各类活动,让晚年生活更有幸福感和获得感。

不可忽视的是,在近十多年的时间里,家庭结构发生了巨大的变化,家庭成员数量逐步递减,并受到计划生育政策影响,少子化伴随着家庭小型化,进一步减弱了家庭原有的功能,不仅无人照护孩子,赡养老人也成了难题,以及结婚一般要有新房的社会共识,让更多年轻人自动离开了父母独自居住,从而让更多步入老年的人群进入了空巢生活状态,物质无忧而精神空虚,无人照护只能独立生活,甚至连一日三餐都难以保障,这应该不是在现代社会中我们所期待的老年生活。

当然,我们可以寄希望于政府承担起养老的责任,但是资源的有限性、服务的基础性,决定了在当下老年人越来越期望有个性化、专业化的服务。从供给端来说,政府自身的供给能力有限,只能去寻求其他社会资源来解决这个问题。由此,政府购买服务开始进入居家养老服务领域,政府出钱,社会出力,一起来解决居家养老难题。政府购买居家养老服务,第一是政府责任落实的渠道,通过购买服务让更多的社会资源进入到居家养老服务领域,充分发挥社会组织的作用,集聚社会力量为居家老年人提供服务,同时也培育了一批居家养老服务企业,解决了供给端的难题;第二是社会治理能力的体现,让更多的社会资源共同搭建起助老、为老的服务平台,营造出敬老、爱老的社会氛围,让更多人关注老龄化社会,关注老年人生活,从社会发展的本身来说也是服务力量的聚焦,多元供给提高了在居家养老服务领域的协同治理水平,提高了管理效能;第三是解决了居家养老服务市场化的问题,多样化、个性化、专业化的服务仅仅靠政府直接提供是很难实现的,计划经济下只有"一碗水、一碗饭、一张床、一张被子"的标配,居家老年人的服务体验感很难满意,尤其在社会经济发展到一定阶段,老年人经济压力逐步减弱的情况下,愈发明显,依靠政府资金,吸引社会力量来承担居家养老服务,减轻了企业的成本负担,同时拉动了养老服务供给水平市场化,提供给居家老年人更多的选择。因此,政府购买居家养老服务对于政府、对于市场、对于居家老年人,不失为一个三方受益的策略选择,推动向服务型政府的转型、培育了居家养老服务市场,也提高了居家养老服务供给能力,让更多的老年人能在家安享晚年。

  作者长期关注政府购买居家养老服务政策,对于居家老年人服务需求、供给能力、服务模式等方面积累了一定的研究成果。本书以行动为指引,在理论分析的基础上,通过供需变化、经验积累、政策发展等多维度评价政府购买居家养老服务政策的行动效能,针对其中的短板,结合未来需求判断,提出了相应的发展建议。限于作者知识水平有限,书中难免存不足之处,恳请读者谅解并予以批评指正! 同时,也希望通过本书,期待有更多的专家学者能关注政府购买居家养老服务,为老年人拥有美好的晚年生活建言献策,同时也能看到积极应对人口老龄化国家战略的重要性,让人人都能参与,社会都能支持,共同打造老年友好型社会,让人人幸福享老成为现实。

目录
CONTENTS

第一章 | 导论

第二章 | 供需与体系：政府发展居家养老服务的行动依据
- 第一节　我国养老服务供需的变化　　10
- 第二节　我国养老服务体系发展的趋势分析　　17
- 第三节　居家养老在养老服务体系中的地位　　27
- 第四节　居家养老的理论基础　　37

第三章 | 供给与责任：政府购买居家养老服务的行动选择
- 第一节　政府购买居家养老服务的相关概念　　48
- 第二节　政府购买居家养老服务的理论基础　　57
- 第三节　政府购买居家养老服务的行动支持　　84

第四章 | 实践与启示：政府购买居家养老服务的行动经验
- 第一节　外国政府购买居家养老服务的行动研究　　93
- 第二节　我国各地政府购买居家养老服务的行动实践　　101
- 第三节　国内外政府购买居家养老服务的经验启示　　124

第五章　推动与保障：政府购买居家养老服务的行动政策

第一节　我国养老服务相关政策概述　　134
第二节　我国社会人口老龄化的演进和养老服务政策发展　　146
第三节　政府购买居家养老服务的政策研究　　156
第四节　居家老年人的权益保护　　179

第六章　健康与照护：政府购买居家养老服务的行动提质

第一节　居家养老服务中的健康保障　　190
第二节　医养结合在居家养老服务中的发展　　198
第三节　长期照护在居家养老服务中的发展　　217

第七章　绩效和发展：政府购买居家养老服务的行动思考

第一节　政府购买居家养老服务的绩效评价　　231
第二节　政府购买居家养老服务的政策评价　　241
第三节　提高政府购买居家养老服务供给能力的建议　　248
第四节　政府购买居家养老服务的未来发展　　252

参考文献　　270

第一章

导 论

本项目针对政府购买居家养老服务模式,依据服务对象、执行方、政策实施者的不同情况,开展深入细致、扎扎实实的调查和实地访谈,整理归纳相关资料、案例,围绕政府购买居家养老服务满意度等情况开展调研,在专家学者的智力支持下,综合分析各方意见,通过实证研究,从行动落实角度评价政府购买居家养老服务的效能。通过把握政府购买居家养老服务供给的基本情况及特点,探索政府购买居家养老服务的结构调整方向,寻求政府购买居家养老服务供给和需求之间搭建相互协调和平衡的机制,以需求刺激供给能力提升,以高质量的供给满足和创造需求,通过政府责任、购买供给服务规范、保障机制、监管体系等方面研究,解决政府购买居家养老服务在供给侧方面存在的问题,由此提出政府购买居家养老服务模式的完善思路和提升对策,提高政府行动力,完善政府购买居家养老服务可持续发展途径,促进服务模式的结构性调整,实现居家养老服务高品质提升,让居家老年人有更多的幸福感、获得感和安全感。

一、研究背景

人口老龄化是指在总人口中因年轻人口的数量减少、老年人口数量增加而导致的老年人口的比例呈现出相应增长趋势,是老年人口在总人口中所占比重逐渐提高的一个动态过程[1]。国际上通常把60岁以上的

---

[1] 邬仓萍,谢楠.关于中国人口老龄化的理论思考[J].北京社会科学,2011(1):4-8.

人口占总人口比重达到10%,或65岁以上人口占总人口的比重达到7%作为一国或地区进入老龄化社会的衡量标准[1]。

1999年,我国60岁以上老年人口占到总人口的10%,按照国际通行标准,我国人口年龄结构已进入老龄化阶段。进入新世纪后,我国人口老龄化速度持续加快。根据2021年发布的第七次全国人口普查公告显示,60岁及以上人口为264 018 766人,占18.70%,其中65岁及以上人口为190 635 280人,占13.50%,与2010年第六次全国人口普查相比,0~14岁人口的比重上升1.35个百分点,15~59岁人口的比重下降6.79个百分点,60岁及以上人口的比重上升5.44个百分点,65岁及以上人口的比重上升4.63个百分点。人口老龄化伴随着高龄化、空巢化和独生子女家庭普遍化的发展趋势加快,在继老年人经济保障、医疗保障之后,如何满足老年人日益增长的服务需求已经成为各级政府面临的重大问题,从原先的"能养得起"到现在的"能养得好",不仅生活照护服务内容发生了很大变化,养老服务重点也从机构转移到居家。根据有关调研,选择居家养老的老年人占90%,只有约10%的老年人选择机构养老。《国务院关于加快发展养老服务业的若干意见》(国发〔2013〕35号)的文件要求"到2020年,全面建成以居家为基础、社区为依托、机构为支撑的,功能完善、规模适度、覆盖城乡的养老服务体系"。由此可见,居家养老已经成为我国养老服务中最为主要的推广模式。

由于中国人的养老观念倾向于选择居家养老,居家养老服务是经济高效的养老服务方式,同机构养老相比,居家养老服务投入小、经济和社会效益高。通过市场化来运营社会化的居家养老服务模式已经成为社会养老服务发展的重要路径。满足老年人对居家养老服务的需求,是政府必须着力解决的一个现实问题。与家庭养老不同,社会化居家养老是家庭、社会、政府多方责任共担的一种新机制,既包括政府购买服务,也包括老年人自己购买服务。2014年8月26日,财政部、国家发改委、民政部和全国老龄办联合出台的《关于做好政府购买养老服务工作的通知》指出,要"立足各地经济社会发展实际,积极探索,不断创新政府购买养老服务机制,改进购买服务的方式方法"。

---

[1] 邬仓萍,谢楠.关于中国人口老龄化的理论思考[J].北京社会科学,2011(1):4-8.

现有文献的主要学术观点为：居家养老是以家庭为基础，社会为依托，利用家庭、个人、社区、国家、非营利组织和市场共同参与的多元化养老体系，具有适应面广、针对性强、形式多样、保障功能全面、灵活性大、运作成本低、效率高等优势，同时操作难度大。车峰、周雅琳对2006—2020年的223份中央和省级政策文本进行量化分析后指出，政府购买养老服务的政策变迁分为地方出台政策—中央与地方政策全面发展—政策步入高质量发展三个阶段[1]；张红兵、王小颖通过在南京的调研，认为政府购买居家养老服务的风险成因包括政府治理能力的不足、社会组织服务能力的有限、评估工作失准引起风险三个内部风险及老年人个体特征导致的外部风险[2]；杨倩文等通过构建多主体、全过程的政府购买养老服务绩效评价框架，对民政部门、养老机构和机构内的老人分别进行评估，认为在政府购买养老服务中应当完善购买机构养老服务绩效评估机制、强化信息化平台和系统建设、培养专业化的养老护理人才及优化养老资源配置，促进服务公平性提升[3]；钱海燕等提出，要提高地方政府购买服务的财政支出效率，要充分考虑服务项目的规模收益[4]。

居家养老兼具"社会性福利事业"与"新兴的服务产业"双重性质，供给主体主要包括政府、各种营利和非营利组织、企业、个人等。当前居家养老服务需求成为社会刚性需求不断增加，但是目前我国的经济发展水平决定了单靠政府的力量不可能完全解决。市场化条件下居家养老服务业供给主体中的政府要发挥主导作用，市场化运作的居家养老模式很大程度取决于老年人的认可、介入和拉动，对此要加强需求主体责任机制的建设与应用，通过居家养老服务消费者——老人及其家庭的责任并身体力行拉动市场发展、追求最佳效益，其主要体现在市场模式催生、市场规模大小、市场运营力度、市场效益高低等几个方面的

---

[1] 车峰,周雅琳.政府购买养老服务政策的发展脉络与演进特征:基于223份中央和省级政策文本的量化分析(2006—2020年)[J].学习论坛,2022(3):96-104.
[2] 张红兵,王小颖.南京市政府购买居家养老服务的风险成因与对策[J].中国老年学杂志,2020,40(24):334-339.
[3] 杨倩文,杨硕,王家合.政府购买机构养老服务绩效评价指标体系构建与实证应用[J].社会保障研究,2021(5):60-71.
[4] 钱海燕,沈飞.地方政府购买服务的财政支出效率评价:以合肥市政府购买居家养老服务为例[J].财政研究,2014(3):64-67.

责任担当与拉动,作为供给主体需要强化服务意识,整合资源,加强协调合作,形成连贯发展的良性循环机制。但是,目前居家养老供需的平衡机制、责任机制和互动机制尚不健全,导致居家养老服务供给持续性不足;需求决定供给,由于性别、经济条件、身体健康状况等不同,老人需求差异很大,供给主体如果没有根据这些差异,提供个性化的服务,导致居家养老服务供求内容失衡。当前,居家养老服务供给内容主要集中于家政服务、生活照料、医疗照顾等方面,而对精神文化、心理咨询、法律维权等精神慰藉方面的供给相对较少,居家养老社会资本投入不足、服务项目开发不够、服务标准不规范、服务人员短缺等问题导致老年人难以从市场获得多样化、个性化的需求;此外,居家养老需求日益巨大、居家养老服务供给不足的现状更进一步要求对我国居家养老服务供给侧改革战略重点的深入研究,尤其是我国居家养老服务进入新常态,从市场经济开发和推动、提高居家养老服务质量等多方面都彰显本项目较高的研究价值。

社会人口老龄化程度加深,一方面使市场规模扩大,同时养老压力也在逐年增加,受到我国传统文化和道德的影响、社会资源的有限、涉及老年人群广泛等因素决定了居家养老在我国必将有广阔的市场前景和推广价值,但是现有的居家养老服务保障体系尚不完善,供给能力尚不能满足居家老人的现实需求,直接影响到市场层次的提升。另一方面,人口老龄化日益加剧所带来的社会红利也不容忽视,不仅可以带动老年产业经济的发展,更可提供大量就业岗位。此外,由于我国在未富先老和未备先老的状态下急速进入老龄社会,养老作为当前社会最为重要的民生问题政府必须积极应对,采取政府购买居家养老服务解决居家养老服务供给问题,这也是服务型政府的应尽义务,也是政府履职的体现。面对老龄化危机,政府应明确政府在居家养老服务中的责任,进一步完善政府购买居家养老服务工作体系,及时对居家养老服务供给进行结构性调整。通过供给侧结构性改革满足居家养老服务需求,以提高供给为目标,赋予老年居民养老服务的选择权,并在提供专业、可定制、具有特色的养老服务,提升养老服务水平的同时,以政府购买为主要途径增加居家养老就业岗位,提高居家养老服务的经济效益,更可从政府层面推进居家养老服务模式创新,提高居家养老服务供给能力,提升居家养老服务品质,完善政府购买居家养老服务体系,提高政府购买居家养老服务的行动力,提高社会的满意度,促进养老事业的可持续发展。

二、研究内容

居家养老作为当前最为主要的养老服务需求,属于社会民生问题。要履行政府养老责任、提高政府购买居家养老服务的满意度关键在于服务的供给。因此,要紧密结合政府购买居家养老服务的社会服务需求,以行动力为落脚点,以供给能力为切入点,研究政府购买居家养老服务在供给侧的结构性调整方向,注重协调需求侧和供给侧的平衡协调,重点以供给为视角完善政府购买居家养老服务的政策制度,规范政府购买居家养老服务流程,确定竞争则优的原则,建立政府购买居家养老的考核体系,使其具有较好的可操作性以及可持续发展的有效性,切实履行政府对于社会养老的责任,提高居家老年人的满意度。

(一)研究养老服务新体系要求对于政府购买居家养老服务的影响

养老服务供需变化决定养老服务体系。在研究国内外政府购买居家养老服务的实施情况的基础上,分析服务型政府、供给侧改革等理论依据,针对近年来政府购买居家养老服务情况开展调查,通过设计问卷,制定量表,主要调查包括服务对象的满意度、政府购买服务执行组织(企业)的工作成效和接受度,政府购买居家养老服务的覆盖面等,从政府资金、资源配置、人员保障、社会发展、服务成效和服务规范等多角度研究政府购买居家养老服务发展中存在的供给问题,指明其中存在的结构性发展障碍,分析该制度实施成效及目前实施中存在的问题,由此提出完善政府购买居家养老服务制度的思路和建议。

(二)政府购买居家养老服务中的政府责任分析

当前我国养老服务市场正处于体制转型期,市场化进程初期的我国养老产业更是离不开政府的推动、扶持和指导,只有政府介入,推动养老服务事业的发展,才能弥补和纠正单纯市场机制存在的内在缺陷问题,即"市场失灵"问题;只有政府的推动,才能逐渐克服养老资源严重不足,不能实现资源充分有效配置问题;只有政府推动,才能保障老年人合法权益,解决基本的居家养老服务问题,确保养老事业的公益性和基础性。

研究政府购买居家养老服务中的政府责任，就是要明确政府在居家养老服务事业发展中的责任范围而言，具体就哪些居家养老服务需要政府购买，如何处理社会资本进入居家养老服务市场和政府对购买居家养老服务管控之间的矛盾，解决居家养老服务事业的外部性、非营利性与市场性并举的问题，处理好居家养老服务事业中的市场化原则与非营利性、微利性的矛盾，重点在指导性目录、优先保障范围、购买流程、考核体系等方面明确政府责任。

（三）政府购买居家养老服务的具体行动研究

居家养老作为绝大多数老年人的选择，其供给的好坏决定了国家养老服务事业发展的水平，因此行动是关键、是核心。通过居家养老服务、政府购买服务的相关理论和概念的研究，从供给与责任、推动和保障、实践与启示、健康与照护、绩效与发展等不同层面分析政府购买居家养老服务的具体行动情况，全面分析政府购买居家养老服务在政策制定和落实、项目实施、项目评价等全过程所形成的产业链，以此对居家养老服务进行客观评价。

（四）政府购买居家养老服务供给侧结构性调整的思路和路径研究

政府购买居家养老服务模式供给侧结构性改革，其中"改革"才是核心命题，"供给侧"只是改革切入的方向，"结构性"则是对改革方式的要求。通过明确政府购买居家养老服务供给侧结构性调整的作用，完善理论体系，提出政府配置居家养老资源的途径，指明结构性调整的方向，促进政府积极转变职能，简政放权，有效实现居家养老服务供给中的政府作用，以供给创造需求。居家养老服务是为老年人提供产品或服务、满足其衣食住行用以及精神文化等方面需求。通过政府购买居家养老服务的产业供给能力研究，力求在政府配置的背景下将居家养老服务设计成具有可持续发展的特点，提出居家养老服务指导性目录，确立政府购买居家养老服务的优先保障和竞价择优原则，完善政府购买居家养老服务的途径和购买流程，建立政府购买居家养老服务的考核体系，以供给能力提出政府购买居家养老服务应具有的高度，提高供给的质量和效率；通过政府购买居家养老服务的要素供给能力研究，从服务队伍、管理机制等方面深入分析，加快实现发展政府购买居家养老服务的创新变化；

通过对政府购买居家养老服务的制度供给研究,推动"政府与社会资本合作"式,寻求共赢;通过政府购买居家养老服务供给和需求协调发展研究,以政府和市场的协调互动为纽带,提出政府购买居家养老服务供给和需求之间的内在联系,建立完善与经济社会发展相匹配的收入稳定增长机制,提高老年人的消费能力和服务购买力的同时,加强老年人养老观念、消费意识和生活习惯等方面的教育引导等。

三、研究方法和路线

(一)研究方法

1. 文献研究法

通过知网、维普、同方等学术期刊数据库以及各种网络搜索引擎等查阅有关政府购买服务的理论知识、政策法规和实践做法等文献资料,及时把握国内外最近发展和研究动态,借鉴已有的研究成果和较为成熟、系统的做法,汲取其经验教训,找到新的理论创新点,为本课题研究提供理论框架和有力的论据支持。

2. 比较分析法

对国内外政府购买居家养老服务供给情况进行各方面的详尽比较和分析,分析其他行业购买服务的精髓和其中可能移植到居家养老服务领域中的具体做法,借鉴成功的经验,以增加研究的深度和广度。

3. 访谈调研法

组织养老服务行业的专家学者、养老机构的负责人、民政部门工作人员对居家养老服务供给能力问题进行访谈调研,从理论和实践角度分析利弊,提供思路和建议。

4. 个案分析法

对已有典型的政府购买居家养老服务供给案例进行调研分析。

（二）研究思路

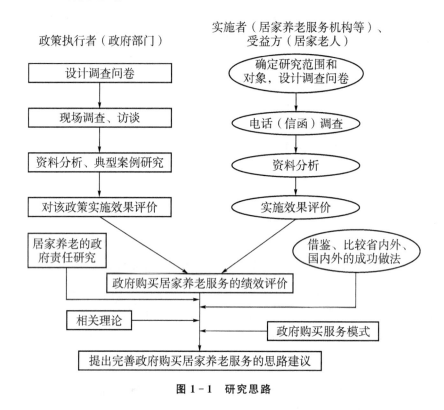

图 1-1 研究思路

四、研究的创新之处

"消费-需求-供给"三者的关系在社会经济战略中占据十分重要的地位，同样对于养老服务的服务水平影响重大。居家养老服务消费是基于居家养老服务需求而消费、政府购买居家养老服务供给是基于居家养老服务需求而供给，解决供给问题必须清楚服务群体目标，明确政府责任和实现途径，然后对政府购买居家养老服务模式进行结构性调整，提高供给能力，以供给满足需求，以供给创造需求。因此，本项目的创新之处在于以下方面：

（一）全面对接养老服务新体系分析政府购买居家养老服务行动方向

根据国家积极应对人口老龄化国家战略，全面分析"居家社区机构相协调、医养康养相结合"养老服务新体系的具体要求，由此在供需变化的情况下分析政府购买居家养老服务的发展方向和行动支持。

（二）供给侧视角分析支持政府购买居家养老服务供给的行动能力

政府购买居家养老服务模式实践和经济供给侧、服务型政府等理论有机结合，通过各地实践、政府政策、供需匹配等方面的行动开展研究，重点对政府购买居家养老进行绩效评价，优化购买居家养老服务的政府行为，提高居家养老服务的社会满意度。

第二章

供需与体系：政府发展居家养老服务的行动依据

人口老龄化是社会发展的重要趋势，是人类文明进步的体现，也是今后较长一段时期我国的基本国情。近年来，随着我国经济社会的快速发展，医疗技术快速发展，社会居民的生活品质不断提高，人均寿命不断提升，人口老龄化程度加深带来了社会养老服务负担日益加重，养老问题涉及民生福祉，已经成为社会和政府所关注的重要民生问题。总体上看，人类社会应对人口老龄化尚缺乏可资借鉴的成熟经验。尤其对于我国这样一个人口众多的大国而言，构建怎样的养老服务体系决定了未来我国养老服务战略问题。面对汹涌而来的"银发浪潮"，必须充分考虑人口快速老龄化对养老服务模式选择的重要影响，要从我国基本国情出发，在分析我国老龄化特点的基础上，正确判断未来养老服务的需求趋势，以准确选择何种养老服务模式，构建合理科学的养老服务体系，形成提升养老服务水平的行动方案，走出一条符合中国国情、具有中国特色的积极应对人口老龄化之路。

第一节 我国养老服务供需的变化

人口老龄化是指在总人口中因年轻人口的数量减少、老年人口数量增加而导致的老年人口的比例呈现出相应增长趋势，是老年人口在总人口中所占比重逐渐提高的一个动态过程[1]。根据1956年联合国《人口老龄化及其社会经济后果》确定的划分标准,当一个国家或地区65岁及以上老年人口数量占总人口比例超过7%时,则意味着这个国家或地区进入老龄化。人口老龄化一般有如下两种含义:一是老年人口与以前相比相对增多,在总人口中所占比例呈现出一个不断上升的过程[2]。也就是说人口老龄化程度不仅取决于老年人口的绝对数量,更取决于老年人口总数与其他年龄段人口数的相对比值,即相对老龄化;二是社会人口结构呈现出老年状态,进入老龄化社会,就是老年人口比重不断提高的过程,即绝对老龄化。老龄化社会的到来是现代社会发展的必然趋势和必然结果,由此带来的养老需求问题应引起各级政府及社会各界足够重视。

一、我国人口老龄化的发展阶段

从2013年到21世纪末,我国人口老龄化过程可分为四个阶段。第一阶段:从2013年到2021年为快速发展阶段,同时我国人口处于轻度老龄化阶段。在此阶段,我国老年人口迎来第一个增长高峰,由2.02亿人增长到2.58亿人。这一阶段增加的老年人口属于"50后",他们的思想观念、收入水平、生活方式不同于"30后""40后"的老年人,不仅消费能力强,而且只有少部分人赶上计划生育,大多数有3个及以上子女。这些子女是"50后"老年人经济来源的主要补充,但这些子女目前是社会的中坚力量,不可能为其父母提供所有的家庭养老服务。不过,他们是发展老龄金融的重要客户群体。这一阶段是我国老龄产业发展的黄金战略准备期。第二阶段:从2022年到2030年我国老年人口将迎来第二个增长高峰,也是21世纪老年人口增长规模最大的一次,由2.58亿人增长到3.71亿人。老龄化水平在2024年达到20.3%,进入中度老龄化阶段。值得强调的是,到2023年前后全国总人口开始出现负增长。老龄人口将超过少儿人口,标志着我国从主要抚养儿童的时代迈入主要扶养老人的

---

[1] 邬仓萍,谢楠.关于中国人口老龄化的理论思考[J].北京社会科学,2011(1):4-8.
[2] 林善浪,王健.家庭生命周期对农村劳动力专一的影响分析[J].中国农村观察,2010(1):25-35.

时代。这一阶段的老年人口主要是"60 后"。这批人经历了严格的计划生育,子女数量锐减,城市老年夫妇平均不到 1 个子女,农村老年夫妇平均也只有 2 个子女左右。这批人思想观念开放,生活方式现代化,经济实力也比较雄厚。第三阶段:从 2031 年到 2053 年为快速发展阶段,我国人口进入中度老龄化阶段。在此阶段,我国总人口全面进入负增长阶段,人口总量开始减少,老年人口增长态势放缓,由 3.71 亿人增长到 4.87 亿人。这一阶段增加的老年人口大多是"70 后",他们中很多人拥有巨大老龄金融资产,将是老龄产业的直接消费者和间接消费者。在此阶段,我国老龄产业发展进入成熟期。第四阶段:从 2053 年到 2100 年为高位发展阶段。在此阶段,我国人口持续处于中度老龄化阶段。老年人口增长期结束,由 4.87 亿人减少到 3.83 亿人,人口老龄化水平始终稳定在 1/3 上下,高位运行,形成一个稳态的重度老龄化平台期。

2022 年 1 月 17 日,国家统计局发布的数据显示:2022 年末全国人口(包括 31 个省、自治区、直辖市和现役军人的人口,不包括居住在 31 个省、自治区、直辖市的港澳台居民和外籍人员)141 175 万人,比上年末减少 85 万人。60 岁及以上人口 28 004 万人,占全国人口的 19.8%,其中 65 岁及以上人口 20 978 万人,占全国人口的 14.9%。这是我国人口自 1962 年以来(即近 61 年来)首次出现负增长。随着我国人口负增长时代与重度老龄化进程叠加的影响,对于我们社会发展存在较大的不确定性风险,需要予以正确认识。

第一,疾病扩张风险积聚、经济生产活力弱化、公共财政收支失衡、养老福祉保障不足、社会不公平等加剧已然是近期可预见的"灰犀牛"式风险,而健康促进环境建设滞后,风险因素控制不当,社保基金收支失衡,财政可持续性面临挑战,政府债务风险攀升,对于政府在公共服务领域的投入仍会有资金风险,威胁社会稳定。对于政府而言,未来仍然需要以"发展"作为主基调,要扩大内外双循环、大力发展经济,逐步增加在民生领域的投入,进一步明确基本养老的公共服务属性,缩小城乡养老服务之间的差距,提高可及性、公平性,增加老年人的幸福感、获得感和安全感。

第二,人口老龄化程度快速增长,但是消费市场规模依然巨大,银发经济值得关注。2022 年我国人口负增长起步,2035 年总人口依然在

14亿人以上,2050年仍在13亿人以上,人口负增长早期阶段的人口规模依然巨大。20世纪70年代之前,我国依然是全球两个十亿级以上的人口大国之一,潜在市场规模巨大,伴随社会经济持续发展,收入水平提高,消费能力强劲,带来现实的超大市场规模不可估量,老龄化浪潮下老年产品、老年服务成为新的经济增长点,培育相关产业,拉动老年消费,把握制度调整的战略机遇期,超越传统人口红利的概念,更加注重长寿红利的释放,让社会经济保持稳定的发展速度和规模,也为政府公共服务资金保障提供有效支持,形成良性的循环。

第三,要尽快增加家庭养老保障的能力,化解重度老龄化社会的风险。无论何种养老服务,作为家庭而言都需要有一定的经济基础,人口负增长时代的重度老龄化社会伴随着劳动参与率大幅降低,劳动生产率提高受阻,经济生产活力弱化;居民养老保障准备不足,抗风险能力较弱,老年贫困风险累积等情况。对此,须在观念上克服"老龄社会恐惧"等非理性焦虑,以客观冷静的态度审视其中的"危"与"机",更加注重风险识别和管控,要在思维上改变年轻型社会的思维定式,构建适应老龄社会和长寿时代要求的经济生产方式和生活方式,更加注重化解风险的制度重构,应在行动上具有主动、超前应对的意识,启动家庭照护能力恢复计划,积极主动开展老年人的健康管理,构建老年人健康保障体系,明晰家庭、政府和市场在养老服务领域的职责范围,建立并完善长期照护保险制度,提高家庭养老的保障力度。

老年人特别是我国老年人,收入水平相对低于劳动年龄人口,社会保障还不够充分,差距也比较大。同时,他们消费有后顾之忧,从未来来看,改善收入分配,可以改善总体的消费格局,可以扩大消费需求。因此,我们今后的一个重大挑战在于消费侧。党的十八大以来,我国国内生产总值(Gross Domestic Product,GDP)增长和居民可支配收入增长的同步性非常强,这意味着人均GDP的提高可以转化为居民收入的提高,居民能够共享发展成果,而"共同富裕""国内大循环",就意味着要把庞大的人口规模变成中等收入群体的大规模,扩大消费市场,这也意味着要进一步拓展养老服务市场的发展空间,由政府购买居家养老服务能激发养老服务需求,加速养老服务市场的培育。

二、我国养老服务供需的发展

养老服务供需是要根据社会发展的情况而决定的,不但要满足老年人的实际需求,也要考虑到社会对于养老服务的供给能力,既有社会因素,也有经济因素。从老年人需求来看,是从温饱型向个性化、专业化、多样化发展,从老年人供给来看,是从解决困难老年人养老供给向政府重点解决普惠性、市场重点丰富养老服务供给层次性发展。随着社会经济的发展以及个人生活条件的改善,老年服务供需变化会进一步调整,供需匹配度会得到更有效的对接。

在1978年之前,我国重点考虑的是"三无""五保"老年人[1],基本属于社会救助的范畴,政府通过举办社会福利院等来解决有困难的老年人群的养老问题,服务的重点也是有饭吃、有床睡、有衣穿,绝大部分老年人还是依靠家庭养老的供给,家庭中的子女承担赡养老年人的义务,以解决养老服务需求。1978—2000年,党的十一届三中全会之后,我国进入了全面改革开放的发展时期,养老服务进入社会化的探索阶段,在社会福利社会办的理念下,开始向有个性化需求的老年人提供具有市场经济特征的养老服务,服务内容也从温饱型向医疗、丧葬、文娱体育等领域拓展;2000—2010年,我国进入养老服务的社会化发展期,随着社会经济增速加快,民生需求得到了政府的高度重视,政府开始对养老服务体系进行顶层设计,各地开始探索政府购买养老服务等新举措,养老服务项目得到进一步丰富,服务对象得到了进一步拓展;2010—2015年,"居家为基础、社区为依托、机构为支撑"的社会化养老服务体系得到进一步发展,《中华人民共和国老年人权益保障法》不断完善,明确了家庭、社会的养老照护

---

[1] "三无"是无劳动能力、无收入来源、无法定赡养(抚养、扶养)人中的人员;所谓"五保",主要包括:保吃、保穿、保医、保住、保葬(孤儿为保教)。《农村五保供养工作条例》中的五保供养对象,主要包括村民中符合下列条件的老年人、残疾人和未成年人。五保对象指农村中无劳动能力、无生活来源、无法定赡养扶养义务人或虽有法定赡养扶养义务人,但无赡养扶养能力的老年人、残疾人和未成年人。五保供养的内容:① 供给粮油和燃料;② 供给服装、被褥等用品和零用钱;③ 提供符合基本条件的住房;④ 及时治疗疾病,对生活不能自理者有人照料;⑤ 妥善办理丧葬事宜;⑥ 五保对象是未成年人的,还应当保障其依法接受义务教育。

能力,社会化养老服务的能力进一步发展;2015—2019年,随着高龄化的趋势显现,老年人对于自身的健康状况也得到了更多的重视,2015年《国务院办公厅关于推进养老服务发展的意见》(国办发〔2019〕5号)提出:"持续完善居家为基础、社区为依托、机构为补充、医养相结合的养老服务体系,建立健全高龄、失能老年人长期照护服务体系。"2016年10月《"健康中国"2030规划纲要》,其中重点阐述了"医养结合"模式。党的十九大报告也提出了"积极应对人口老龄化,推进医养结合,加快老龄事业和产业发展"的要求。医养结合成为养老服务提质的重要方向,"医"是指医疗服务,包括了身体健康检查、健康服务咨询、疾病诊断治疗和医疗护理服务、康复保健以及临终关怀等项目,"养"包括了生活照护服务、文化娱乐服务和精神慰藉服务等项目。2020年开始,《中共中央关于制定国民经济和社会发展第十四个五年规划和二〇三五年远景目标纲要》将"积极应对人口老龄化上升到国家战略",要"推动养老事业和养老产业协同发展,健全基本养老服务体系,发展普惠型养老服务和互助性养老,支持家庭承担养老功能,培育养老新业态",并提出了"构建居家社区机构相协调、医养康养相结合的养老服务体系。"养老服务社会化加速发展、多领域贯通,医养康养服务供给放到更为重要的地位,更加体现了养老服务跟着老人走,普惠性的养老服务供给要进一步加强,多元化的养老服务供给格局要逐步完善。

三、我国养老服务供需的未来变化趋势分析

人口老龄化使得越来越多的老年人有养老服务需求,老年人赡养率及其赡养费用将呈现出大幅度上升趋势,单纯仅仅依靠机构养老不能完全解决老年人的实际需求,无论是从政府能力还是市场发展而言,都不可能通过养老机构的建设投入去解决所有的养老问题,这也意味着老年人选择机构养老要具备一定的经济实力(除了政府承担"兜底"服务的老年人群),养老服务需求和供给需要在新的形势下不断地优化调整。

(一)家庭养老供给将逐步减弱

家庭内部照顾老年人的主要还是依靠配偶和成年子女,随着家庭小型化、空巢化的趋势日益明显,传统意义上的大家庭正逐渐减少,配偶一般也处于老年阶段也需要被照顾,而父母和子女分居情况普遍,越来越

多的老年人不会和自己的成年子女一起生活，经济的独立、人权意识的觉醒、生活节奏的加快、与子女的分房居住等因素导致家庭内部实际照顾老年人的人手减少，家庭成员照顾老年人的负担将会加重，难以实现养老服务的连续性和即时性。

（二）机构养老的运营负担将持续加重

机构养老需要统一集中管理、稳定配备专职人员、维护建设场地设施，人员的专业性高、管理的规范性强都决定了机构养老的成本相对较高。尤其是随着年龄的增长，身体状况和生活能力不断退化，老年人罹患各种常见病、多发病等老年性疾病发病率明显上升，使老年人生活自理能力越来越低，对长期照料和康复护理等方面健康服务需求越来越高，养老机构在提高医疗服务能力方面需要增加投入，包括医护人员、医疗设备等投入均会增加，由于养老机构首先要满足能开展生活照护的需求，而且养老机构开设的医护站点只能对内服务，不能对外营业，服务人群有限，功能相对单一主要以慢病用药、康复治疗为主，营业收入较低，运营成本相对较高，如果要单独设置医疗机构，成本过高，在资金有限的情况下养老机构发展医疗服务的主动性和积极性也会受到影响。

（三）养老服务需求重点调整将影响供给

老年人因为年龄问题机体功能减退，患疾病的概率大大增加，使老年人的医疗服务需求更多。此外，我国长期施行的计划生育政策推动了更多小型家庭的产生，家庭对于老年人的照顾负担加重，日常工作繁忙、人口流动、地域间隔都造成了老年人在生活中缺乏家人的关心，即可能缺少经济上的保障，更缺少精神上的慰藉，产生孤独感，老年人在此阶段因和社会直接接触减少，也会产生无用感，这就要求今后的养老服务供给中必然要增加健康服务项目，要更加重视老年人的精神娱乐需求。

因此，人口老龄化是个人、家庭和社会必须面对的现实问题，在政治、经济、社会、科技、文化等多个领域面临着机遇和挑战。面对养老服务需求变化，积极老龄化、健康老龄化成为养老的主要内容，老年人在经济独立性上也逐步得到更多的支持。对此，养老服务供给方面需要注意以下问题：

首先，老年人健康观念更积极主动。维护老年健康不是有病治病，而是要构建和完善老年人的健康管理和保障体系，便捷老年人就医服务，增加医养康养以及保健服务的供给。

其次，随着国家养老金制度的完善，社会化的养老保险、基金等金融产品的丰富，家庭的财富观念更独立多元，老年人经济走向独立并决定了其养老将逐步摆脱单纯依靠家庭子女的经济支持，自我养老需求的意识会更强，也就意味着老年人的服务需求个性化体现更加明显。

再次，养老的价值观念更注重贡献。积极老龄化让老年人希望自己不是家庭负担，而是家庭的好帮手、银发经济的主力军，老年人更愿意积极参与到社会活动过程中，以体现其价值，尤其在高龄化的情况下，医疗服务供给加强，越来越多的老年人有能力去承担一定的社会劳动，继续创造社会价值。

此外，家庭观念更青睐有距离的亲情。城市老年人不希望与子女住在一起，但又要离家近，生活的独立性进一步在加剧家庭空巢化、小型化的同时，家庭养老的自主性也随着提高。但是，这种自主性更多体现在生活照料方面，老年人对于精神慰藉的供给仍有强烈需求，仍需要亲情来满足老年人的心理需求。因此，以社区为载体的居家养老服务更容易被老年人接受、老年社区会有更好的发展前景。

最后，生活观念更注重培养老年人兴趣爱好以融入社会。老年人不是坐等被照顾，而是主动走出去加入兴趣班、参加公益活动、再就业等，与社会不脱节。"老有所养"在被普惠性养老服务供给支持的情况下，"老有所教""老有所为"更容易成为老年人的现实需求，也会逐步转化为老年人养老的基本要求。

第二节　我国养老服务体系发展的趋势分析

养老服务体系发展是基于社会经济、人口数量、民生需求等多方面因素的影响，构建什么样的养老服务体系，决定了国家在养老服务事业上承担的具体责任，更是为养老服务工作明确了方向，确定了重点。我国是世界上老年人口最多的国家，截至 2019 年末全国 60 岁及以上人口为

25 388万人,占18.1%,其中65岁及以上人口为17 603万人,有4 000多万失能、半失能老人。失能、半失能老年人口大幅增加,老年人的医疗卫生服务需求和生活照料需求叠加的趋势越来越显著,医养结合服务需求日益强烈。2020年《中共中央关于制定国民经济和社会发展第十四个五年规划和二〇三五年远景目标的建议》明确提出"实施积极应对人口老龄化国家战略",要"构建居家社区机构相协调、医养康养相结合的养老服务体系",这是关乎国家长远发展与人民福祉的战略举措,也为我国解决人口老龄化问题提出了行动指南。

一、养老服务体系的概念、分类和特点

(一)概念

养老服务体系主要是指与经济和社会发展水平相适应,以满足老年人基本生活需求、提升老年人生活质量为目标,面向所有老年群体,提供基本生活照料、护理康复、精神关爱、紧急救援和社会参与的设施、组织、人才和技术要素形成的网络,以及配套的服务标准、运行机制和监督制度。简而言之,养老服务体系就是满足老年人居家养老、社区养老和机构养老的家政服务、护理服务和精神慰藉的供给及其制度安排。[1]

(二)分类

养老服务体系依据服务主要提供主体可划分为家庭养老服务体系、社区养老服务体系和机构养老服务体系等。依据老年人生活居住形式可分为:居家养老服务、社区养老服务和机构养老服务等。根据服务内容可以包括日常生活照护服务、医养结合照护服务、康养照护服务等。

(三)特点

1. 养老服务体系要具有完整性

养老服务体系的完整性主要体现在生命时间方面的全覆盖,以及服务的全方位。随着医学技术的发展,人均寿命普遍延长,人在进入老年阶段之后,还有很长的生存时间,从60岁到百岁以上,需要经过"低龄老年

---

[1] 杨燕绥.中国老龄社会与养老保障发展报告(2013)[M].北京:清华大学出版社,2014.

期(60～74岁)"、"老年期(75～89岁)"和"长寿期(90岁及以上)",而且在不同阶段服务内容在不同年龄阶段也是有所区别。因此,养老服务体系要求能覆盖所有不同年龄阶段的老年人群,并能为他们提供全方位、多类型的服务,包括家政、照护、文体娱乐等等。

2. 养老服务体系要具有多样性

随着经济社会的快速发展、人民群众生活水平和健康水平的提高,老年人都希望能有基于自身需求对养老服务供给的内容、方式等等进行选择,这就需要养老服务供给主体必须能提供菜单式的养老服务项目以及不同路径的养老服务供给方式,即便是同一种、同一类的养老服务需求,也可以有多种多样服务方式可供选择,以便老年人根据自己的意愿、条件选择获取合适的养老服务方式。

3. 养老服务体系要具有持续性

养老服务是一个持续性的过程,随着人进入老年阶段,所需要的养老服务是一直要延续到其死亡,一个完善的养老服务体系要能为不同年龄、不同健康状况、不同经济状况和不同意愿的老年人提供持续照料服务。

4. 养老服务体系要具有普遍性

构建什么样的养老服务体系需要充分体现老年人的实际需求,能够满足老年人在不同阶段不同特点的需求,这种需求不是具有个性的特征,而更应该站在整体社会民生的角度,从因人口老龄化造成的当前普遍的社会需求或者养老服务关键的难点堵点,是具有普遍性的特点,能够满足大部分的老年人现实需求。因此,完善的养老服务体系应能破解养老照料的难题,减轻家庭、社会和政府的压力,为更多的老年人提供舒适的生活环境,能享受到高品质生活。

5. 养老服务体系要具有经济性

社会生产的现代化和市场的竞争使绝大多数老年人沦为弱者,政府主导的机构养老解决社会"兜底"的养老问题,但是老年人仍然需要依靠政府来解决他们的一些实际需求。构建养老服务体系是政府的责任,需要政府在人、财、物方面的投入和支持。如何构建既经济又高效的养老服务体系,需要政府统筹规划。政府既要履行自己的职责,又不能大包大揽,应遵循"政府主导、政策扶持、社会参与、市场运作"的原则,推进社会福利社会化,构建符合当前国情的养老服务体系。从现实来看,让政府全部承担所有养老服务责任是不现实的,要充分发挥政府在养老服务体系中引导性的作用,也是必不可少的,既有政策的重点支持,也要有资金的重点投入,确保发展养老服务体系在政府的财政承受能力范围之内。

二、我国养老服务体系的发展

(一)我国养老服务体系的发展调整历程

自1999年我国步入老龄化社会,2012年成为世界上唯一老龄化人口过亿的国家,随之带来了养老服务需求的急剧增长,我国政府相继出台相关政策文件指导养老服务业发展,并对养老服务体系建设提出了发展方向。根据《国务院关于加快发展养老服务业的若干意见》(国发〔2013〕35号)的文件要求"到2020年,全面建成以居家为基础、社区为依托、机构为支撑的,功能完善、规模适度、覆盖城乡的养老服务体系。"《中华人民共和国老年人权益保障法》第五条第二款规定,"国家建立和完善以居家为基础、社区为依托、机构为支撑的社会养老服务体系"。《国务院办公厅关于推进养老服务发展的意见》(国办发〔2019〕5号)提出:"持续完善居家为基础、社区为依托、机构为补充、医养相结合的养老服务体系,建立健全高龄、失能老年人长期照护服务体系。"2019年,《中共中央关于制定国民经济和社会发展第十四个五年规划和二〇三五年远景目标纲要的建议》中首次将"积极应对人口老龄化上升到国家战略",并提出了"构建居家社区机构相协调、医养康养相结合的养老服务体系"。

(二)影响发展养老服务体系的社会原因分析

养老服务体系的优化调整,体现了我国养老服务需求的变化。在人口老龄化持续加深的同时,老年人养老服务需求、养老服务供给方式同步产生变化,其中有着很深刻的社会原因。

1. 结婚率和生育率双低,养老观念转变,家庭照护能力减弱

第七次全国人口普查数据显示,2020年我国育龄妇女的总和生育率为1.3,这表明我国生育率不仅低于人口正常更替水平2.1,也降至国际警戒线1.5以下,进入超低生育水平阶段。婚姻状况率先发生转变,主要

体现在初婚年龄推迟、结婚率下滑、离婚率持续攀升。以宁波为例,根据2021年宁波市政协共青团青联界联合提案公布的数据显示,全市青年平均结婚年龄男性为31.3岁,女性为30岁,呈现大龄化趋势,30~40岁之间未婚人群占到本年龄段10.3%,结婚率逐年降低,结婚对数逐年下降,2018年和2019年分别为40 843和32 604对,同比离婚对数17 603和17 766对,离结率在43.1%和54.5%。结婚率下降和生育率下降、老龄化加重互为因果。由此造成家庭结构从"4—2—1"向"2—1"甚至向"2""1"转变,空巢化进一步加剧了家庭小型化。以前老年人有子女照护,现在的子女经济独立,要参与更多社会活动,反而不具备照护老年人的时间和精力,子女和父母分居两地也造成了照护难题。在老龄化和少子化、空巢化以及小型化等多重因素叠加之下,养老更加独立。有别于传统四世同堂观念,七成多的城市居民年龄大后选择不与子女共同生活,养老不再依靠子女的城市居民超过了八成。

2. 居家是老年人养老的首选,机构、社区和居家实现相互支撑和畅通

随着人口老龄化的问题日益加剧,必然会出现家庭小型化、空巢化和核心化,以及家庭成员的流动迁移自由化以及老年人口的高龄化等社会现象,这也必然会改变传统的家庭养老方式。居家养老已成为最理想的养老模式,无论对于老年人身心健康还是家庭和谐都有莫大好处。但是,随着老年人参与社会活动的能力依然保持,老年人的身体状况有所衰退,失能失智的情况不容乐观,社区养老和机构养老仍然有较高的实际需求,而且这个需求打通了机构、社区和居家三种模式之间的界限,实现老年人在三种模式中的自主选择。

3. 人均寿命增长,健康老龄化成为社会养老普遍需求

由于老年人生理机能衰老导致身体机体功能下降,加之高龄化、空巢化,意味着更多的老年人将会有康养服务需求。健康老龄化[1]的观念

---

[1] 1990年在哥本哈根举行的世界老龄人大会上,世界卫生组织将"健康老龄化"作为应对人口老龄化的发展战略。所谓健康老龄化是指从各个方面促进老年人的整体健康,从而保证老年人在体力、脑力、才能、社会、感情和精神方面得到平衡发展。文中对"健康的"解读除了指身体康健外,还包括心理、智力等多方面的功能处于良好状态,从而能较好地适应社会生活。健康老龄化不仅体现在寿命的延长,而且更表现在生活质量的提高。

日益受到国际社会的关注。根据中国老年学和老年医学学会老龄金融分会、清华大学银色经济与健康财富发展指数课题组、大家保险集团联合发布《中国城市养老服务需求报告2022》，我国城市居民预期寿命达82.1岁，超出国民平均预期寿命3.9岁。超过一半的城市居民存在慢性病、有过重大疾病或3年内做过手术等问题，城市居民未来遇到的养老难题中，生活、情感与就医位列前三，自理、半失能、失能三种状态下看重的养老服务以医疗、康复和护理为主，尤其对专业化护理人员提供的护理服务有迫切需求，医护服务水平是城市居民选择养老机构的重要考虑因素。

三、对当前我国养老服务体系的认识

党的十九大报告对养老问题也予以了高度关注，明确提出："积极应对人口老龄化，构建养老、孝老、敬老政策体系和社会环境。"党的二十大报告指出要"增进民生福祉，提高人民生活品质""优化人口发展战略，建立生育支持政策体系，降低生育、养育、教育成本。实施积极应对人口老龄化国家战略。"积极应对人口老龄化已经成为当前社会发展过程中不可忽视的重要问题。根据第七次全国人口普查数据显示，我国人口老龄化程度在不断加深，60岁以上人口为26 402万，占18.7%（其中65岁以上的人口占19 064万，占13.50%），80岁及以上高龄老年人超过3 200万人，其中失能失智的老年人近4 000万人。同时，家庭户平均规模降至2.62人，家庭小型化加速家庭养老照护功能进一步减弱。2020年11月，党的十九届五中全会审议通过了《中共中央关于制定国民经济和社会发展第十四个五年规划和二〇三五年远景目标的建议》，首次明确将积极应对人口老龄化上升到国家战略，同时提出"构建居家社区机构相协调、医养康养相结合的养老服务体系"。这是关乎国家长远发展与人民福祉的战略举措，也为我国解决人口老龄化问题提出了行动指南[1]。适应养老服务新体系，需要实现供给和需求在新条

---

〔1〕 朱晓卓.强化新时代康养服务人才供给[N].中国人口报，2021-08-06(03).

件下的对接和平衡,更注重康养服务在养老服务新体系中的基础性作用[1]。

(一) 养老服务新体系的再认识

当前,老年人对养老服务的强烈需求和供给严重不足的矛盾日益突出,不是家庭或是市场就能够解决,政府有责任构建符合社会经济发展的养老服务体系,帮助老年人在生活中获得的全方位服务包括生活设施、生活环境、照护服务、生活服务等多方位支持的系统。长期以来,在政府主导下养老服务体系中,因体制机制不畅通、供给能力不充分等原因,重照护轻康养,养老服务行业在康养服务能力上一直有所欠缺,存在较严重的"供需错配"问题,面对老年人群需求的变化,从调整居家、社区、机构在养老服务体系的作用,到重视医养结合,再到拓展医养康养的服务融合[2],养老服务体系也在逐步调整并不断完善,这就需要对养老服务新体系有新的认识和理解。

1. 养老服务新体系重视了对服务老年人的全方位覆盖

随着我国社会经济快速发展,家庭小型化、空巢化趋势明显,服务专业化、市场化程度加深,人口老龄化、失能化速度加快,以及老年人对自身健康关注度的提高,各种因素叠加致使健康服务需求明显增加,健康管理、心理慰藉、健康照护、康复保健等服务更为老年人群所关注。从满足老年人的"一张床、一碗饭"的基本生活需求,到以健康服务为重点的健康照护需求,养老服务多样化、个性化、品质化正随着老年人群对美好生活需求欲望的提高而得到强化。在"居家社区机构相协调、医养康养相结合"的养老服务新体系下,康养服务需求得到进一步释放,这也是突出了

---

[1] 朱晓卓,吴伟强.新时代养老服务体系的特点和发展思路[N].中国人口报,2021-10-14(03).

[2] 《国务院关于加快发展养老服务业的若干意见》(国发〔2013〕35号)明确提出"建设以居家为基础、社区为依托、机构为补充的多层次养老服务体系"。《中华人民共和国老年人权益保障法》第五条第二款规定,国家建立和完善以居家为基础、社区为依托、机构为支撑的社会养老服务体系,以"居家养老为基础、社区服务为依托、机构养老为支撑"的养老服务体系。《国务院办公厅关于推进养老服务发展的意见》(国办发〔2019〕5号)提出:"持续完善居家为基础、社区为依托、机构为补充、医养相结合的养老服务体系,建立健全高龄、失能老年人长期照护服务体系。"、

医养结合"医"的地位,从供给角度也是适应了新时期养老服务全方位的需求[1]。

2. 养老服务新体系强调了服务供给的多领域融合

我国是在"未富先老、未备先老"的情况下进入人口老龄化社会,养老服务基础薄弱,但是后续发展势头强劲。经过多年的养老服务体系建设,养老服务供给也从单一化向多样化发展,提供养老服务不仅仅是民政部门的事,还需要教育、体育、商务、文化和旅游、卫生健康等多部门的支持,2018年国家卫生健康委员会新设老龄健康司,就是对健康老龄化的主动应对。在养老服务新体系构建中强调了"医养康养相融合",不仅是健康中国战略的落实,把养老服务以生活服务为中心转变到以健康促进为中心,更体现了健康服务和养老服务深度融合,也是养老服务从生活服务领域向健康服务领域的全面拓展,康养服务内容将成为养老服务新体系中的重要支撑。

3. 养老服务新体系体现了服务场所的全过程贯通

从现实的服务模式来看,居家、社区、机构是当前最为主要的养老服务模式,上海等各地区也陆续提出了打造"9073"[2]等养老服务格局,但是数字的规划不代表实际需求的孤立,居家养老是绝大多数老年人的养老首选,但并非没有社区养老和机构养老的需求。"居家社区机构相协调"体现了老年人在服务场地上的动态变化,例如自理老人可以居家养老,同时也可以接受社区养老服务,当出现生病甚至失能失智时可以进入机构,病情恢复可以再回到社区和家庭,"居家社区机构相协调"就是要三个服务场所能够更好地满足老年人服务需求的变化,提高服务的效能。

综上,养老服务体系是根据人口老龄化程度而设定的养老服务供给的方式和途径,也是一个动态变化过程,决定在一定阶段社会养老服务发展的重点。一般来说,养老服务体系既包括基本的养老服务如生活照料等,也包括健康服务如健康管理、健康教育等,还包括养老服务的环境

---

[1] 朱晓卓,王变云.宁波模式:社区居家养老服务的发展路径研究[J].老龄科学研究,2016(6):37-44.

[2] "9073"的格局,就是90%左右的老年人都在居家养老,7%左右的老年人依托社区支持养老,3%的老年人入住机构养老。

支持。限于资金、资源等方面的限制,养老服务的需求和供给更局限在生活照料领域。从这个角度而言,养老服务是"标配",医疗服务更像是"高配"。随着我国进入全面建成小康社会的新阶段,医养结合服务正逐渐成为社会刚性需求。新时代养老服务体系应以"医养康养"为服务提质突破口、以"居家社区机构"为服务覆盖面来提高养老服务的供给能力,这意味着医养康养服务将贯穿在养老服务的全过程,体现了服务场所的全覆盖、各类养老和医疗服务资源共享、实现生活照料和健康照护融合等特点。

(二)当前养老服务体系的导向价值

长期以来,党和政府高度重视养老服务事业发展,我国养老服务体系建设取得重要进展,以居家为基础、社区为依托、机构充分发展、医养有机结合的多层次养老服务体系建设目标逐渐清晰,养老服务政策支持体系初步形成,养老机构标准化建设取得显著成效,长期护理保险制度试点有序推进。但也应看到,我国已成为世界上老年人口最多的国家,养老服务体系发展不平衡不充分问题尚未得到根本解决。党的十九届四中全会《中共中央关于制定国民经济和社会发展第十四个五年规划和二〇三五年远景目标纲要的建议》提出"加快建设居家社区机构相协调、医养康养相结合的养老服务体系",为协调推进我国养老服务体系建设指明了方向,对于开展养老服务提供了依据。

1. 居家社区机构相协调,就是要发挥家庭、社区和机构各自优势,促进各种养老服务方式融合发展

居家养老的优势在于服务地点,即让老年人身处自己熟悉的环境中;机构养老的优势在服务,即向老年人提供专业化、标准化养老服务;社区养老的优势在平台和连接,即一边连接着对其有充分信任感的老年人,一边连接着各种养老服务供应机构。促进居家社区机构相协调,一是引导机构通过连锁化运营等方式进入社区,并提供上门居家养老服务,使老年人在熟悉的家庭环境中得到专业机构提供的服务。二是以社区为平台,以社区老年人养老需求为导向,整合社区周边的养老服务机构为老年人提供服务,从而使社区从直接服务提供者转变为连接需求与供给的平台,进而充分调动社区周边相关机构参与养老服务体系建设的积极性,满足社区老年人多样化的养老需求。

2. 医养康养相结合,就是要兼顾服务对象的共性和个性,提供各种健康服务类型的供给

在为不同健康状况的老人提供不同服务项目的基础上,充分考虑到老年人健康状况的动态变化,设计具有可选择性的养老服务包,从而向全体老年人提供可以满足他们不同需求的整体解决方案。促进医养康养相结合,需要以老年人的生活照料服务为基础,既针对有医疗需求的老年人,为其提供相应的医疗服务;又为健康老年人提供教育、旅游、养生和社会参与等有益身心健康的服务项目。

3. 加快建设居家社区机构相协调、医养康养相结合的养老服务体系,需要充分调动各种资源,激发各类主体参与养老服务体系建设的积极性

一是充分发挥家庭的作用。虽然伴随着家庭结构的小型化,家庭在养老方面的支持功能趋于弱化,但家庭成员在养老服务尤其是精神慰藉等方面的作用仍难以替代。因此,政府必须加大政策支持力度,充分发挥家庭成员在满足老年人情感需求等方面的作用。二是充分调动相关行业市场主体的积极性。医养康养相结合,意味着养老服务所涉及的行业从传统的老年人护理和老年医疗拓展到健康教育、适老环境改造、老年人技能培训、老年人旅居等多个行业,为这些行业的发展带来了巨大机遇。要充分调动这些行业中市场主体的积极性,使其在服务好老年人的同时实现自身发展。三是充分发挥社会组织尤其是老年人组织的作用。通过政府购买服务等方式,引导、鼓励和支持社会组织为老年人提供专业服务,并将其作为老年人扩大社会参与、促进自我实现的重要平台,增进老年人身心健康与社会认同。四是充分发挥低龄健康老年人的作用。在老年人群体中,低龄健康老年人具有较强的社会参与意识,可以成为养老服务的补充力量,可以通过设立"时间银行"、成立老年人志愿服务队等多种形式,发扬互助传统,鼓励低龄健康老年人为需要帮助的老年人提供力所能及的服务。

第三节 居家养老在养老服务体系中的地位

2008年2月,全国老龄委办公室联合民政部等9个部门联合发布了《关于全面推进居家养老服务工作的意见》,提出要在城市社区普遍开展居家养老服务,同时积极向农村社区推进。2010年11月,民政部召开全国养老服务体系建设推进会,进一步明确发展居家养老服务的重要性,并提出了具体的发展要求。2011年,国务院印发《中国老龄事业发展"十二五"规划》,提出了将家庭养老与社会养老相结合,着力巩固家庭养老地位,优先发展社会养老服务,构建以居家养老为基础的社会养老服务体系,创建中国特色的新型养老模式。2013年,国务院发布《关于加快发展养老服务业的若干意见》,提出到2020年,全面建成以居家为基础,社区为依托、机构为支撑的,功能完善、规模适度、覆盖城乡的养老服务体系。2015年5月1日,我国首个居家养老服务地方法规《北京市居家养老服务条例》开始施行,将居家养老服务需求分为八大类,包括了老年人用餐、医疗卫生服务、家庭护理服务、家政服务、文体娱乐服务、精神慰藉等,并明确政府工作职责。2019年,国务院办公厅《关于推进养老服务发展的意见》中提出要"持续完善居家为基础、社区为依托、机构为补充、医养相结合的养老服务体系"。《中共中央关于制定国民经济和社会发展第十四个五年规划和二〇三五年远景目标的建议》,首次同时提出"构建居家社区机构相协调、医养康养相结合的养老服务体系"。居家养老在养老服务体系中的作用日益重要。"居家为基础"是中国特色社会主义养老服务体系的显著特征,居家养老服务是养老服务体系中最重要且亟待突破的领域。

一、居家养老的相关定义

居家养老,又称为家庭养老,是以家庭的存在为必要的社会历史条件,是指政府、企事业单位、社会组织、基层群众性自治组织和个人以家庭为基础,以城乡社区为依托,为居住在家里的老年人提供的社会化养老服务。

从服务场所来看,居家养老强调"家"是养老服务的载体,在社会传统的环境中,"家"是具有多方面的功能,是一个生活单位和生产单位的融合体,抚养、赡养都是家庭的主要功能之一。对于居家养老来说,老年人并不用像机构养老一样集中居住,而是居住在自己的家里,在自己熟悉的住所和环境中养老,接受个性化的服务。"家"作为开展服务的平台,不仅是空间概念的家,亦是精神层面的家,也是居家养老需要的同时具备物质养老和精神养老的社会环境,不同于机构养老的集中化和程序化,但也包括有途径获取社会化的养老服务。

从服务对象来看,居家养老服务的对象包括了自理老年人、半自理老年人和不能自理老年人,也包括了不同年龄层次的老年人,服务是根据不同服务对象的不同需求,提供多层次和全方位的服务,以上门服务为主。

从服务主体来看,居家养老是家庭养老和社会养老的有机结合,需要家庭、社区和政府的共同协作,具体服务由居家养老服务机构来提供。居家养老服务机构是指专门从事居家养老服务的社会服务机构、企业,包括镇乡(街道)的区域性居家养老服务中心、城乡社区居家养老服务站、日间照料中心、托老所、长者照护之家以及其他组织形式的服务机构,同时配置了相应的居家养老服务设施和人员。其中,居家养老服务设施是指居家养老服务机构组织生产、提供服务产品所使用的房屋及其附属设施。

二、居家养老的主要特点[1]

居家养老作为家庭养老的有效补充,丰富了家庭养老的内容,提高了养老服务的专业性,所有的服务供给都是以家庭为核心,提高老年人家庭生活的获得感、幸福感,并具有以下特点:

(一)居家养老是通过传统道德文化来维系的

这种模式即和一定时期的经济发展水平相适应,也和我国的相关文化传统、中华民族的价值观和伦理观相一致。传统家族观念的存在使得家庭养老成为长辈对知识和家庭经济具有控制权威的一种社会制度性传统,当然父辈的控制地位也是其赖以获得后代子孙履行赡养义务的基础,这也是居家养老得以延续的保障。从这个意义上说,居家养老是家庭养老的补充,是我国建立养老服务体系一项重要内容。

---

[1] 姚远.对家庭养老概念的再认识[J].人口研究,2000,24(5):5-10.

（二）居家养老具有稳定性

居家养老在我国有着根深蒂固的文化根基。自从我国进入人口老龄化社会，尽管各研究领域学者推论家庭养老不适合现代社会发展需要，但也不得不承认居家养老模式还要继续存在下去，其他任何形式的养老模式都是居家养老的补充和延伸。当前在"4-2-1"向"2-1"转变的家庭模式下，家庭小型化趋势依然改变不了居家养老实际需求。

（三）居家养老是以血缘关系为核心

家庭是一个用血缘关系联结而成的单位，养老功能是一个家庭最基本的功能。由于居家养老服务提供者主要是由老年人本人、配偶、子女以及亲戚好友构成，其最大的优势在于老年人能够得到家庭的温暖以及亲情的关怀[1]。这种血缘关系的存在，使得居家养老服务提供者稳定，服务内容持续，服务品质优质，服务环境亲切。

（四）居家养老服务要体现全方位

人的需要包括了生理需要、安全需要、自尊与尊重的需要，爱与归属的需要和自我实现的需要，居家养老要为老年人提供全方位的服务，覆盖各需求层面，涉及衣食住行、文化娱乐、健康保健等各方面的内容，包括了"老有所养""老有所学""老有所乐""老有所医""老有所学"等多方面。

（五）居家养老服务供给要具有多元性

居家养老服务于家庭老年人，要以老年人的家庭为核心，提供服务的主体是家庭成员之外的成员，包括了社会团体组织、养老机构、家政服务公司等，是通过各种路径例如志愿服务、公益活动、购买服务等形式进入家庭，从而满足老年人的家庭养老需求。

（六）居家养老服务是以公益性为基础

居家养老服务首先要满足老年人基本需求，在社会保障体系中属于基础性，人人都需要。在实践中居家养老已经纳入了公共服务范畴，由政府主导，协调动员各部门参与，通过政策引导、资金投入多种力量构建并完善居家养老服务体系，制定相关政策、制度和法规，加强对居家养老服务的质量监控，以保障老年人的基本养老权益。

---

[1] 姚远.对家庭养老概念的再认识[J].人口研究,2000,24(5):5-10.

（七）居家养老和家人照护具有共存性

居家养老是老年人住在自己家中，不改变居住场所，在继续得到家人照护的同时，由家庭之外的社会力量提供的养老服务。居家养老服务并没有取代家庭养老的功能，而且增加专业性、个性化的服务，弥补了家庭养老的不足，两者通过相互支持、共同存在，提高了居家老年人的晚年生活质量，既考虑到服务的有效供给，也兼顾了家庭内部亲情交流的需要。

（八）居家养老具有社会性

居家养老具有家庭养老的特征，同时也打破了家庭区域的限制，具有社会性的服务内容，是以家庭为基础，以社区为依托，以社会保障制度为支撑，由政府、企业、社会组织提供专业化服务的全方位社会养老服务模式。居家养老加强了家庭和外界的接触和交流，帮助老年人能更好地适应社会发展环境。一方面，老年人能在自己熟悉的家庭环境中生活，这也是传统家庭养老的特征；另一方面，老年人在家庭中享受到专业服务机构的社会化服务。由此可见，居家养老不是单一的老人在家居住或有老年人的家庭承担全部养老责任。

三、居家养老服务的主要内容

家庭养老主要内容包括经济上的赡养、生活上的照顾和情感上的交流等三个方面，其中收入保障是最主要、最根本的内容，这些内容和居家养老接近或类似，不过居家养老服务更多的是需要从外界获得，主要包括：① 短期托养、日间托养、助餐、助浴、助洁、辅助出行、代缴代购等生活照料服务；② 健康体检、康复护理、保健指导、紧急援助、临终关怀等健康护理服务；③ 探视、陪聊、心理咨询、情绪疏导等精神慰藉服务；④ 学习教育、文化娱乐、体育健身、社会参与等活动帮助和指导；⑤ 其他居家养老服务。

居家养老一般需要通过家庭购买获取，这就需要经济上的支持，目前城市居民养老保险已达大部分覆盖，但农村养老仍然存在资金保障难的问题，虽然部分经济较发达的地区已开始为老年农民发放一定数量的退休金，但为数不多，只能作为家庭养老的补充，另外农村的土地分红等其他收入也可以为老年农民提供经济保障。城市的情况有所不同,虽然绝大多数老年人都与自己的子女一起居住,但他们多数是离退休人员,主要靠离退休金作为自己的收入保障。因此,通过政府购买服务,解决老年人的基本需求,也是能体现政府履行养老方面的责任。随着长期照护保险试点工作逐步推广,城乡一体化建设推进,养老资金支持体系逐步健全,居家养老保障范围和保障力度也会随着国家社会经济条件不断改善而有所加强。

四、居家养老的服务方式

老年身体状况、生活需求决定了居家养老服务的供给方式。一方面,居家养老服务要以上门服务为基础,既要有实质性的服务也要有精神上的慰藉;另一方面,有的养老服务项目需要在家庭之外完成,就需要借助社区的平台,实现社区居家有效的融合。主要的服务方式有:

(一)上门服务

对于行动不便、不能走出家门的老年人或是必须在家中完成的项目,居家养老服务的方式是入户服务,由工作人员或者志愿者到老年人家中提供具有实质性的生活照护等服务,例如家庭保洁等。上门服务对于居家老年人来说,提供了便利,老年人足不出户就可以获得养老服务,和家庭保姆不一样,一般以计时为多见,不可能提供24小时的连续服务,更适合具有一定自理能力的老年人。

(二)社区居家养老服务

社区居家养老服务是以家庭养老为主、社区养老服务站点为辅,通过社区平台整合社会各方力量,以上门服务为主、日间托老服务为辅,为居家老年人提供照料服务的养老模式。社区居家养老服务模式在不改变居家老年人生活环境的前提下,依托社区为家庭、各类服务机构、专业人士和社会志愿者搭建服务平台,为居家老年人提供多种养老服务项目。社区居家养老服务以社区为平台,在社区内开设日间照料中心、健康驿站、文娱活动中心等,提供居家养老服务,可以让老年人通过社区获取健康管理、康复保健、文化娱乐服务等多种养老服务,比较符合老年人的日常生活习惯,并可以弥补家庭在提供养老服务过程中的缺陷和不足,进一步拓展养老服务的空间,突破家庭地域的限制,以社区为基点为家庭之外的养老服务活动的开展提供具有亲情感和归属感的生活环境,从供给的角度满足居家老年人的生活需求。

因此,此类主要有两种形式:一是由经过专业培训的服务人员上门为老年人开展照料服务;一是在社区创办老年人日间服务中心,为老年人提供日托服务。前一种是社区养老的主要形式,后一种则是一种辅助形式。社区养老具有以下特点:首先,符合老年人的心理需求。老年人可以在自己熟悉的社区环境中养老,得到家人的照顾,同时又可以得到社区相关养老机构提供的专业服务;其次,与养老机构相比,投资少,见效快,成本低。社区养老可以充分整合各种资源,降低投资成本,但目前来看,政府对这种养老模式的扶持力度还需进一步加强,社区本身的专业化程度也有待提升[1]。

(三) 不入户的居家服务

居家老年人由于生活情况、健康状况,和外界接触少,参与社会活动的机会也少了很多,但是他们仍然要解决人际交流问题,空巢化则进一步加剧了这类问题,这些问题的解决未必一定需要实质性的服务,例如针对老年人精神心理状况,为老年人开通心理咨询热线,居家养老服务人员也可以定期通过电话等渠道与老年人交流,特别对于空巢老年人而言,既可以了解他们的生活状况,也可以通过沟通交流,满足老年人的精神需求。

从当前人口老龄化和空巢家庭的发展趋势来看,人们的生活态度、行为方式和思想观念转变过程中产生的客观、必然的社会现象,当然其中也有我国社会居民人均寿命持续提高、以往计划生育政策持续执行等诸多因素的影响。现实社会中,以过去那种由子女来共同照顾老年父母的情况越来越少见。单纯依靠居家保姆来解决养老照护问题,对于不能自理的老年人来说更为实际,但是对于更多具有一定自理能力的老年人来说,还是很有必要通过社会化的居家服务来弥补家庭照护的不足,解决老年人由于身体功能衰退而需要人照顾但身边往往无人照顾的困难。

---

[1] 何雨,王振卯.社区照顾:城市养老模式的第三条道路[J].南京社会科学,2009(1):96-100.

所以,居家养老服务的方式应以上门服务为基础、精神慰藉服务为辅,积极拓展社区居家服务,这对于家庭关系稳固、社会和谐稳定、个人生活幸福等都能起到较为有力的支持作用。

五、居家养老的发展趋势

从20世纪三四十年代开始,许多西方发达国家相继建立起包括养老、医疗和照料服务为主要内容的养老机构,在一段时期内有效地改善了老年人的生活质量,机构养老得到快速的发展。但是随着人均寿命的不断提高,人口老龄化程度不断加深,需要进行长期照护的老年人数量增长迅速,机构养老成本高、支出大等弊端凸显,影响了养老机构照护设置的改善和服务水平的提高。例如日本政府从2013年起,原则上就不再批准新建养老院,而是支持研发和应用辅助老年生活的机器人,通过机器人解决老年人的日常生活困难[1]。而老年人不愿意离开自己的生活环境去陌生的养老机构养老,也成为现实的难题,因此居家养老成为解决养老问题的重要选择。

1982年,联合国组织举行了第一届老龄大会,发布了《老龄问题维也纳国际行动计划》,开始涉及居家养老服务。该计划提出:"尽可能充分地在社区范围内发展保健或与保健相关的各种服务。"这种服务应包括广泛的非住院性服务,如日间照料中心、门诊所、日间医院、医疗护理和家庭服务,急救服务应随叫随到,强调居家养老应该配备必要的设施和专业人员,为老年人提供全方位的老年病护理,同时明确居家养老服务对象不仅是由疾病的老年人,而是更强调让老年人能独立生活,促进老年人能够在其所在社区尽可能长久地独立生活。2002年,联合国第二届老龄大会发布了《马德里老龄问题国际行动计划》,提出"就地养老",从住房设计、社会资助服务、公共建筑和场所设计等方面,为老年人在社区居家养老提供便利。在世界范围内,居家养老已经成为趋势。

我国自古以来就有养儿防老的传统观念,家庭承担着照护老年人生活起居、日常生活和精神生活的责任,这也是家庭作为社会最小的单元应具备的基本功能,特别在小农经济时期,家庭的作用主要解决家庭内

---

[1] 朱耀垠.加快拓展和优化智慧居家养老服务[J].科技与金融,2023(7):21-26.

部成员的需求。随着工业经济的到来,家庭不再是农业经济时代的生产单位,成了生活和消费的单位,人们通过参与社会劳动来解决家庭成员的需求,当他们年老后,通过参加社会劳动而获得养老金可以支持其生活,而长期参加社会活动的生活习惯让老年人已经离不开社会,需要继续保持和社会交流的途径,而且由于计划生育政策的实施,我国家庭居民家庭结构和居住模式也发生了转变,家庭自我照护的能力逐步减弱,养老功能进一步弱化,并且城乡一体化推进,产业经济快速发展,人口流动频繁,流动人口的数量增加,年轻人逐渐向经济发达地区以及中心城区聚集,新住房成为年轻子女成家的必需品,年轻人更希望能离开父母,致使城市家庭空巢化趋势明显,而农村留守老人增多,老龄化程度更为突出。

从社会发展趋势看,家庭的养老功能会逐渐地被社会力量所承担,但居家养老这种模式是不可能完全消失的。只要家庭还存在,它的基本的养老功能就不会消失,由于社会经济的发展和转型、家庭规模缩小等因素导致家庭养老功能弱化,单靠这种传统的家庭养老模式已经无法满足老龄化社会老年人日益增长的物质和文化方面的需求,老年人参与社会活动的需求会进一步增加,需要获得更多的外界支持,这就必须要通过政府机构、社会组织等提供的居家养老服务供给以满足自己的需求。

人口老龄化问题的严重性以及政府力量支持的有限性,都决定了不管政府投入多少经费、批多少地、盖多少房子、给多少补助,都很难彻底解决老年人的居家养老需求。"未富先老"给我国人口老龄化带来了巨大的社会养老负担,社会保障制度不健全、城乡发展不均衡、家庭结构和养老功能发生变化等等,这些都加大了社会化养老的困难,居家养老服务将家庭养老和社会养老进行充分结合,符合我国传统文化的要求,也适合现阶段的我国基本国情,应该可以发展成为一种具有中国特色的养老模式。

六、居家养老服务的现实选择

居家养老的基本内涵是尊重和发挥家庭养老的基础作用,满足大多数老年人在家居住养老需求,同时发挥社区养老、机构养老的基本作用。居家养老是我国传统家庭养老的延伸,充分考虑到社会化服务和家庭照护功能的结合,《中华人民共和国老年人权益保障法》也提出"老年人养老以居家为基础",在"居家社区机构相协调、医养康养相结合"养老服务体系中具有重要地位,对于提高老年人及其家庭生活质量、构建和谐社会具有重要价值。居家养老是重要的民生工程,也是我国现代化社会体系的重要组成部分。

(一)居家养老是尊重老年人情感和心理需求的选择

老年人更愿意在自己熟悉的生活环境中养老,这既是情感上希望有所寄托,得到家人的关心,更是心理上愿意接受熟悉的人的沟通和交流。家庭的和谐氛围有利于老年人的情绪和心境的稳定,完善的居家养老服务也可以减轻老年人的压力。居家养老服务的场所以家庭为主,家庭中传统道德文化可以通过居家养老来传承,居家养老服务中的精神慰藉通过家庭中陪聊、文化娱乐活动等实现,更容易被老年人接受。

(二)居家养老是继续保持老年人自理生活的选择

《联合国老年人原则》对于老年人的生活保障,认为应该包括独立、参与、照顾、自我充实和尊严。老年人的独立生活既可以充实自己的晚年生活,也使生活的尊严得到保障。居家养老的目的是让老年人更好地在家生活,提高晚年生活的质量。这种质量是以老年人自我独立、自我尊严为保障,以自理生活为基础,也是一种积极老龄化的现实体现。"积极"并非仅指身体的活动能力或参加体力劳动的能力,当然也包括了生活自理,这是一种积极生活的体现,使老年人在健康照顾、社会参与和人身安全都尽可能获得最佳机会,并能提高自己的晚年生活质量。

(三)居家养老是改善家庭照护能力的选择

从人类社会形成家庭以来,家庭就具备了对家庭日常生活进行管理的功能,主要包括了家庭日常事务的处理、家庭生活办事的行为准则、与家庭生活实践相适应的实用知识与技能、方法等内容,也包括对老年人的照护,这主要由子女赡养父母来完成。居家养老以家庭为服务对象,通过对家庭自身照护的补充来提高老年人晚年生活的品质,有助于家庭在当前的社会发展环境下改善照护能力,弥补因空巢、照护能力不足等原因造成的家庭照护功能弱化,有助于改善家庭内部成员分工,把子女从繁重的家务中脱离出来更好地从事社会工作,而专业化的居家养老服务更能提高老年人的家庭生活满意度,是一举多得的选择。

（四）居家养老是家庭养老与社会化养老融合的选择

居家养老是要通过整合社会各方力量使老年人在自己生活的环境中得以颐养天年的养老模式[1]，打破了家庭养老的服务区域界限，在继续得到家人照顾的同时，由社会有关服务机构和人士比如社会工作者为老年人提供上门服务或托老服务，家庭养老属于家庭内部的照护，社会化养老是以有偿照护为主，兼顾了志愿服务，具有一定的公益性质。家庭养老与社会化养老融合，具有市场化程度较高、投入成本相对较小、覆盖面较广、服务灵活多样等诸多优点，而这些优点都是机构养老服务模式很难具备的。一方面，可以提高有一定经济基础的居家老年人的晚年生活品质；另一方面，对于一部分家庭经济有困难但又有养老服务需求的老年人而言，也可以让他们得到精心照顾。

（五）居家养老是政府承担养老责任的具体选择

居家养老服务社会化意味着通过市场机制可以为居家老年人提供更多个性化、专业化和特色化的服务，但是社会化并不意味着政府对于居家养老服务放弃了自己的责任要求。社会生产的现代化和市场的竞争使绝大多数老年人沦为弱者，政府主导的机构养老解决社会"兜底"的养老问题，但是居家老年人仍然需要依靠政府来解决他们的一些实际需求，而居家养老的人群更为广泛。我国正处于老龄人口数量剧增的时期，养老问题显得更为突出和尖锐，当前仅仅依靠政府是解决不了养老问题的，但是离开政府更不能解决养老问题，尤其是居家养老涉及绝大多数老年人群，关乎老年人的切身利益和社会稳定和谐。居家养老属于民生工作，具有社会公益性的特点，政府具有承担社会管理的职能，政府介入居家养老才能保障其公益性，才有可能实现现有资源合理配置问题，逐步缓解并解决供给和需求之间的矛盾，实现居家养老的可及性，保障老年人的合法权益，尊重老年人的基本权利、自由与尊严。

因此，居家养老在养老服务体系中的作用越加重要。从需求角度来说，居家养老服务所要解决的并不仅仅是老年人的吃喝住问题，还包括对老年人的身体照顾、精神慰藉和文化娱乐等诸多方面，相对于传统的

---

[1] 李学斌.我国社区养老服务研究综述[J].宁夏社会科学，2008(1):42-45.

家庭养老模式其支持体系仅限于血亲家庭成员而言,该模式由于具有更为广泛的支持体系,因而更有利于提高老年人的晚年生活品质。近年来,中央和地方相继出台多项政策法律法规,大力推动和支持居家养老。如2008年,全国老龄工作委员会办公室等部门联合印发《关于全面推进居家养老服务工作的意见》,提出了发展居家养老服务的主要政策措施。2016年民政部、财政部开展中央财政支持开展居家和社区养老服务改革试点工作,重点支持居家和社区养老服务发展的7个重点领域。北京成为全国首个出台地方居家养老服务条例的省市。2019年8月,国务院常务会议决定,依托社区发展以居家为基础的多样化养老服务,为老年人提供助餐、助医、助行、助洁等便捷服务。这充分表明党和政府对居家养老这一重大社会民生的关切和重视[1]。

第四节 居家养老的理论基础

目前我国的经济发展水平决定了单靠政府的力量很难完全解决规模日益扩大的老年人口的养老问题,居家养老的出现是基于社会发展而产生的家庭需求,是基于人口、经济、社会、文化等多种因素的影响,符合了老年人的生理和心理特点,也有其相应的理论基础作为支撑。

一、福利多元主义理论和居家养老

第二次世界大战以后,西方社会的福利国家开始了稳定而又迅速的发展,资本主义社会以为找到了平衡个体自由与社会安全、经济增长与社会稳定的黄金点。然而,自20世纪70年代以来,受经济危机的影响,福利国家受到越来越多的批判和攻击。随着理论界对其批判及可能出路的探寻,福利多元主义理论应运而生,自20世纪70年代后期以来跃升为社会政策讨论的中心议题之一[2]。1978年,英国沃尔芬德的报告《志

---

[1] 任际.居家养老,不只是老年人话题[N].光明日报,2019-10-06(07).
[2] 彭华民,黄叶青.福利多元主义:福利提供从国家到多元部门的转型[J].南开大学学报:哲学社会科学版,2006(6):40-47.

愿组织的未来》是较早使用"福利多元主义"概念的出版物之一,主张把志愿组织也纳入社会福利的供给者行列,即福利供给存在着多元价值体系[1]。1984年于欧洲中心举办的"社会工作培训与研究"会议也提出了相似的观点,倡导新生力量(譬如自助组织、互助组织、自愿组织和社区中有社会工作者介入的正式或非正式助人组织)可以进行社会参与。这反映了学者与决策界对混合福利体系的共同预期与展望。由于这一时期对"福利多元主义"概念缺乏一个精确的界定,所以常以"混合福利经济"的形式出现。

美国社会学家爱德华·A.罗斯(Edward A. Ross)最早对福利多元主义进行了阐述,他首先重申了福利国家的概念,认为福利国家并不是指福利完全由政府提供,国家只是福利提供中非常重要的一个主体。其次,罗斯主张福利应该由国家、市场和家庭共同提供,三者的总和为社会的总福利。福利是全社会的产物,国家是福利提供的主体之一,但不是唯一的主体,市场和家庭在福利提供中也发挥着重要的作用。由于国家、市场和家庭单方面提供福利会存在很大不足,所以应该将三方结合起来,以互补的方式来共同提供福利。例如,因为政府工作的低效率以及市场无法有效提供公共物品等缺点,所以国家和社会提供福利的同时也需要志愿者的补充;与此同时,家庭部分功能的丧失反过来也需要国家与市场的福利作为补充[2]。由此可见,罗斯很重视政府以外的其他部门在社会福利提供中的作用,认为国家可以在福利提供中扮演重要的角色,但绝不能形成对福利的垄断;主张福利是全社会的产物,要通过多种形式(市场、雇员、家庭和国家)来提供福利;福利多元主义意味着在福利提供中政府不再处于主导地位,社会福利服务可以由法定部门、志愿部门、商业部门、非正式部门等直接提供,政府只扮演重在参与和分散化的角色。德国学者伊瓦斯(Evers)发展了罗斯的多元福利组合理论,把福利多元化的几个部门具体化为三个:对应的组织、价值和社会成员关系,由此提出

---

[1] J Wolfenden. The Future of Voluntary Organizations[M]. London:Croom Helm,1978:9-14.

[2] R Rose. Common Goals but Different Roles:the State's Contribution to the Welfare Mix[M]//R Rose, R Shiratori. The Welfare State East and West. Oxford:Oxford University Press,1986:13-39.

了福利三角理论:市场经济提供就业福利;个人努力、家庭保障和小区的互助是非正规福利的核心;国家通过正规的社会福利制度将社会资源进行再分配。因此在福利提供的过程之中,三方所能够提供的总量应该是相等的,如果一方提供的稍微多一点,那么其他几方提供的就会相对减少,这样在一定的政治、经济、文化、社会背景之下,国家所能够提供的社会福利和家庭所可以提供的家庭福利就可以分担其家庭成员在遭遇市场危机和重大家庭变故时所遇到的风险压力。简言之,伊瓦斯的研究成功将对福利三角的研究顺延至经验研究领域,为西方国家解构自身的福利体系和制度架构提供了一个理论框架。在他的研究基础之上,约翰逊顺利地融入了非营利机构这一主体之中,即将福利主体分解为非正式部门、自愿部门、商业部门和政府部门。非正式部门的功能载体为亲属、朋友与邻居;自愿部门则包括:睦邻组织、自助或互助团体、主攻医疗或社会研究的团体、关注协调其他群体并为其提供资源的"伞状"型斡旋组织。他还特别指出,把自愿部门与非正式部门区分开的是组织化的程度,就其内部而言,则存在不同的形式,这就对福利主体有了更细致、更符合现实的结构划分[1,2]。

传统观点认为,对于弱势群体只需要政府承担帮助的义务,但是实际上政府受到经济社会发展的限制,未必能满足所有社会范围内所有弱势群体对于福利的需求,对于社会弱势群体的帮扶上,政府的确应该起到示范带头作用,但更多的社会组织、机构甚至个人都应该参与其中。随着社会经济发展,我国开始了福利多元主义的尝试,鼓励国家、集体、个人以及社会上各种力量多种形式、多渠道的社会资本进入养老服务领域。政府更多的是从政策保障、制度支持、资金补贴等方面对养老产业进行指引,规范养老服务市场,发挥社会组织进行自我约束、自我激励和自我管理的作用,促进养老服务行业发展,而市场在养老事业中的作用越发显现,越来越多的社会资本进入养老领域,提供的服务主体也就趋向多元化,服务的内容也就趋向多样化。因此,建立完善的养老服务体系也是

---

[1] 韩央迪.从福利多元主义到福利治理:福利改革的路径演化[J].国外社会科学,2012(2):42-49.
[2] 陈友华,庞飞.福利多元主义的主体构成及其职能关系研究[J].江海学刊,2020(1):20-26.

社会福利的重要组成部分,居家养老整合了社会多类型的养老资源,让更多的社会力量参与到居家养老领域,对于居家养老其服务主体实现了多元化,政府不需要包揽一切居家养老事务,只需要做好"兜底"服务的内容,其他的服务都可以交由市场,从单独直接管理转变为依靠市场,自主经营、自负盈亏,鼓励社会组织以及其他民间组织和社会志愿者共同参与到居家养老服务之中,并各自发挥着不同的作用,扮演不同的角色,共同推进居家养老服务高质量发展,以此来实现老年人养老的个人权益。

二、老年人的需求理论和居家养老

马斯洛将人的需求分为五个层次,即生理需求、安全需求、社交和情感需求、尊重需求和自我实现需求。这五种需求层层递进,生理需求是人最基本的需求,自我实现需求是最高层次的需求。从最基本的需求开始,一种需求一旦满足,就会产生更高层次的需求。人都潜藏着这五种不同层次的需求,但各种需求在不同时期表现出来的迫切程度是不同的,这些迫切的需求是激励人的行动的主要原因和动力[1]。

人类的基本需求大多是相通的,老年人自然也不例外,但由于老年人的生理机能、价值观、偏好都有其特殊性,因此在各个需求层次上会呈现不同的内容。穆光宗(2002)将老年人五个层次的需求简化为生存性需求、发展性需求和价值性需求等三大层次,并提出经济性和服务性需求为最基本的生存性需求[2]。有国内学者曾将老年人五个层次的需求阐释为:生理需求,即是所有人最基本、最优先的需求,老年人在此方面的需求也不例外,而且对食物、服饰、饮水、空气环境的需求较其他群体更具特殊性[3];安全需求,表现在医、住、行三方面的安全上;社交和情感上的需求,主要体现在老年人需要家庭的温暖、子女的孝顺和通过交流排解生活中的寂寞;尊重的需求,往往延伸为老年人注重自己在知识和修养方面的提高,对自身形体、衣着装扮的关注等等;自我实现的需求,希望实现自身的价值或未完成的心愿[4]。较为值得关注的是,老年人对情感的需

---

[1] 马斯洛著.动机与人格[M].许金声,译.北京:华夏出版社,1987:121-123.
[2] 穆光宗.丧失和超越:寻求老龄政策的理论支点[J].市场与人口分析,2002,8(4):49-53.
[3] 马建堂.马斯洛人性管理经典[M].北京:北京工业大学出版社,2002:87-89.
[4] 陈叔红.养老服务与产业发展[M].长沙:湖南人民出版社,2007:145-147.

求不低,情感支持是父母与子女之间感情亲密程度的标志。国内学者常提到"五个老有",即"老有所养、老有所医、老有所为、老有所学、老有所乐",这充分体现了老年人在需求上的层次性,可以看做是马斯洛需求层次理论的具体化。老有所养是基础,老有所医是保障,老有所为是老年人社会价值的体现,老有所学代表了老年人文化素质的提高,而老有所乐是老年人对身心健康需求的表现。这与西方老年人需求理论所讲的三个方面(物质、精神、医疗)是相通的,共同表现为经济需求、精神需求以及医疗保健与生活照料的需求,充分反映了老年人在生存和发展中一致的需求特性与多多样性。

马斯洛需求理论倾向于从服务对象自身的渴求出发来决定对老年人的服务所提供的内容。需求理论则提醒居家养老服务的提供者,不仅要满足老年人在物质层面的需求,还要注重老年人对家庭生活的感情诉求,注重老年人需求的多个层面,为老年人安享晚年创造一个良好的社会和家庭环境及养老保障机制,因此需求理论对于居家养老服务提供具有重要的指导作用。突破机构养老过于局限于对老年人物质需求的满足,更加强调对于居家老年人精神文化的需求满足。首先,老年人的生活照料需求是最底层,也是最基本的需求,因此在居家养老模式中,专业人员为居家老年人提供专业的喂饭、洗澡和看护等服务,可根据居家老年人的生理特点、宗教信仰和风俗习惯,合理安排饮食;其次,精神方面的需求是老年人在较高层次上的需要,更为专业的社会力量通过参加居家养老服务,可以安排专业人员、社会志愿者进入社区组织老年人在精神生活方面的各类活动,不断丰富老年人的业余生活,提供精神慰藉服务,为老年人提供和创造为他人和社会做一些力所能及的事情的机会,让老年人从中感受到自身价值感和满足感;再次,医疗服务的需求是老年人的迫切需要,通过家庭医生、家庭照护床位等服务更为便利地为居家老年人提供及时、价优的健康服务,社区也可以利用自身优势加强和本社区内医疗卫生服务站点的合作,为居家老年人提供更为方便的就医和转诊。

三、公民养老权利理论和居家养老

随着人类改造自然、改造社会的实践活动日益深入和扩展,历史地形成了复杂多样的、多种层次的社会关系。马克思指出,人的本质是一切社会关系的总和。因此,社会关系源于人,因为有了人类,人与人之间便产生了各种复杂的关系,这些关系就统称为社会关系。社会关系的核心是权利和义务,当这种社会关系受到法律约束,那就是法律关系,权利和义务就是法律关系的客体。权利和义务在社会关系中是对立统一的关系,当一方享受权利时,必然有另一方承担相应的义务。养老的权利是公民的基本权利,《中华人民共和国宪法》第四十五条:"中华人民共和国公民在年老、疾病或者丧失劳动能力的情况下,有从国家和社会获得物质帮助的权利。国家发展为公民享受这些权利所需要的社会保险、社会救济和医疗卫生事业。"《中华人民共和国老年人权益保障法》第三条和第四条:"国家保障老年人依法享有的权益。老年人有从国家和社会获得物质帮助的权利,有享受社会服务和社会优待的权利,有参与社会发展和共享发展成果的权利。禁止歧视、侮辱、虐待或者遗弃老年人。""积极应对人口老龄化是国家的一项长期战略任务。国家和社会应当采取措施,健全保障老年人权益的各项制度,逐步改善保障老年人生活、健康、安全以及参与社会发展的条件,实现老有所养、老有所医、老有所为、老有所学、老有所乐。"由此可见,国家已经从法律层面明确了公民获得养老服务是年老时应享受的权利,各级政府、社会、家庭都应该对老年人的养老权利予以保障,帮助老年人安享晚年。

公民的养老权利有广义和狭义之分,狭义的公民养老权是指国家事业单位工作人员和企事业单位组织职工在达到法定退休年龄后享有退休权利,有权得到国家和社会对其生活的保障。广义上来讲,是指公民达到劳动义务解除年龄,或者因年老丧失劳动能力的情况下,依法享有的获得国家和社会的物质帮助和家庭赡养权。

值得注意的是,养老权利的保障,并不仅仅是"一碗水""一碗饭""一张床"的问题,精神慰藉权也更应受到关注。《中华人民共和国老年人权益保障法》第十四条:"赡养人应当履行对老年人经济上供养、生活上照料和精神上慰藉的义务,照顾老年人的特殊需要。"第十八条:"家庭成员应当关心老年人的精神需求,不得忽视、冷落老年人。与老年人分开居住的家庭成员,应当经常看望或者问候老年人。用人单位应当按照国家有关规定保障赡养人探亲休假的权利。

四、社会交换理论和居家养老

社会交换理论是 20 世纪 60 年代兴起于美国进而在全球范围内广泛传播的一种社会学理论。由于它对人类行为中的心理因素的强调,也被称为一种行为主义社会心理学理论。这一理论主张人类的一切行为都受到某种能够带来奖励和报酬的交换活动的支配,因此,人类一切社会活动都可以归结为一种交换,人们在社会交换中所结成的社会关系也是一种交换关系。

随着人进入老年后,工作角色的变化及社会活动层面的变化,老年人的心理、身体等都发生了变化,老年人的互动交往需要有良好的养老环境。美国学者霍曼斯在 20 世纪 60 年代提出:社会进步是一个用于处于交换的过程,交换关系的双方都得到自己所需要的东西,因此加强了这个交换团体的全体得益水平,而且这个团体持续扩展,产生了彼此交换的行为,各自的需求度也得到了充分的实现,对此鼓励社会中的个人或者团体持续地供应社会所需要的养老服务或者养老产品。居家养老通过社会化的服务和家庭照护之间形成多方资源的互通互用,社会资源参与照护居家老年人,家庭资源也可以社会化养老照护的来源之一。居家养老让原本封闭在家的老年人与社会交流成为可能,打破了家庭养老的地域界限。

通过社会交换,引导社会形成了尊老、爱老、孝老的环境氛围,通过社会对老年人的态度促使老年人的自我认知发展转变,树立积极老龄化的意识,能积极参与到各类社会活动中去,加强和家庭其他成员、社会人员的活动交流,扩大了居家老年人和外界情感交流、活动接触的途径。因此,发展居家养老,是要帮助老年人建设健康老龄化和积极老龄化的社会环境,包括物理环境和精神环境。居家养老服务必须重视服务态度和沟通能力,要以服务为载体与老年人做好互动,帮助他们更好地实现自身价值,保持积极的生活心态,拥有健康的心理,提高生活自理能力。在家庭层面,帮助良好家风、家德的传承和发扬,在社会层面,促进"老吾老,以及人之老"的社会氛围形成。居家养老反映出来的交换关系与经济活动中的交换概念有很大不同,经济上的交换是基于等价交换原则的,支出与收获应该是等价的,否则交换活动就会中止。而居家养老体现的社会交换并不严格遵循等价交换的原则，具有一定公益性质和非均衡性的特点，并不需要居家养老人的等价回报，有时候甚至是单方面的付出，例如社会志愿服务或者政府购买居家养老服务。

五、活动理论和居家养老

"活动"是人类生存与发展的基本形式，是人类与周围客观事物交流与改造的过程，是人类完成对客观环境认识和需要的目的的过程，构成了心理特别是人的意识发生、发展的基础，因此人的活动具有对象性和社会性。活动理论（activity theory）起源于康德与黑格尔的古典哲学，形成于马克思辩证唯物主义，是社会文化活动与社会历史的研究成果。活动理论强调了活动在知识技能内化过程中的桥梁性作用。活动理论认为老年人应该尽可能多地参加社会活动，用新的角色取代因退休或者丧偶等失去的角色。

随着老年人岁数增长，参与的活动越少，失去的角色越多，主要包括了从工作角色到家庭角色的转变，尤其在工作中担任一定职务的人，习惯于工作的氛围，但是回归家庭后，仍将工作角色继续，出现角色转换困难，原来的劳动角色转变为被供养角色，容易使老年人产生心理上的失落感，而感到生活的不适应。这就需要老年人以家庭为基础，参与更多的活动，老年人的自我认知需要在社会活动中形成和证实，自我认知越清楚，老年人的生活满足程度就越高。这种生活满意度来自自我认知，自我认知来自新角色，新角色来自社会活动参与。在居家养老的过程中，服务就是居家养老供给者的劳动，在服务过程中，供给者通过提供各种专业化服务，为老年人提供心理支持，帮助其完成角色转化，完成服务即是对居家老年人需要的获得与对社会环境的适应，为老年人参加各类社会活动提供了条件。活动理论中关键的一点是内在和外在是融合的、统一的，通过居家养老也实现了家庭养老和社会化养老的有效融合。

六、血亲价值理论和居家养老

血亲价值理论是一种用血亲价值观点阐释家庭代际关系的理论。血亲价值，顾名思义，就是以血亲关系为其价值标准。具体来说，血亲价值是以血亲关系为基础并以实现血亲利益为其人生价值和调节代际关系准则的行为规范和心理定式。血亲关系是血亲价值理论的基础,如父子母女、兄弟姐妹等,具有天然性、终生性和自我性的特点。天然性是指血亲关系的不可选择和不可回避,终生性是说这种关系与生命共存,自我性是说有血缘关系的双方或多方具有一种自我认同感。在不同文化背景的社会中,自我认同感的强弱有所不同。由于家庭在中国社会中的特殊地位,我国社会的血缘认同感就非常强。无论社会形态如何演变,对血亲关系的认同没有明显变化[1]。

在现代社会,亲代的脱离与宽容,也是造成家庭养老功能弱化的因素之一。居家养老是家庭养老的拓展与发展,在家庭养老的运行过程中,家庭养老是家庭内亲子间的互动,有经济方面的交流,也有非经济方面的交流。也就是说,老年人希望从子女那里得到的不仅是经济方面的支持,还有子女的亲情、子女事业的成功和子女对父母的尊重,具体表现为子代对亲代的赡养。居家养老并没有取代子女对父母的赡养义务,而是通过增加养老服务供给而丰富家庭养老的内容,甚至子女也是居家养老服务的购买者。

由于我国的伦理思想"具有强烈的血缘关系和宗法制度的色彩"[2],所以,只要对血缘关系的责任认同还存在,我国基本道德原则就不会发生根本性变化,随着家庭结构倒金字塔的形成,家庭照护老年人的能力和资源都不足,势必需要外界力量参加家庭养老,因此需要居家养老服务供给。需要注意的是,在居家养老服务体系建设过程中必须以维系家庭亲情为出发点,才能更好地为家庭和谐稳定服务。

七、老年友好社区和居家养老

2005 年在巴西里约热内卢召开的第十八届老年病学和老年医学 IAGG 世界开放会议上首次提出"老年友好型城市"的概念。[3] 同年,世界卫生组织开始了"老年友好型城市"的相关工作,旨在确认"老年友好型

---

[1] 姚远.血亲价值论:对中国家庭养老机制的理论探讨[J].中国人口科学,2000(6):29-35.
[2] 陈瑛.中国伦理思想史[M].贵阳:贵州人民出版社,1985:11.
[3] Global Age—Friendly Cities: A Guide[R]. UN: World Health Organization,2007.

城市"的特点。2006年,世界卫生组织与加拿大公共卫生署正式合作,发起了老年友好型城市项目,通过对全球22个国家的33个城市的实地调查,于2007年编写完成了《全球老年友好型城市:指南》(Global Age-Friendly Cities: A Guide)(以下简称《指南》)。根据世界卫生组织的界定,老年友好型城市就是一种能够减少和改善人们在老化的过程中越来越多地遇到各种问题的城市,其兼具包容性与可达性(消除各种物质与非物质上的障碍)的城市环境,从而促进积极老龄化。

根据世界卫生组织的《指南》,老年友好型城市建设的主题主要围绕以下八大方面展开,即:户外空间和建筑、交通、住房、社会参与、尊重与社会包容、公众参与和就业、交流与信息、社区支持与卫生保健服务等。《指南》还特别强调了老年友好城市的一些重要特征,如:有足够的、位置适当、维护良好的公用长椅;有足够的清洁、安全、便于残疾人使用和标志明显的公共厕所;人行道应当有良好的维修和照明;公共建筑物应当充分便利残疾人出入;城市公共汽车司机应当等老年人坐稳后才开车,公共汽车上应有优先供老年人使用的座位;应当有足够的残疾人专用停车位;社区应当有能适应人进入老年后需求和能力方面变化的房屋;应提供友好的个人化服务和信息,而不是自动化的应答服务;应当以简单的语言提供便于阅读的书面信息;在居住区附近应当有公用和商业服务与商店,而不是集中的商业体;以及应当有尊重和包容老年人的公民文化。

随着社会的进步、年龄认知的迭代,世界老龄化理论经历了从"成功老龄化"向"健康老龄化"再向"积极老龄化"三个阶段的转变,社会大众对老龄化的态度由消极转向积极。根据"老年友好型城市"发展,在很多政策文件中提及老年友好社区(Age-friendly Community),将其定义为"通过提供健康护理、社会参与和安全服务来提高老年人生活质量,鼓励实现友好老龄化的社区",从构建内容看,早期老年环境学主要关注社区物质性空间环境建设对老年生活质量的影响,包括住房、交通、户外空间设施等硬件配套环境。随着认知改变,不同机构和学者逐步认识到老年友好社区建设的物质环境和社会环境相辅相成,因此创建一个将物质空间环境和社会环境融合并相互增强的友好社区环境,将有效增强老年人的获得感、幸福感和安全感。从价值延伸看,老年友好社区建设越来越重视老年社会价值和代际关系,不单是对老年人友好,更是代际和谐互动的全龄友好社区,综合考虑老年和儿童生活习惯的差异性和相通性,构建代际共居、良性互动的全龄社区是满足多世代需求、缓解双龄问题的有效途径。老年友好社区经历了从"聚集式养老社区"向以居家养老、社区养老为主导的"在地化养老社区"转变的过程,保障和提升老年人群体的正常生活质量已经成为老年友好型社区建设的核心价值理念。

2022年贝壳研究院发布《老年友好社区评价指标体系研究》,认为:社区空间友好,即以居住空间为轴心,以社区生活圈为半径,以符合老年人步行尺度的10分钟社区老年友好生活圈规划、建设为载体,通过优化公共服务设施布局、推动社区规划建设适老化改造、完善出行无障碍设施建设等,为老年人打造安全舒适的友好物质空间环境,其中社区空间友好包括了住房建设、交通出行、公共设施三个核心要素,老年服务友好包括照料服务、健康服务、智慧助老服务三个核心要素。

老年友好社区的建设内容涉及城市建设管理的各方面,需要政府发挥主导作用,积极主动并有规划、有计划地开展建设。从内涵建设来说,老年友好社区也和居家养老密不可分,是建立在可持续发展的居家养老服务供给保障之上。居家养老并不是把老年人限定在家庭之内,而是更加强调老年人在社会发展过程中的价值创造和身份认同,鼓励老年人充分发挥自身潜能和自主性,积极参与社会各项事务活动,重塑老年人社会价值。老年人的社会角色也要逐渐从"受抚养者",转变为"注重身心健康发展和社会价值实现相协调的可持续发展者"。将社区作为居家养老服务供给的重要平台和载体,以保障和提升老年人生活质量为目标建设老年友好型社区的目的在于营造有利于老年人居住生活的环境,最大限度增强老年人的独立生活能力,是缓解养老压力、应对社会人口老龄化挑战的重要举措。在友好社区环境下发展居家养老,来自生活环境的支持有利于延迟居家老年人身体机能的衰退、保持老年人生活的独立性和幸福感,对降低居民在老年阶段的健康风险、提升老年阶段的生活质量、增强有老年人家庭的功能韧性都具有极其重要的作用,有些地区已经探索结合未来社区等建设,依托社区引入各类社会服务资源,面向区域内"一老一小"人群提供整体服务,通过隔代养育建立和谐代际关系,将家庭养老和家庭养育结合在一起,有助于稳定家庭关系,增加了居家养老中的亲情联系。

第三章

供给与责任：政府购买居家养老服务的行动选择

自 2000 年上海率先开展政府购买社会组织居家养老服务试点以来，各地掀起了政府购买居家养老服务的创新做法，逐步明确了政府供给居家养老服务的路径。《中华人民共和国老年人权益保障法》第三十七条："地方各级人民政府和有关部门应当采取措施，发展城乡社区养老服务，鼓励、扶持专业服务机构及其他组织和个人，为居家的老年人提供生活照料、紧急救援、医疗护理、精神慰藉、心理咨询等多种形式的服务。"第三十八条："地方各级人民政府和有关部门、基层群众性自治组织，应当将养老服务设施纳入城乡社区配套设施建设规划，建立适应老年人需要的生活服务、文化体育活动、日间照料、疾病护理与康复等服务设施和网点，就近为老年人提供服务。"国家从法律层面确定了政府在养老服务领域的责任，要在服务项目、服务设置等方面加强居家养老服务供给。

第一节　政府购买居家养老服务的相关概念

政府购买居家养老服务是基于社会养老服务模式的变化，社会化养老服务模式变化在一定程度上也对政府职能转变产生了推动作用，购买居家养老服务是建立在政府具有一定的经济实力的基础上，也是回应社会民众对于公共服务需求的政策选择。居家养老是老年人住在自己家中在继续得到家人照顾的同时,能得到社会资源的支持,政府通过资金的保障让居家养老成为基本的公共服务,充分体现其承担养老的责任。

一、养老服务

养老服务是指国家和社会以发扬敬老爱老美德、安定老年人基本生活、维护老年人生理健康、充实老年人生理健康、充实老年人精神文化生活为目的而采取的设施服务的总称。也有观点认为,养老服务是指政府和社会所提供的与老年人日常生活照顾、精神慰藉和健康照护相关联的各种类型的公共产品和公共服务,日常生活照护主要是指对老年人日常生活饮食起居的照护,包括送餐、代办以及家政服务等;精神慰藉包括了心理慰藉和临终关怀;健康照护包括建立老年人健康档案、保健宣传、定期常规体检、慢性病的常规治疗、突发疾病的抢救和其他医疗辅助措施等[1]。

按照现行养老模式,一般可划分为居家养老、社区养老和机构养老,三种模式各有优势,也存在自身不足。居家养老,即老年人居住地不变,在家接受来自家庭或社会提供的养老资源。该模式满足了老年人不愿意离开原居住地的心理需求,但对于生活不能自理的老年人来说,医疗服务、康复保健等资源获取难度大。机构养老是老年人离开原居住地、集中居住在一定地域,以机构为载体,老年人在机构接受社会提供的养老资源,这使得老年人的社会化服务水平得到提高,但很难满足老年人的恋旧情怀。社区养老则以社区服务中心和社区居委会为中介,整合区域内包括社会、家庭在内的各种资源为老年人提供养老支持,这既能满足老年人不离开熟悉的居住环境的心理需求,又提高了社会化服务的水平。但是从政府购买居家养老服务中的"居家服务"主要还是针对利用家庭之外的社会资源为居家老年人提供的服务,从本质上来说也是一种社区养老和家庭养老结合的方式。

---

[1] 王阳亮.责任与合作:政府购买养老服务研究[M].北京:中国社会科学出版社,2017:22-23.

二、政府购买公共服务

政府购买公共服务是政府采购的一部分,根据《中华人民共和国政府采购法》第二条规定:"政府采购是指各级国家机关、事业单位和团体组织,使用财政性资金采购依法制定的集中采购目录以内的或者采购限额标准以上的货物、工程和服务的行为。"根据该条款,赋予政府购买服务的权力,采购对象包括货物、工程和服务,其中"服务"的行为也应该包括公共服务。

(一)政府购买公共服务的概念

政府购买服务即政府向社会组织购买公共服务(Purchase of Service Contracting,POSC),是指政府将原来直接提供的公共服务事项,通过拨款和公开招标的方式,交由具有资质的企业或服务机构来完成,最后根据择定者或中标者所提供的公共服务的数量和质量来支付服务费用。从运作方式上看,政府购买服务是社会福利供给民营化(Privatization)和市场化的主要方式,即通过民营化吸引社会资源进入公共服务领域,通过市场化将竞争机制引入公共服务传输过程。政府购买公共服务不仅构建了一个包括服务卖方(政府)、买方(社会组织)和接受服务者(服务对象)的三方市场,也重新定义了这三方在公共服务领域中的角色和功能。这种准市场(Quasi-market)的运行模式几乎彻底改变了公共服务传统的传输方式和途径,重新形塑了政府和社会组织在公共服务领域中的角色和二者之间的关系,并在很大程度上能够同时避免"政府失灵"和"志愿失灵"问题[1]。

因此,政府购买公共服务是指通过发挥市场机制作用,把政府直接提供的一部分公共服务事项以及政府履职所需的服务事项,按照一定的方式和程序,如公开招标、定向委托、邀标等形式,交由具备相应条件的社会组织和事业单位承担,并由政府根据合同约定向其支付费用,以提高公共服务供给的质量和财政资金的使用效率,改善社会治理结构,提高协同治理能力。满足公众的多元化、个性化需求。随着服务型政府的加

---

[1] 吴帆,等.政府购买服务的美国经验及其对中国的借鉴意义——基于对一个公共服务个案的观察[J].公共行政评论,2016(4):4-22

快建设和公共财政体系的不断健全,政府购买公共服务将成为政府提供公共服务的重要方式,既能降低服务成本和行政成本,又能提升服务的传输质量与效率[1,2]。

政府通过购买公共服务的购买方式和程序遵循市场机制并通常以契约方式确定,由社会力量替代政府向社会民众提供公共服务,服务费用由政府财政资金予以保障,以购买提高履行服务公众职责的效率。简单而言,就是政府将一些原本应该自己承担的公共服务事项委托给有资质的机构去做,并支付费用[3]。由于绝大部分事业单位与政府部门之间存在的行政隶属关系,政府部门向其下属的事业单位购买服务属于内部购买一般并不属于政府购买服务的范畴。当相关的政府购买公共服务的体制机制建立起来后,政府部门可以直接向社会机构进行付费采购,并由社会机构向社会民众提供服务,为了保障服务效果,一般采取分期付费,并建立相应的绩效评价考核制度。

(二)政府购买公共服务的理论依据

政府购买公共服务是西方不少国家采取的公共服务供给的方式。以美国为例,早期是为了解决财政压力和服务能力问题的压力下推动实现,但是由于政府财力投入有限、缺乏竞争机制等因素,服务效率不高也引发社会民众对服务效果的质疑。随着民间具有慈善性质的自觉行动以及志愿服务的兴起,政府逐渐从公共服务直接服务提供者中脱离出来,转变为政府承担社会福利角色,在不增加政府机构的同时,通过引入非营利组织提高了公共服务的效率,政府与非营利组织之间形成"第三方治理"(Third-Party Government)的合作体系。在推动政府购买公共服务的改革过程中,主要得到以下理论的支持。

首先,新公共管理理论。政府职能由"划桨"转为"掌舵",主张政府在公共行政中应该只是制定政策而不是执行政策,政府应该把管理和具体操作分开,强调竞争和效率的重要性,主张将市场机制引入公共服务领

---

[1] 罗观翠,王军芳.政府购买服务的香港经验和内地发展探讨[J].学习与实践,2008(9):125-130.
[2] 马俊达,冯君懿.政府购买服务问题研究[J].中国政府采购,2011(6):64-66.
[3] 王浦劬,萨拉蒙:政府向社会组织购买公共服务研究[M].北京:北京大学出版社,2010:6.

域中。政府"掌舵"的主要途径是要通过重新塑造市场,不停地向私营部门施加各种可行和有利的影响让其"划桨"的方式来进行,让更多的私营部门参与公共服务的提供,提高服务供给的质量和效率,实现成本的节省,以竞争求生存,以竞争求质量,以竞争求效率。竞争性环境也能够迫使垄断部门对顾客的需要变化做出迅速反应。因此,政府购买公共服务,就是通过政府制定政策,从购买条件、购买程序以及服务监督等形成一系列管理机制,将服务供给交给社会组织负责,促进其发展,以降低政府的服务供给负担,降低服务成本,同时也能监控服务供给效果。

其次,交易成本理论。该理论是用比较制度分析方法研究经济组织制度的理论。它是英国经济学家罗纳德·哈里·科斯(R. H. Coase)1937年在其论文《论企业的性质》中提出来的。该理论的基本思路是:围绕交易费用节约这一中心,把交易作为分析单位,找出区分不同交易的特征因素,然后分析什么样的交易应该用什么样的体制组织来协调,政策或制度的产生源于交易成本的降低,能够协调组织行为,确保公正、秩序和安全,强调购买服务后对政府在合同管理、成本增加方面的挑战,关注服务购买后成本控制的过程与效果。因此,政府购买公共服务就是通过政策约束服务供给的成本,以服务合同制约各方的行为,明确各方权利义务,控制交易成本,确保服务效益。

最后,新公共服务理论。该理论是从市场和经济学的角度重塑行政的理念和价值,从而建立了一整套全新的行政发展架构的理论体系,通过关注公民对整个公共服务的参与,主张政府应该通过服务购买,推进非营利组织为公民参与服务提供畅通的渠道。因此,政府购买公共服务就是要拓宽公共服务的供给渠道,强调政府的职能是服务,而非掌舵,而且提供的服务是面向所有的社会公民,追求的是公共利益,而非个别的顾客要求,要以公平和公正为原则为他们提供服务,因此没有先后之分。政府要关注的是全体公民的公共利益,而公共利益产生于关于共同价值观念的对话中,所以政府必须努力在其与公民的关系中建立信任与合作关系,注重公民的呼声并主动予以回应。

(三)政府购买公共服务的特点

公共服务不同于私人服务,一般来说政府购买的服务可以分为两大类:一是政府机构及其工作人员自身消费的服务,二是政府机构及其工作人员为社会所提供的服务。前者属于政府内部的服务,服务对象是政府机构和政府官员自身。例如,政府部门引入社会性餐饮企业为其工作人员提供工作餐,后者属于公共服务,服务对象是除政府以外的其他社会机构和公众,例如政府购买居家养老服务[1]。政府购买公共服务有如下特点:

1. 政府购买公共服务的主体和客体具有特定性

政府购买公共服务的主体是相应的政府部门,客体是社会组织与企事业单位,社会组织包括社会团体、民办非企业单位、基金会等,企业包括国有企业、民营企业。

2. 政府购买公共服务具有政府经济行为的定位

政府购买,从上述的定义和名称的用词上看,是政府作为经济主体购买市场中服务的行为,是一种"政府经济行为",这种行为是基于政府对于自身公共服务职责履行的需要,是政府市场化购买的动因,同时也要通过制定制度和规则,明确政府购买服务的方式、范围等;再则确认政府购买服务的政策流程以规范其运作。

3. 政府购买公共服务是释放了社会组织的专业化服务功能

政府购买公共服务是借助专业服务机构的优势完成公共服务保留的举措。在打破公共服务政府垄断、单一提供局面的同时,引导民间主体、民间资本多方地参与,推动社会非营利组织的发展,并促成市场组织功能领域的拓展。社会组织参与公共服务供给,极大地改变了政府部门在公共服务领域专业性不足、资源供给不等的情况,通过政府购买的制度,也促进了社会组织的发展,加快了服务市场主体的培育壮大,让更多的资源能聚集在公共服务领域。

4. 政府购买公共服务是以公私契约形式进行合作约定

政府购买服务区别于以往政府包办、政府补贴等传统的公共服务提供方式,以契约化生成公私合作模式,也就是说政府部门通过招标等形式寻找到和其合作的社会组织或者社会力量,通过签订合作达成公私合作的协议,约束双方行为,明确在合同履约过程中的权利和义务。此类基

---

[1] 王阳亮.责任与合作:政府购买养老服务研究[M].北京:中国社会科学出版社,2017:22-24.

于政府部门合同委托而产生的公共服务提供模式,是出于社会公共服务组织权利的维护,保持了社会公共服务组织体应有的主体独立性而非职能授予下的非独立性,同时明确服务的事项而并非事务的随意指定,必须按照采购范围予以确定,并有采购程序予以约束。

三、社会组织和社会力量

广义的社会组织是指党政机关、企事业单位以外的社会中介性组织,狭义的社会组织是指各级民政部门作为登记管理机关,纳入登记管理范围的社会团体、民办非企业单位和基金会等,一般不以盈利为目的,不同于政府与市场组织,有特定的使命和目标,其行动不是为了追求剩余利润的分配而是为了完成使命[1]。

(一)主要的社会组织

1. 社会团体 是指由公民自愿组织,为实现会员共同意愿、按照其章程开展活动的非营利性社会组织,根据国务院《社会团体登记管理条例》,除了免于登记的社会团体(如中国共产主义青年团、全国妇女联合会等)外,其他社会团体要取得法人资格,必须满足一定的条件并依法进行登记,社会团体要进行活动,必须具备法人资格。

2. 民办非企业单位 是指企事业单位、社会团体和其他社会力量以及公民利用非国有资产举办的、从事非营利性社会服务活动的社会组织。改革开放以来,随着政府职能的转变和社会公益事业的不断发展,我国民办非企业单位已经成为社会服务中的一个重要组成部分。根据《民办非企业单位登记管理暂行条例》《民办非企业单位登记暂行办法》和《民办非企业单位年度检查办法》等规定,民办非企业单位需要合法登记后方可开展业务活动。

3. 基金会 是指利用自然人、法人或者其他组织捐赠的财产,以及从事公益事业为目的非营利性法人,随着我国社会转型加速,基金会在教育、科学、文化、卫生、社区建设、扶贫济困等社会公益事业中的作用日趋明显,在募集社会资金、满足社会需要、提高慈善意识、推动社会力量参

---

[1] 王浦劬,萨拉蒙.政府向社会组织购买公共服务研究[M].北京:北京大学出版社,2010:6.

与公益、促进社会和谐发展等方面发挥着越来越重要的作用,根据《基金会管理条例》,基金会须满足规定的条件,并按照规定的程序进行登记[1]。

(二)社会力量的类型

社会力量主要包括两类:一是依法在民政部门登记成立或是经国务院批准免于登记的社会组织;二是依法在工商管理部门或行业主管部门登记的成立的企业、机构等。

四、政府购买居家养老服务

政府购买居家养老服务是政府购买服务的一种,是基于老年因年老导致的生理退化或者丧失而产生的依赖他人提供的帮助和服务,而这种服务是政府向社会组织、各类机构通过金钱给付的方式获得的。也有学者认为政府购买居家养老服务是指政府与加盟企业或者非营利组织之间就居家养老服务的购买问题签订一定的合同,作为契约双方,由政府出资,加盟企业或非营利性组织运作,由其负责管理并提供服务,然后政府通过一定的方式对购买的服务进行评估并进行付费,从而保证老年人居家养老服务的质量,满足老年人基本物质与精神生活需求的服务供给方式。

(一)理论价值:由政府购买居家养老服务符合当前政府职能的转变

现代经济社会的发展变化需要政府从管制型向服务型转变,要求政府具有以公众为服务对象的行政价值取向和确定的服务范围。政府能做到真正放权,发挥市场配置经济资源的基础作用,政府所要做的是针对市场进行的有效监管,为社会民众提供高效、便利的服务。就居家养老服务而言,属于社会民生工程,政府承担居家养老具有相应的责任,为老年人提供养老服务、让老年人能安度晚年作为服务型政府工作的出发点,既体现了政府对社会民众生活的关注,更符合社会民众的利益诉求。由于居家养老的广覆盖,政府在提供居家养老服务的同时,也是满足了社会服务公平性的要求,以居家养老为基础,让老年人都能老有所养,安度晚年。此外,服务型政府以服务为宗旨,以市场即公众需求为导向,这

---

[1] 全国社会工作者职业水平考试教材编写组.社会工作法规与政策[M].北京:中国社会出版社,2014:195-206.

意味着政府与社会公众的关系将转化为服务供给者与消费者的关系,政府要还权于社会、还权于市场,只要承担市场和个人不能做、不愿做或做不好的事情,这也为政府向社会组织和市场机构购买居家养老服务提供了理论依据。这种"政府扶持、非营利组织运作、社会参与"的社区居家养老服务方式,政府只掌舵而不划船,只负责监管而不负责操作,重构了政府与社会的关系,体现了社会治理的理念,创新了社会管理体制,也提高了社区自治和自我服务的能力。

(二)实践价值:由政府购买居家养老服务提高了养老服务资源的利用率

人口老龄化问题的严重性以及政府力量支持的有限性,都决定了不管政府投入多少经费、批多少地、盖多少房子、给多少补助,都很难彻底解决老年人的居家养老需求。不过,在居家养老仍是社会主流养老模式的情况下,政府仍然需要承担起其在社会居家养老服务发展过程中的应有责任。政府可以通过购买服务的形式,履行其在养老服务中的职责,在提供居家养老服务方面发挥更大作用。从政府责任而言,对于居家养老要承担"兜底"的服务内容,为居家老年人尤其是比较困难的老年人提供基本的服务保障是政府的一项重要职能。在政府购买居家养老服务中,政府是购买者,养老机构、社会组织或者企业是服务的提供者和生产者,政府购买的目的是提高有限养老资源的利用效率,政府在购买居家养老服务中引入市场竞争机制,通过招标、签订合同、服务评价、付费等关键环节,选择质优价廉的服务供给方,政府购买服务具有选择性,主要以城市中"三无老人"、独居、空巢、困难、残疾老人为主,受益对象尚未覆盖所有老年人,而且政府购买服务具有"兜底"作用,能有效减轻家庭照顾的负担,从实践层面也解决了社会养老的政府职能,保证养老事业公益性的特征。

与世界各国人口老龄化的特点相比,我国人口老龄化呈现出老年人人口数量大、发展速度快以及未富先老、未备先老等特点,高龄化、空巢化、失能失智老年人呈现规模化增长,家庭照护能力减弱的同时也增加了家庭负担。政府购买居家养老服务,通过公共服务的供给加强和质量改进来实现社会变迁中对家庭养老的支持,同时可以覆盖更多的居家老年人。

(三) 政府和社会组织、市场的关系：相互制约、相互支持

在现代国家中，政府为了更好地提供公共服务，可以向社会购买公共服务。政府与市场主体、政府与非政府组织之间需要相互配合、互相制约。但是，政府向社会力量购买居家养老服务必须有法可依，避免导致政府推卸自身责任、转嫁政府负担、压缩市场主体生存空间、滋生腐败。

首先，政府购买居家养老服务必须有明确的界限。也就是说政府权力必须是明晰的，政府的义务必须是明确的。如果政府权力不明晰，购买养老服务很可能会成为政府机关工作人员减轻自己的责任、变相增加财政开支的借口。

其次，政府向社会力量购买居家养老服务，意味着政府配置资源的权力扩大，因此除非有明确的法律依据，政府不能向"社会力量"购买居家养老服务。政府进入市场购买养老服务，实际上是以政府财政预算参与资源的配置，提供公共服务是政府法定的职责，一般来说政府应以自己的力量提供养老服务，或者政府依照法律规定通过招标拍卖的方式向市场主体购买养老服务，这也是对政府权力的约束。

最后，政府购买居家养老服务要重点培育发展社会力量。社会组织不能依靠政府提供资金生存和发展，而应通过为社会提供公共服务体现自身的价值。因此，在政府购买居家养老服务中，社会组织依靠自身的力量，向社会提供政府不能提供的居家养老服务，以此来赢得社会的信赖和支持，在提供公共服务的同时，不断扩大自己的生存空间，持续提高社会组织的养老服务供给能力。

第二节 政府购买居家养老服务的理论基础

随着我国人口老龄化程度加深，越来越多的老年人迫切要求更专业、更优质、更具有个性化的养老服务。"4-2-1"的家庭结构模式广泛存在和空巢老人日益增多，在一定程度上影响着我国传统的养老模式。当前，我国养老服务供给中的主要问题是老年人的养老服务需求和实际的社会化养老服务供给不足之间的矛盾，养老服务事业发展不平衡不充

分的问题直接限制了养老服务水平的高度,急需解决的是用何种模式来解决日益突出的养老服务问题。居家养老作为绝大多数老年人的现实选择,仅仅依靠家庭自身的供给远远解决不了需求问题,需要通过政府主导下建立养老服务体系,为居家老年人提供优质且专业的养老服务。开展政府购买居家养老服务首先就要对相应的理论进行分析,以明确该模式的构建原则、构建思路以及构建的逻辑结构。

一、政府购买居家养老服务的理论研究

随着人口老龄化问题的不断加剧,对养老服务模式提出了严峻挑战。我国老年人的赡养方式正经历着从单一家庭养老型向社区养老型和机构养老型模式的转变,尤其是随着空巢老年人的不断增多,政府要承担起应负的责任。政府购买居家养老服务作为社会养老服务体系的重要支撑部分,日益发挥出其重要作用,为居家老年人的养老问题提供了解决方案,当然这也是有相应的理论作为支撑的。

(一) 社会福利与政府购买居家养老服务

1. 社会福利的概念

福利一词常常指人民社会生活的一种良好的状态和总体上包括了富裕、幸福、平等等人们追求的价值目标,或凡是对人或者社会有效用的东西都可以看作福利。社会福利是指当代社会中为了更好达到上述福利目标而实行的非市场化的财富分配制度和公共服务方式。从具体内容上看,社会福利的含义有广义和狭义之分。从广义上看,社会福利是指所有以非市场化的公共行动方式满足人们实际需要的财富分配方式和服务提供方式,例如福利性住房分配制度、福利性医疗制度等。从狭义上看,社会福利有时特指对特殊社会成员提供专门服务的方式,在一些专门针对特殊困难群体(如贫困者、残疾人、孤寡老人和孤儿等)的社会救济和专门化服务。社会福利的特点:① 社会福利一般不以直接的商业性交换为原则,而是按照社会成员的实际需要而进行的分配,尤其是按照贫困者或者弱势群体的实际困难而提供服务。② 社会福利的受益者无须为其得到的服务全额付费,而是可以无偿或者低偿获得物质产品或者服务。③ 为了维持其无偿或者低偿的分配或服务,福利性项目应该有公共

资金支持,而政府的公共财政在社会福利项目中应该承担主要的责任。

现代社会中,社会福利项目大多需要政府或者其他非营利性机构直接投入并管理,因此社会政策和社会福利所指的行动领域是一致的,但是社会福利是指一种既定的制度和过程,它可以是人为设计的,也可能是自然形成的。相比之下,社会政策则重点强调政府或者其他组织在社会福利领域的干预行为,此外,社会福利侧重反映既有的社会福利制度(包括正式的和非正式的制度)及与其相关的实践操作模式,社会政策主要反映政府和其他组织在社会福利方面制定规则、编制计划、投入自愿和提供服务等各种行动。由于国情和社会发展状况不同,各国的社会福利会存在一定差异,社会保障的范围也是有所不同,一般包括了社会保障、公共医疗卫生、公共住房、公共教育、劳动就业、社区建设、民间组织、社会公益事业等。

2. 社会福利的特点

(1) 社会福利具有社会性的目标。社会福利最基本的目标是满足社会成员各种基本需要,在此基础上解决相应的社会问题、保持社会稳定和提高社会生活质量,由此需要通过更加公平地分配各种资源来满足大多数人的基本需要,主要集中在民生领域,促进个人、家庭以及社会的全面发展和进步。

(2) 社会福利要能体现全社会共有的社会价值。社会公平和社会关照是很多国家社会福利体现的价值,代表全社会共同利益的诉求,具有广泛的社会代表性,政府通过相关的社会政策去实现这些社会价值,维护全社会的基本利益,维护社会公平,调节收入分配,关照弱势群体,让全体人民能够共同享受经济社会发展的成果,这就是共同富裕的体现。共同富裕是社会主义的本质要求,是人民群众的共同期盼。所谓共同富裕,指的是全民普遍富裕基础之上的有差别的富裕,要求富裕有一定差别,但是前提必须要有一个基础,这个基础是没有差别的,也就是每个人都能够享受到政府提供的基本公共服务。习近平总书记指出:"共同富裕本身就是社会主义现代化的一个重要目标。我们要始终把满足人民对美好生活的新期待作为发展的出发点和落脚点,在实现现代化过程中不断地、逐步地解决好这个问题。"因此,发展社会福利,就是逐步实现社会全体民众共享共同富裕的成果,实现社会共有的社会价值。

(3) 社会福利在面向广大社会成员的同时要重点向弱势群体提供服务，满足他们的基本需求。政府通过资源的调配和优化配置，以及制定相关规则和制度，促进和规范公共服务事业发展，对于社会中的老年人、残疾人、未成年人等特殊困难人群要提供帮助，共享社会发展成果。

(4) 社会福利要坚持福利性的原则。福利性是指不按照等价交换的原则，而是在公共资金的支持下，按照社会民众的实际需要，尤其是特殊困难群体的基本需求去分配财富和提供服务，不需要按照市场的价值进行等价交换，更多地体现在社会关照、社会补偿，不以促进社会经济发展为目标，而是以解决社会民生问题为主。

(5) 社会福利要以社会目标和经济目标结合为保障。社会的经济发展是为了满足人对于生活的基本需求，提高民生保障水平，提升家庭生活质量，促进社会和谐。社会福利不能脱离社会经济发展目标，也只能根据经济发展水平而提供相应的福利供给，这个社会目标也必须依据经济目的而确定。

3. 社会福利的基本目标

社会福利主要是为了解决社会的基本需要，包括了教育、医疗、养老、保险等内容，其最终的目的就是为了解决民生需求、保护人权、维护社会公平、解决社会问题，促进社会和谐。

(1) 社会福利要满足民生需求。人的需要是人作为生物有机体和社会存在物为维持生存、发展、享受和从事各种社会活动所产生的对各种外部条件的依赖和获得这些条件的主观意愿。在现代社会中，人每天都会产生各种各样的需要，而且这种需要呈现社会性、层次性、发展性和多样性的特点，主要有衣食住行的需要、就业的需要、健康保健的需要、教育和发展的需要、提高生活水平的需要、社会环境友好的需要、文化娱乐的需要等等。

人的各种需要根据社会所能提供的条件所决定，这不仅有物质需要也有精神需要（包括友情、爱情等），也常常需要以社会的途径来实现，这就是人的需要的社会性；人的需要包括了基本层次的诸如生存、安全等方面的需要，也包括了交往、友谊等具有较高层次的需要，这就是人的需要的层次性；随着人的成长，人的需要也呈现出不断变化，从基本需要到高级需要，既受制于经济条件，又受到人的生存发展需求的变化，这就是人的需要的发展性；人的需要除了保障基本生活需求，也就是物质要求之外，还需要得到社会承认的精神性需要、娱乐休闲的需要、自我发展的需要等，既有生存性的需要，也有享受性的需要，更有发展性的需要。有的需要自身劳动所得来实现，有的需要借助其他社会资源来实现，这就是人的需要的多样性。

（2）社会福利需要是为了保障人权。社会中的每一个人根据宪法和相关法律所赋予的各种基本权利的总和就是人权。在我国，最基本的人权包括了生存权和发展权，这也是社会福利的重点，例如要保障公民基本生活水准、获得社会保障、保障公民健康和受教育的权利等等。

（3）社会福利是为了社会公平。政府通过社会福利，对于社会资源和财富进行了再次分配，兼顾社会各地区、各阶层、各类人群的利益，兼顾个人、局部和社会的总体利益，缩小贫富差距，为贫困人群和中低收入人群提供物质帮助和社会服务，让社会民众能共享社会经济发展所带来的成果。政府通过社会福利来降低市场性的初次分配中出现的不平衡等问题，为社会民众提供必需的社会保障和社会服务，政府购买居家养老的目标也是如此。

（4）社会福利需要解决社会问题。社会在发展过程中会难以避免主流价值不能接受因而需要采取集体行动进行干预的社会现象，以避免社会成员和社会整体造成的负面影响，人口老龄化带来的社会问题包括了劳动力减少、养老服务需求增加、养老保障资金不足等。

（5）社会福利促进社会和谐。政府通过公共服务供给作为提供给社会民众的福利，保障社会发展的公平正义，协调经济发展与社会需求之间的关系，建立科学合理的利益调节机制，建立人与人之间和睦相处的社会关系。

4. 老年社会福利的发展

老年社会福利属于社会福利中的重要内容之一，是政府解决养老服务需求，应对人口老龄化采取的社会政策。从广义上说，老年福利是指国家和社会通过社会化的福利设施和有关福利津贴，满足老年人的生活服务需要并促使其生活质量不断得到改善。从狭义上说，老年社会福利就是国家和社会为了安定老年人生活、维护老年人健康、充实老年人的精神文化生活而采取的政策措施和提供的设施和服务。

有观点认为,对于弱势群体只需要政府承担帮助的义务,但是实际上政府受到经济社会发展的限制,未必能满足所有社会范围内所有弱势群体对于福利的需求。20世纪80年代以来,西方国家福利多元主义的发展,改变了传统福利理论中国家与市场二元主体框架,原来由国家单独承担的福利变为由多部门共同承担,从单一主体的供给转变为多元主体供给,供给路径和方法也呈现多元化的发展趋势。从现实而言,我国社会力量在参与福利供给的能力和实力均显不足,社会民众对于社会资源提供福利供给的信任度不高,老年人的福利供给还是要多依赖于家庭和政府,家庭多依赖于老年人自己的子女,而政府主要通过养老机构为提供集中的福利供给,包括了药物、衣食等。

传统社会中家庭是老年人福利供给的主力,这是基于家庭是通过家族孝老文化的传统来维系,是最重要最基础的社会照护单位,在农业经济时代的国家基本都会从法律上规定了家庭在供养老年人的责任。我国自古就有尊老、敬老、助老的优良传统,古代先贤认为"老幼孤独不得其所"是"大乱之道",因此要使"孤老得其所"。我国最早的养老场所的雏形出现在奴隶制社会。《礼记·王制》记载:"夏后氏养国老于东序,养庶老于西序;殷人养国老于右学,养庶老于左学。"这里提到的"序"与"学",就是夏殷时代养老的最初机构,也兼有教育下一代的职能。南北朝时,魏孝文帝太和二十一年(497年),令将司州、洛阳两地贫病老者别坊居住,备有药物,给以衣食。梁武帝笃信佛教,于普通二年(521年),命令在京师设置"独孤院",收养孤苦无依的老人和孤儿。《梁书·武帝纪下》载:"凡民有单老孤稚不能自存,主者郡县咸加收养,赡给衣食,每令周足,以终其身。"养老院制度在唐代正式形成,在长安设有养病院,又名"悲出院""济病坊",类似平民医院、养老院之性质,收养贫病无依的老年乞丐,朝廷派专人负责其事,并由佛教寺院具体管理。唐肃宗在长安和洛阳分别建了"普救病坊",用于照顾无人赡养的老人。《唐会要》卷四十九《病坊》载:"从长安以来,置使专知。国家矜孤恤穷,敬老养病"。北宋初期,在汴京(今河南开封)设立有东福田院和西福田院,专门收养孤独有病的老年乞丐,供给口粮和零用钱,但是能进院的老人极少,最多时只有24个人。后来到了宋英宗年间,又增设了南福田院和北福田院,四个福田院共可容纳300多名老人。东南西北福田院是按京城的四个方位开设的,虽有佛家的"福田"名称,但同寺院没有直接关系,由朝廷管理,按照所需供给银两。《宋史·食货志》记载,宋神宗熙宁二年(1069年),汴京大雪,宋神宗下令于四福田院定额外,收养老幼贫病乞丐,供养到第二年春。后来,朝廷又开设"居养院",收养孤独有病的老者。南宋初年,出现了专门为包括老人在内的各种贫民设立的福利医疗养老机构,叫作惠民和剂局。刚开始只是象征性地收取费用。后来干脆免费,全部由各地方财政买单。同时,又开设了"养济院"等,将孤寡、不能养活自己的老人登记备案,由国家赡养他们。元世祖至元八年(1271年),官府下令各路(相当于今地、市)设立济众院。收养鳏寡孤独、残疾不能自养的老人,供给一定粮食和柴薪,当众发放,不得贪占。据《邵武府志·名宦》记载,元至正年间,在福建邵武任职的郭瑛,于城西建立"惠老慈济堂",为堂买田,收取地租供养入堂老人。明代初期,各府县设立养济院,发布《诏天下养老之政》,《大明律·户律》还规定:"凡鳏寡孤独及笃疾之人、贫穷无亲依靠、不能自存,所在官私应收养而不收养者,杖六十;若应给衣粮,而官吏克减者,以监守自盗论。"这也是养济院建立的法律依据。养济院由国家开办,地方官府具体管理。《明会要·恤鳏寡孤独》记载,为了防止舞弊,中央会派巡按御史加强监察。成化十六年(1480年),仅京城历年赡养的鳏寡孤独就有7 500人左右。嘉靖六年(1527年),又令北京五城各设养济院一处,尽数收养孤老贫民。清代延续了明代养老制度,康熙年间先在北京设立普济堂,并要求其他地方当局仿效。普济堂有朝廷分发的公田,靠地租维持其日常开销。普济堂管理严格,制订了详细的条规,派专人具体管理,如江苏松江普济堂规定:收养老年贫民,视其经济状况决定供养人数和生活水平,该堂规定每年收养220名老年贫民,进入普济堂的人要年满50岁且无依无靠。

当农业社会向工业化社会过渡后,大家庭的结构逐步解体,家庭照护能力逐渐减弱,空巢家庭逐渐增多,家庭照护从生活照护为主向经济支持为主转变,日常照护的功能明显弱化。在家庭之外,政府也要参与承担对老年人的福利供给,对于像老年人这样的社会弱势群体的帮扶上,政府的确应该起到示范带头作用,但更多的社会组织、机构甚至个人都应该参与其中。因此,老年社会福利一般需要在政府的领导下,引导各社会力量参与,对于处于特殊困境下的无劳动能力、无生活来源、无法定赡养人和扶养人的孤寡老年人和部分生活不能自理、家庭无力照顾的老年人提供供养、医疗、康复、娱乐和教育等方面的服务。[1]

我国的老年人福利发展可以分为两个阶段。第一阶段,主要在计划经济时期,采取的是国家负责、政府或者单位包办的模式,城市老年人的养老可以享受到单位的福利,农村的"三无"老年人可以按照国家的五保制度享受国家或者集体的供养,包括集中供养或者分散供养两种形式。第二阶段,随着社会经济发展,市场制度开始建立,我国开始了福利多元主义的尝试,鼓励国家、集体、个人以及社会上各种力量多种形式、多渠道的社会资本进入养老服务领域。政府更多的是从政策保障、制度支持、资金补贴等方面对老年福利供给进行指引,规范养老服务市场,发挥社会组织进行自我约束、自我激励和自我管理的作用,促进养老服务行业发展,而市场在养老事业中的作用越发显现,越来越多的社会资本进入养老领域,提供的老年人福利供给主体也就趋向多元化,福利供给的内容也就趋向多样化。当前,我国在市场经济体制下的老年福利综合了老年人照护需求、家庭结构变化和社会结构转型变化而产生了新型的社会福利内容,家庭不能再独立提供完整的养老福利,由此政府需要填补家庭的空位,积极参与老年人福利供给,尤其随着社会人口老龄化程度加深,老龄人口基数越来越大,政府在养老福利供给上更趋向于普惠性发展,也就逐步纳入政府公共服务范畴。

(二)公共服务与政府购买居家养老服务

传统观点认为,公共服务的生产者和提供者均为政府,也是政府的基本职能之一。政府是公共服务的责任方、出资方和直接提供者。目前,对于公共服务的内涵具有多种解释。从行政伦理层面,新公共行政学派弗雷德里克森等认为,凡是促成民政发展、培养公共精神以及维护社会公正和公共利益的官员行动或者政府行为都是公共服务,更关注政府提供的服务是否增进了社会公平[2]。从行政执行层面,罗纳德·J.奥克森认为,公共服务供应是指一系列集体选择行为的总称,需要明确提供什

---

[1] 时玉新.社会福利黄皮书:中国社会福利与社会进步报告(1999)[M].北京:科学文献出版社,2000:146-147.
[2] 乔治·弗雷德里克森.新行政公共[M].丁煌,译.北京:中国人民大学出版社,2011:4.

么样的产品服务,产品和服务的质量和数量标准,需要筹措的资金和筹措方法,如何约束和规范公共服务消费中的个人行为以及如何安排产品和服务的生产[1]。从形成价值层面,公共服务是指政府为满足社会公共需要而提供的产品与服务的总称,是由政府机关为主的公共部门产生的,供全社会所有公民共同消费、平等享受的社会产品[2]。从公共利益角度,政府及其公共部门运用公共权力,通过多种机制和方式的灵活运用,提供各种物质形态的公共物品,以不断回应社会公共需求偏好、维护公共利益的实践活动的总称[3]。综合上述说法,我们可以认为现代社会的公共服务是政府运用公共权力,通过对公共资源的合理配置,为社会公民提供各种服务,以保障社会公民的基本权利得以实现,政府在履行其政治功能的同时需要通过服务民众履行其社会职责。

随着社会民众对于公共服务的数量和质量期待值日益提高,一些公共服务领域需要具有专业能力的人员和组织来实现,而政府部门并不适宜承担全部的服务,也不具备这样的能力,例如居家养老服务。对此,政府需要同具有专业能力的组织、机构甚至个人合作,向其购买公共服务,不但可以解决政府部门能力不足的情况,也激发了各类社会力量参与公共服务的积极性。

需要注意的是,在研究中通常会把公共服务和公共产品混为一谈,所谓公共产品是由公共部门供给来满足社会公共需要的产品,由社会成员均等消费。萨缪尔森在其《公共支出的纯理论》和《公共支出理论图解》中对纯公共产品界定为:"每个人对这种物品的消费,都不会导致其他人对该物品消费的减少。"公共产品区别于私人产品的基本特征就是消费的非竞争性和受益的非排他性,面向社会整体提供,具有共同受益的特点,消费和受益归全部社会成员所享有,不可能划分为若干份分给私人所有。在纯公共服务和私人服务之间还有一个具有过渡性的准公共产品,满足部分公共产品的条件,由于依靠市场和私营企业并不能有效地提供公共产品,这就需要政府介入公共产品供给,一方面可以直接进行

---

[1] 罗纳德·J.奥克森.治理地方公共经济[M].万鹏飞,译.北京:北京大学出版社,2005:9.
[2] 陈振明.公共服务导论[M].北京:北京大学出版社,2011:9.
[3] 陈振明.公共服务导论[M].北京:北京大学出版社,2011:13.

生产供给,另一方面也可以间接进行生产供给。这种公共产品在供给方式等方面和公共服务类似,只是两者的属性有所不同。就养老服务而言,是为老年人生活提供保障和改善的公共服务,以及为了保障老年人实现社区养老、居家养老和机构养老所必备的基础设施和物品,并不是一种生产产品的行为。

(三)服务型政府和政府购买居家养老服务

服务型政府就是把公民作为本位的政府。所谓以公民为本位就是指政府的一切工作都要以公民根本利益的实现为最基本的出发点,公民的利益需求决定着政府应提供何种服务、如何提供服务等[1]。也有观点同样认为"服务型政府"是指在公民本位、社会本位理念指导下,在民主制度框架内,把服务作为社会治理价值体系核心和政府职能结构重心的一种政府模式或政府形态[2],这就代表政府的服务行为间接地反映了公民的意志。政府的公共性理论是服务型政府产生的合法基础[3]。所谓公共性是指"政府产生和存在的目的是为了公共目标、公共利益、公共服务以及创造具有公益精神的意识形态等"[4]。在现代社会,公共性是政府的合法性基础[3]。政府的公共性其实蕴含着一种基本预设:政府的职能是为人们服务而非为人们"掌舵",其实质意义主要在于帮助公民表述和实现其共同利益而不是控制和驾驭他们的社会利益。人口老龄化的社会问题导致了养老服务成为社会公众的重要需求,就是需要政府能提供公共服务解决这一需求,建设养老机构就是其中重要的选择之一,通过机构养老可以将社会公众的利益作为公共行政服务的主要出发点,从而可以充分实现和保障老年人的切身利益,这也是社会公平性和可及性的体现。

政府购买服务是推进服务型政府建设,提高政府公共服务供给水平和公共财政使用效率,促进公民社会形成的关键举措[5]。政府购买是公共产品市场化提供的重要方式,而非营利性组织具有提供服务的天然优

---

[1] 黄克瀛.服务型政府理论溯源[J].长白学刊,2008(6):42-45.
[2] 保密法比较研究课题组.保密法比较研究[M].北京:金城出版社,2000:86-89.
[3] 陈国权,徐露辉.论政府的公共性及其实现[J].浙江社会科学,2004(4):38-42.
[4] 黄显.政府公共性理论的谱系[J].湘潭大学学报,2004(5):12-18.
[5] 万军.大力推进政府购买公共服务:公共治理变革之道[J].新视野,2009(6):39-40.

势,能满足社会公共需求的多样性和异质性,是对政府有利的合作伙伴[1]。政府购买居家养老服务体现了政府对于困难老年人的人性关怀,有利于提高老年人的生活质量,解决就业问题,有利于发挥政府、市场、志愿组织、家庭和个人的优势等[2]。政府通过购买居家养老服务也加速了社会化养老服务体系建设进程,推动了公共财政投资机制的建立,促进了社会公平和非营利养老服务组织的发展[3]。

由于传统观念的影响,绝大多数老年人还是希望能在熟悉的家中或者家附近养老,但是在社会生产方式、生活方式、家庭结构、人口结构和社会价值理念等多种因素影响下,家庭照护功能呈现逐步弱化的趋势。政府购买居家养老服务弥补了家庭照护能力不足,是政府服务社会这一职能的体现。由政府在政策、资金等方面予以支持下进行,实现社会资源整合优化配置,政府可以通过向养老机构、非营利组织等社会组织购买服务,以解决居家养老的社会问题,而不是将养老这个问题直接或者全部交由家庭或养老机构自行解决。政策层面不仅能通过考核监督保障工作实效,更能实现社会养老资源的最优化配置,既突破了政府参与养老服务供给的传统,又适应了新形势下政府加强社会管理职能的需要,满足了居家老年人的现实养老需求。

(四) 社会治理和政府购买居家养老服务

詹姆斯·N.罗西瑙认为:治理是由共同的目标所支持的活动,这个目标未必出自合法的以及正式规定的职责,而且也未必需要依靠强制力量克服挑战而使得别人服从[4]。治理和统治是一对相反的概念,统治是由正式权力和国家强制力所支持的,是国家进入阶级社会以后当权者管理国家的手段,保障政策能够有效执行。随着社会民主的发展,治理范围也随着扩大,越来越多的社会组织、社会民众参与到社会治理体系中来。

---

[1] 郑素晋.政府购买公共服务:以公益性非营利组织为重要合作伙伴[J].中国行政管理,2009(6):34-40.
[2] 程伟.居家养老服务券的实践与思索——兼谈购买服务在社会福利社会化中的意义及其账册价值[J].中国民政,2007(4):30-32.
[3] 张小强.政府购买服务与社会化养老体系的构建[J].中国民政,2006(2):35-36.
[4] 詹姆斯·N.罗西瑙.没有政府的治理[M].张胜军,等译.南昌:江西人民出版社,2001:5.

治理的主体不仅包括了政府,也包括了政府之外的多元主体。印第安纳大学政治理论与政策分析研究所的埃莉诺·奥斯特罗姆在其《公共事务的治理之道——集体行动制度的演进》一书中,提出了多中心理论,提出了公共事务的治理应该摆脱市场或者政府"单中心"的治理方式,多中心治理强调了将公共体制和私人体制的有效结合,也意味着由许多在形式上相互独立的决策中心从事合作性的活动,或者利用核心机制解决冲突,通过社群组织自发秩序形成多中心自主治理结构[1]。多中心治理理论的特点在于强调主体的多元化,在公共事务治理过程中,各级政府只是其中的参与者,任何在公共事务处理过程中涉及的利益相关者都可能成为参与主体;强调了参与者和组织自发性,所形成的行动规则是不同性质的参与主体集体选择的结果;强调了治理手段多样化,多中心治理的目的是实现公共利益,必须符合客观实际的政策选择,未必一定是最大化的公共利益,在治理过程中要充分考虑公共资源和参与群体的特殊性,要通过改善政府公共服务供给机制调动多方参与的积极性。

由于治理不依赖于国家强制力,也就意味着需要被社会中的多数人所接受方可。因此,治理来源于一系列来自政府但又不限于政府的社会公共机构及其行为,肯定了涉及集体行为的各个社会公共机构之间存在着权力依赖,政府和其他组织之间要进行相互协商、利益交换来实现治理体系的共建。政府通过委托社会组织等来实现对政府管理的代理,从而提供公共服务,政府部门更类似于主要承包商的领导机构,政府和社会组织之间的关系需要通过合同规则进行约定。也就是说,政府是社会组织最大的投资方,社会组织又代表政府向社会民众提供合同约定的公共服务,更强调的是政府与市场、社会之间的良性互动关系,更需要政府与社会组织之间的关系管理,政府可以通知制定规则甚至可以委托另外的第三方对社会组织提供的公共服务予以评价、考核。

养老服务的家庭供给不足以及政府的公共服务职能,需要政府参与到养老服务领域,要建立全方位的居家养老服务治理体系,提高服务的有效性,将自己不擅长的专业活动委托给专业组织,由此形成政府、社会组织、养老机构、市场化主体、居家老年人、社会志愿者共同协作体,优化

---

[1] 董亚琦.宁波市居家养老服务多中心供给研究[D].宁波:宁波大学,2017:8-9.

配置养老服务资源,政府予以资金保障,社会力量予以技术支持。因此,在整个的养老服务供给体系中,居家老年人个体的特殊性,决定其对服务的要求有不同的层次和类别,政府部门在其中要采取新的管理方式和技术,例如政府购买服务的形式,以激发其中的所有利益相关者参与居家养老服务的热情和动机,提高服务的专业化水平,同时促进社会资源在居家养老服务领域的合理利用和优化配置。一方面通过政府的主导,确保养老服务的基本资金投入,建立养老服务供给的利益共同体,形成有效的治理网络,以保证养老服务的公益性;另一方面通过政府的监管,让养老服务供给的利益共同体能有规则约束,发挥对整个治理体系的协同作用,以保障养老服务的可及性、专业化。

(五)委托代理理论与政府购买居家养老服务

委托代理理论是制度经济学契约理论的主要内容之一。20世纪30年代,美国经济学家伯利和米恩斯因为洞悉企业所有者兼具经营者的做法存在着极大的弊端,于是提出"委托代理理论",倡导所有权和经营权分离,企业所有者保留剩余索取权,而将经营权利让渡。委托代理关系起源于"专业化"的存在。当存在"专业化"时就可能出现一种关系,在这种关系中,代理人由于相对优势而代表委托人行动。委托代理理论主要研究的委托代理关系是指一个或多个行为主体根据一种明示或隐含的契约,指定、雇佣另一些行为主体为其服务,同时授予后者一定的决策权利,并根据后者提供的服务数量和质量对其支付相应的报酬。授权者就是委托人,被授权者就是代理人。

现代意义的委托代理的概念最早是由罗斯提出的:"如果当事人双方,其中代理人一方代表委托人一方的利益行使某些决策权,则代理关系就随之产生。"由于委托代理关系在社会中普遍存在,因此委托代理理论被用于解决各种问题。如国有企业中,国家与国企经理、国企经理与雇员、国企所有者与注册会计师,公司股东与经理,选民与官员,医生与病人,债权人与债务人都是委托代理关系。因此,寻求激励的影响因素,设计最优的激励机制,将会越来越广泛地被应用于社会生活的方方面面。

委托代理理论的主要观点认为:委托代理关系是随着生产力大发展和规模化大生产的出现而产生的。其原因一方面是生产力发展使得分工进一步细化,权利的所有者由于知识、能力和精力的原因不能行使所有的权利了;另一方面专业化分工产生了一大批具有专业知识的代理人,他们有精力、有能力代理行使好被委托的权利。但在委托代理的关系当中,由于委托人与代理人的效用函数不一样,委托人追求的是自己的财富更大,而代理人追求自己的工资津贴收入、奢侈消费和闲暇时间最大化,这必然导致两者的利益冲突。在没有有效的制度安排下代理人的行为很可能最终损害委托人的利益。不管是经济领域还是社会领域都普遍存在委托代理关系。在对称信息情况下,代理人的行为是可以被观察到的,委托人可以根据观测到的代理人行为对其实行奖惩;在非对称信息情况下,委托人不能观测到代理人的行为,只能观测到相关变量,这些变量由代理人的行动和其他外生的随机因素共同决定,委托人不能使用"强制合同"来迫使代理人选择委托人希望的行动,激励兼容约束是起作用的,于是委托人的问题是选择满足代理人参与约束和激励兼容约束的激励合同以最大化自己的期望效用。

"委托代理理论"早已成为现代公司治理的逻辑起点。在政治学和行政学研究中,委托代理理论也被用来解释民主体制下一系列的委托人和代理人之间的政治过程,政府与社会民众、社会组织之间都可能形成合同契约关系,将一些专业性强、符合政府职责范围内等特点的公共服务交由社会服务组织来完成,以提高工作效率,降低服务成本。政府购买居家养老服务,政府和承接的社会服务机构之间就形成了较为典型的委托关系,政府是居家养老服务的委托人,政府作为代表为消费者购买服务,目标是社会效用的最大化,社会组织是代理人,由代理人提供养老服务供应给消费者,目标是组织利益的最大化。政府通过签订合同向社会组织购买居家服务,可以根据委托代理理论的模型进行分析,通过招标等信息公开,社会组织可以预见承接服务的效益而决定采取的措施,政府同时建立相应服务质量评价和考核机制,对社会组织的服务效果进行评价,采取分期付款等方式控制服务质量,激发社会组织服务的主动性,提高服务效果的有效性。

(六)供给侧结构调整理论和政府购买居家养老服务

从全球范围内各经济体发展过程中的宏观经济调控手段看,传统宏观经济学倡导的经济增长"三驾马车"理论一直被奉为经典[1]。长期以

---

[1] 冯磊.从供给侧推动中国改革[J].经济学动态,2013(3):41.

来,我国经济的高速增长主要通过需求侧改革的思路实现,重点强调扩大由投资需求、消费需求和净出口增长"三驾马车"构成的总需求,过去的高增长主要由需求拉动,重点解决市场"有没有"的问题[1]。当前,我国的供给体系中总体上是中低端产品过剩、高端产品供给不足,传统产业产能过剩,同时存在着结构性的有效供给不足,如果只是产能过剩,那是可以通过扩大需求来消化的,而经济动力也会随之恢复。但是需求的增长在很大程度上已经被价格上涨抵消掉了,大部分购买力没有能转化为消化产能库存的力量[2]。因此从理论上看,现在的状况是供给的价格弹性很小,价格变动只能引起很小的供给变化,只有大幅价格上涨才可能使供给发生显著变化,而大幅价格上涨,不但会使购买力弱化,还会使一部分需求不再是"有效需求"[3]。由于供给的价格弹性小,扩大需求的措施很大程度上被转化为价格上涨,却不能拉动产量较大幅地增长,目前的情况是需求已经当前继续单纯通过"三驾马车"的需求侧管理"刺激"经济,空间已经十分有限[4]。所谓"供给侧改革"就是从供给、生产端入手,通过解放生产力、提升竞争力促进经济发展,具体而言,就是要清理"落后企业",淘汰落后产能,将发展方向锁定新型和创新领域,创造新的经济增长点。2015年11月10日,在中央财经委员会第十一次会议中,习近平总书记强调,在适度扩大总需求的同时,着力加强供给侧结构性改革;同年11月11日召开的国务院常务会议也提出"培育形成新供给新动力扩大内需"。而在党的十八届五中全会公报中,也有"释放新需求,创造新供给"的措辞。其实从2008年美国应对金融危机时在宏观调控中采用具有针对性的"供给管理"措施,从重经济发展规模、数量到重经济发展质量、效益转变的经济结构调整,以在经济体运行实践中推动经济增长。"供给侧结构性调整"意味着更注重提高供给体系质量和效率,要重点解决供给"好不好"的问题,以此推进经济结构性改革[5]。供给侧改革的目标一

---

[1] 苏剑."供给侧"结构调整深意何在[N].中国城乡金融报,2015-11-20(B03).
[2] 杨溪.从诺斯的"制度"到中国的"供给侧"[N].北京商报,2015-11-26(002).
[3] 冯蕾,陈晨."供给侧改革"如何影响经济[N].光明日报,2015-11-22(002).
[4] 贾康,苏京春."三驾马车"认知框架需对接供给侧动力机制构建[N].中国经济时报,2015-5-7(005).
[5] 刘霞辉.供给侧的宏观经济管理——中国视角[J].经济学动态,2013(10):9-19.

般应该是解决市场经济中比较常见的供求错配问题[1]。从目前我国国内的宏观经济结构来说,存在较严重"供需错配"的应该是公共服务部门,包括公共教育、公共医疗、公共交通、公租房等,也包括社会养老保障。党的十九大报告也指出:"深化供给侧结构性改革""把提高供给体系质量作为主攻方向"。这也意味着从提高居家养老服务供给的角度,完全符合我国经济社会发展的战略部署。

(1) 供给侧改革解决了政府降低了在养老服务领域的管理成本推动行政事业单位改革的"转职能"。政府对公共服务的供给,是供给侧结构性改革以政府为主体的重要内容。面对有限的财政资金和无限的养老服务需求,政府购买服务无疑成为政府在养老服务领域的供给侧结构性改革的重要突破口。传统的财政资金遵从"费用论",其优先保障的是基本支出;之后才是项目支出,也就是"先保吃饭,后保民生"[2]。政府购买居家养老服务打破了这一传统,推出了"报酬论",即"花钱问效果",这就使政府在不大幅增加工作人员的基础上,合理除去了人员机构经费的杠杆,从而实现政府养老服务供给侧的"去杠杆"改革[3]。

(2) 供给侧改革解决了在居家养老服务领域社会治理难题,优势互补,形成多元协作格局。由于政府行为虽公益但低效,市场行为虽高效但逐利,非营利组织可以"免费搭车"但容易陷入"囚徒困境",服务供给各方均存在一定的服务短板[4]。因此,通过供给侧改革,以政府购买居家养老服务为载体,加强政府、市场和非营利组织等各方的多元合作,使其补足各自"短板",实现市场利益和社会公共利益的效益最大化,提高了在居家养老服务领域的社会治理能力。

(3) 供给侧改革解决了居家老年人个性化的服务需求问题。传统的计划经济模式下,政府作为社会管理的主体,垄断了大部分公共服务和

---

[1] 曹国亮.供给侧管理在中国的推出及国际经验[J].品牌营销,2015(10):8-9.

[2] 财政部科研所课题组.政府购买公共服务的理论与边界分析[J].财政研究,2014(3):4.

[3] 周晓斌,沈曦.供给侧结构性改革背景下的政府购买服务思考[J].经济师,2018(2):8-9.

[4] 周晓斌.关于明确财政支出责任的研究[J].中国财经信息资料,2015(3):25-26.

公共产品供给[1]。但是随着物质条件的提高,日益富裕起来的老年人家庭更需要专业化、个性化的服务,这些需求正逐步渗透到公共养老服务中,即人们对政府提供的养老服务也需按照差异化和多元化进行供给,政府购买居家养老服务通过合理规范其制度供给、资金供给和服务供给,激发养老服务市场的主动性,以灵活多变的服务机制,就能满足养老服务差异复杂的多元化需求。

(4) 供给侧改革解决了引导社会资本在居家养老服务领域发展问题。随着经济"新常态"的不断深入,部分实体经济因处于产业链低端,陷入高产能的困境。社会资本要寻找新的投资领域,"投资难"和"融资难"的问题并存。供给侧改革推动政府制定服务目录和服务项目,以政府采购形式引导社会资本进入居家养老服务市场,培育社会经济发展的"新蓝海"。

养老服务的目标群体是老龄人群,传统的医疗机构、养老机构等此类"期望消费需求"对于满足目标人群对"供给需求"的需要还是存在很大困难,供需矛盾突出。随着社会保障水平的持续提高,我国老年人的生活状况已有极大改善,老年人的对于养老服务需求已经从单一的生活照料向精神慰藉、文体娱乐、实现自我、参与社会活动等多方位的需求转变,居家养老更局限于保障生活型而非提高生活品质,只能达到"老有所养"这一层次[2]。面对老龄危机,政府购买居家养老服务从供给侧入手,依托专业化的社会组织,整合社会中的优质养老服务资源,及时结构性地调整养老服务模式,开发服务项目,增加服务供给能力,以供给侧结构性的改革满足不同层次、不同阶段的居家老年人的养老服务需求,提供专业、可定制、具有特色的养老服务,给老年居民更多的选择权,同时也激活了社会资源,盘活了养老服务市场,增加就业岗位,提高养老服务的经济效益,促进养老事业的可持续发展,这正是我国养老服务供给侧改革的方向。

适应养老服务发展新常态,需要实现供给和需求在新条件下的对接和平衡,更注重加强养老服务供给侧改革,体现了发展理念的变化,将牵

---

[1] 宋国恺.政府购买服务:一项社会治理机制创新[J].北京工业大学学报(社会科学版),2013(6):10-16.
[2] 王莉莉.基于"服务链"理论的居家养老服务需求、供给与利用研究[J].人口学刊,2013(2):49-59.

引养老服务产业经济发展方式从粗放到集约的转变,其中最为关键的是"结构性"调整,政府在宏观经济上的调控能力要予以重视。因此,政府购买居家养老服务,重点要在供给侧要素诸如资本、人力等对居家养老服务给予支持,处理好"转型、创新、改革"之间的关系,实现居家养老服务模式的结构型调整,让市场发挥作用,以创新获需求,以推进养老服务市场创造出既有市场需求结构中没有的产品和服务,同时要兼顾供给和需求之间的协调关系,例如要市场合理有效配置养老服务资源,理清政府与市场的关系,实现简政放权,政府做好该做的事——提供公共产品,不介入竞争领域;以多种方式创新促进供给侧改革;养老服务劳动力如何实现自由流动和水平提升;如何有效促进社会资本流入养老市场等。

二、居家养老服务的政府责任

人口老龄化带来的社会问题仅仅依靠个人和家庭是无法解决的,政府的政策和法律导向决定了我国居家养老服务的设计和走向,不同的政策导向,决定了不同的政府责任,对于最终居家养老服务的实现效果也会产生不同的影响。开展居家养老服务中的政府责任研究,就是解决老龄问题的关键所在,通过明确法治环境下居家养老服务中的政府责任,从理论角度解决依法治国理念在居家养老服务中的具体化,满足社会老年人在获得政府养老帮助的可及性、合理性、公平性,保障老年人的基本晚年生活。

(一)政府提供居家养老服务中的社会价值

我国在社会经济快速发展的同时,也全面进入老龄化社会,这已经成为不争的事实,曾经在社会经济发展过程中出现的"人口红利"转瞬已进入"养老困局",让养老问题在我国显得更为紧迫。明确居家养老服务中的政府责任的社会价值,是开展此项工作的出发点。

1. 明确居家养老服务中的政府责任,有助于统筹协调人口老龄化引发的各种社会矛盾

首先,我国的老年人是在经济体制从计划经济向市场经济转轨过程中逐渐变老,伴随着他们变老的不是积累了足够的养老资本,而是经济体制变革让他们中的一些人在社会中成为弱者,家庭的小型化、空巢化

迫使老年人更多依赖自己来养老,家庭支持不够,经济保障不足。其次,我国目前的老龄化人群主要出生在20世纪的上半段,都是生于一穷二白和战乱频繁的旧社会,成长于物质经济条件匮乏的新中国,他们的身体状况和文化素质大多先天不足,失能失智还是占相当高的比例,这也增加了经济上的负担。再次,我国社会老龄化缺少必要的准备,人口老龄化带来的长期护理成本主要由家庭负担,同时养老金制度尚不完善,养老保险和医疗保障制度并不健全,尤其农村老人大多都是依靠子女来度过晚年,因病致贫、因病致困还是困扰着老年人,这些都制约了居家养老服务消费增长,其结果必然致使居家养老服务的质量得不到保障。最后,居家养老是当前我国老年人首选的养老方式,尤其对于尚能自理的老年人更是很好的选择。

2. 明确居家养老服务中的政府责任,有助于各部门在养老工作上的统筹协调

依法治国是治理国家的基本方略,也是明确政府职能的重要依据[1]。因此根据政府政策和法律法规做好养老事业是解决老龄化问题的重要保障。根据我国宪法规定,国家的一切权力属于人民,政府的权力由人民赋予,政府要对人民负责,这就决定了居家养老服务的政府责任是基于人民利益为根本出发点,是解决社会民众现实养老问题的政府保障[2]。因此,在社会老龄化问题日益严重的形势下,如何在政府层面根据依法治国的要求明确政府对养老服务事业承担的责任,这是首先要予以解决的。对此,政府提出了"加快建设居家社区机构相协调、医养康养相结合的养老服务体系",并配套了一系列的措施,这些都成为政府承担居家养老服务工作的政策依据。需要注意的是,在人口老龄化过程中,必然会引发一些社会问题,例如年轻一代对老年人的抚养比提高,居家老年人的再就业、参与社会活动、继续发挥作用与年轻人待业的矛盾,在经济迅速发展过程中对居家老年人享受社会发展成果的认识,有限的资源(如住宅、医疗资源等)在社会成员间的利用和分配问题等等。这类问题

---

[1] 朱晓卓,徐伟静.公共产品属性视角下基本医疗卫生服务制度构建的政府责任分析[J].中国初级卫生保健,2015,29(2):4-6.
[2] 我国《宪法》第四十五条规定:中华人民共和国公民在年老、疾病或者丧失劳动能力的情况下,有从国家和社会获得物质帮助的权利。

常常会引发出代际之间的隔阂和矛盾,这些矛盾又都涉及国家的就业政策、工资政策、养老政策、国民收入分配政策、医疗政策和价格政策等等。这些都要求把居家养老服务工作纳入政府的职能才能协调有关部门来加以解决。居家养老服务涉及卫生健康、民政、社会保障、教育等诸多部门,明确政府职责,应对人口老龄化问题,包括立法和政策的准备、物质准备、人才准备、组织准备、思想准备和理论准备,所有这些准备都只能由政府领导和组织,这些都是政府老龄工作职能的具体化。

3. 明确居家养老服务中的政府责任,有助于推动政府职能转变

现代经济社会的变化需要政府从管制型向服务型转变,要求政府具有以公众为服务对象的行政价值取向和确定的服务范围。政府能做到真正放权,发挥市场配置经济资源的基础作用,政府所要做的是针对市场进行的监管,为社会民众提供高效、便利的服务。就居家养老服务而言,属于社会民生工程,政府承担居家养老的相应责任,为老年人提供养老服务、让老年人能安度晚年作为服务型政府工作的出发点,既体现了政府对社会民众生活的关注,更符合社会民众的利益诉求。由于居家养老的广覆盖,政府在提供居家养老服务的同时,也是满足了社会服务公平性的要求,以居家养老为基础,让老年人都能老有所养、安度晚年。此外,服务型政府以服务为宗旨,以市场即公众需求为导向,这就意味着政府与社会公众的关系将转化为服务供给者与消费者的关系,政府要还权于社会、还权于市场,只要承担市场和个人不能做、不愿做或做不好的事情。

4. 明确居家养老服务中的政府责任,有助于保证居家养老公益性的社会特征

居家养老属于民生工作,具有社会公益性的特点,政府具有承担社会管理的职能,政府介入居家养老才能保障其公益性,完全市场化的居家养老可能会偏离养老事业的发展目标。因此,只有落实政府责任,才有可能从宏观上弥补和纠正单纯市场机制存在的内在缺陷问题,从微观上解决基本的居家养老服务问题,实现居家养老的公平性;只有落实政府,才有可能实现现有养老资源合理配置问题,逐步缓解并解决供给和需求之间的矛盾,实现居家养老的可及性;才能从政府层面保障老年人合法

权益,尊重老年人的基本权利、自由与尊严,满足老年人获得正常生活和尊重的权利,实现居家养老的公正性。

(二) 政府提供居家养老服务的责任重点

政府在居家养老服务中的责任重点应该是发挥政府承担"社会兜底"的功能,通过协调社区、养老机构、企业等方面的资源,解决基本居家养老服务需求问题,体现了政府责任的"保障基本性"这一特点。当然,在政府责任之外的服务项目,就是可以完全市场化的居家养老服务内容。

(三) 政府购买居家养老服务的责任分析

任何发达国家即使再富裕,政府掌控的资源也有限,无法将社会全体老龄人群都"养"起来,因此政府只能把有限的资源提供给最需要提供保障的老年人群上。对此,在居家养老服务中政府的顶层设计是怎样的,发展规划又是如何,哪些项目是政府应该予以扶持或补贴的,哪类人群是政府应该予以重点关注的,这就是政府在居家养老服务中的责任重点。从宏观设计角度,居家养老服务应该是今后政府扶持养老事业的重点,居家养老涉及的人群面广、可以市场化的服务内容多、受益老人绝对数量大,因此在制定养老服务事业规划时应更多关注居家养老,同时也要处理好居家养老服务的市场化原则与非营利性、微利性的矛盾。

1. 政府购买居家养老服务的救助责任属于"兜底"

人口老龄化问题的严重性以及政府力量支持的有限性,都决定了不管政府投入多少经费、批多少地、盖多少房子、给多少补助,都很难彻底解决老年人的居家养老需求。不过,在居家养老仍是社会主流养老模式的情况下,政府仍然需要承担起其在社会居家养老服务发展过程中的应有责任。政府可以通过购买服务的形式,履行其在养老服务中的职责,在提供居家养老服务方面发挥更大作用。从政府责任而言,对于居家养老要承担"兜底"的服务内容,为居家老年人尤其是比较困难的老年人提供基本的服务保障是政府的一项重要职能。在政府购买居家养老服务中,政府是购买者,养老机构、社会组织或者企业是服务的提供者和生产者。政府购买的目的是提高有限养老资源的利用效率,政府在购买居家养老服务中引入市场竞争机制,通过招标、签订合同、服务评价、付费等关键环节,选择质优价廉的服务供给方。政府购买服务具有选择性,而且政府购买服务具有"兜底"作用,能有效减轻家庭照护的负担,从实践层面也解决了社会养老的政府职能,保证养老事业公益性的特征。

政府提供的养老服务供给情况要根据政府财政情况而定,投入过高政府财政承受不起,投入过低社会难以满意。在财政有限的情况,政府需要首先解决"低保""三无"等困难老年群体的养老问题,这也是政府对弱势群体的救助行为,确保"老有所养"的普遍性和可及性。政府购买居家养老服务作为政府的政策工具之一,其目标首先需要定位在将有限的公共资源投入最需要的老年人群中,而且这个目标也有一定的层次性,根据生活条件的改善、经济水平的提高,逐步提高居家养老的保障范围和保障水平。因此,在市场经济改革不断发展的情况下,政府的老年福利引入了市场机制,传统的社会福利由政府垄断供给的模式被打破,市场、社会组织、家庭等都成为多元福利供给的主体,通过服务社会化来提高服务效率。社会福利社会化意味着政府鼓励社会力量参与到福利供给,但是由于是在政府的主导下,由政府政策保障、政府资金支持,政府通过购买居家养老服务推动养老服务社会化,但是仍不能改变政府资金投向要保证"兜底"要求,社会组织承接的养老服务首先要满足最需要的老年人群中,不能过分追求市场化造成实际的经济利益追求影响社会公共利益的实现。因此,在购买居家养老服务中,政府要不断强化自身的责任并将提供更多类型的养老服务以满足老龄化社会的居家养老需求,政府要通过政策倡导、政策优惠和扶持来动员社会力量进入居家养老服务供给领域,让其承担养老服务"兜底"任务。

2. 政府购买居家养老服务的发展规模的责任属于"适度普惠"

适度普惠是要求政府提供福利在一定程度上满足福利对象的需要,这种满足并非全部充分的提供,是要基于有限的社会资源向社会民众提供的有限福利,不以追求福利最大化为目标,而是以经济发展与社会福利之间的平衡为目标。《中共中央关于制定国民经济和社会发展第十四个五年规划和二〇三五年远景目标纲要的建议》提出"发展普惠型养老服务",这种普惠性的要求是在坚持"兜底公平"的基础上,扩大能够享受居家养老服务的范围,"兜底"的底线是政府的责任,需要社会共同参与和分担,对于底线以上的则可以充分发挥市场机制,市场、政府、家庭各担其责。因此,政府购买居家养老服务要在"兜底"的基础上,重点扩大普惠的惠及人群,明确底线的界限,也就是基本养老服务的内容。作为政府而言,养老服务作为基本公共服务,需要让每一位公民在年老的时候都能有所保障,也让老年人的亲人有所获益,这就是需要政府能承担相应的责任,而避免市场供给的无序性。作为"兜底"的基本养老服务,应该包括家庭经济困难或身心障碍老年人的养老服务供给,既包括了资金补贴,也包括了实际的供养,还有建设养老服务机构等,为服务对象提供的无偿服务。在"兜底"之上的养老服务,政府根据情况承担的资金有所不同,属于准公共服务的,主要面向老年人群体提供的是"低偿"服务,也就是说服务对象并不需要全部支付市场价格,只需要以低于市场价格来购买,服务也可以由市场供给,差额由政府予以财政补贴。所以,"适度普惠"在根据政府经济情况、老年人实际需求等多方面因素的影响下,是一个动态指标,政府增加投入,也就可能提高了"适度"标准,也可能就扩展了"普惠"人群。

3. 政府购买居家养老服务的责任限定在具有公共服务和准公共服务性质的生活照护领域

高端的养老服务需要由老年人或者家人来支付费用,具有受益的排他性和消费的竞争性的特点,养老服务市场的繁荣,对于具有个性化的服务如健康保健、营养配餐、老年教育等都是需要私人消费。基本养老服务属于无偿的公共服务,具有保障性的生活照护。对于政府责任而言,购买的居家养老服务首先需要解决的是居家老年人的生活照护问题,保证老年人的基本生存。准公共服务性质的养老服务属于政府提供的发展性养老服务,是低偿的多元照护服务,重点要提高居家养老的照护保障能力,逐步提高生活保障的标准。

4. 政府购买居家养老服务的保障责任具有层次性和多样性

从人群角度,生活难以保障的居家老年人应该是政府在提供居家养老服务的重点对象,这类老人存在收入低、生活不能自理或家庭支持系统薄弱等问题,通过政府的重点帮扶解决他们的生活困难;从服务项目角度,政府在居家养老服务中的责任重点应该聚焦在物质养老层面,更多地需要解决居家老人的吃、穿、住、行的问题,保障他们的基本物质生活;从权益保障角度,政府在居家养老服务中责任重点应该以居家老人的基本权益保护为主,例如生存权、服务内容的知情同意权等,对于有困难的居家老人要提供法律咨询援助、日常生活照料等服务保障他们基本权利的实现,营造打造关爱老人的社会友好氛围。此外,政府还需要承担打通居家养老、机构养老和医疗机构之间的流转渠道,对于符合入住条件的居家老人优先转入养老机构,实现老年人在居家和或养老机构医疗机构之间的便捷转诊。

5. 政府购买居家养老服务需要承担选择合作(委托)对象的责任

政府在履行养老服务责任时,采取外部购买服务作为政府政策,支付手段包括了现金给付、实物支持以及税收优惠等。政府向社会组织购买居家养老服务,也可以向企业组织购买,企业组织的优势在于管理效率高,社会组织的优势是在于其宗旨和服务本身的公益属性保持一致。政府在选择合作(委托)对象时,要根据其目标而定,要通过制定相关规则、流程和制度,这也是政府的责任所在。

随着社会的不断发展和进步,政府对于居家养老服务方面的责任履行更趋向于通过购买形式予以解决,能够通过购买实现的就应通过购买服务的形式来履行,以减轻政府的负担,激发市场的活力和动力,其中对于"兜底"的养老服务,一般来说仍需要政府以直接供给为主,对于普惠性的养老服务则更多由市场解决,而政府发挥资金支持、调控规划、评价指导等方面的作用。2022年,财政部发布了《关于做好2022年政府购买服务改革重点工作的通知》(财综〔2022〕51号),提出"适宜通过政府购买提供的养老服务,政府不再直接举办公办养老机构提供。确需由政府直接提供的养老服务,应当发挥好公办养老机构托底作用"。

三、政府购买居家养老服务的供给体系

面对日益严重的人口老龄化问题,机构养老和家庭养老都不能完全解决养老问题,养老服务的供需矛盾日益加剧。直接让政府承担所有的居家养老服务,是不现实的,通过市场化的运作可以提高居家养老服务项目的覆盖面,提高服务水平,但是政府购买必须通过一定路径,按照政府采购的规定依法进行。政府购买居家养老服务,以家庭和社区为载体,吸引社会内各种养老服务资源,既保证了服务的专业性,也不改变居家

老年人的生活环境,营造出社会爱老、敬老、为老的良好氛围,有助于打造老年人宜居友好生活环境,据此要形成相应的居家养老供给体系。

(一)政府提供居家养老服务的实现路径

政府责任在居家养老中的实现须通过各种形式不同内容的服务项目予以体现。政府主要可以采取两类形式:一是政府直接提供居家养老服务,通过街道社区、公办养老机构和医疗卫生机构等为居家老人提供各类服务,诸如上门慰问、入户健康检查、社会志愿者活动等,这些服务由政府部门或事业单位负责组织开展,提供资金和人员保障;二是政府购买居家养老服务,是指将原来由政府直接提供的、为社会居家养老服务的事项,通过发挥市场机制作用,按照一定的方式和程序,交由具备条件和法定资质的社会组织或市场机构(如家政服务公司、社会化的居家养老机构等)来完成,政府部门根据社会组织或市场机构提供的居家养老服务的项目、数量和质量等,依据相关服务标准评估合格后支付给社会组织或市场机构服务费用,采取"政府承担、定向委托、合同管理、评估兑现"的形式。

(二)政府购买居家养老服务的程序要求

随着服务型政府的建设加快和公共财政体系的不断健全,政府购买公共服务将成为政府提供公共服务的重要方式,但是需要注意的是,不是所有政府责任以内的居家养老服务都可以通过向社会力量和市场机构购买来实现,还是应有所区别。根据财政部《政府购买服务管理办法(暂行)》(财综〔2014〕96号)的文件精神,适用政府购买居家养老服务项目须具备相应条件:第一,必须符合当地的经济社会发展水平,尤其是当地财政承担能力;第二,必须向社会所购买的居家养老服务属于政府职能范围以内;第三,政府所购居家养老服务项目是适合采取市场化方式提供,且社会力量能够承担的服务事项,不适合社会力量承担的服务事项,不得向社会力量购买;第四,属于事务性管理服务的,政府购买居家养老服务过程中应当引入竞争机制,以保证社会组织和市场机构所提供的居家养老服务价廉物美,避免因市场垄断造成服务价格和服务效果不成正比。

因此,政府购买居家养老服务是政府通过招投标、协商等方式确定第三方资格后,由第三方向居家老年人提供服务,服务费由政府提供给第三方,第三方应该是专业的居家养老服务机构,包括营利性组织、民办非企业法人,老年人可以不出社区或家庭,即可获得居家养老服务。

(三) 政府提供居家养老服务的基本内容

政府购买的居家养老服务的内容也应和居家养老服务内容吻合。一般说来,凡是老年人的基本生活需求分为生活照料、医疗服务和心理慰藉。对于老年人而言,首先是物质生活方面的需求,如衣、食、住、行、用;其次是医疗服务需求,如康复保健、健康管理等;最后是情感和心理慰藉方面的需求,例如沟通聊天等。因此,政府购买居家养老服务主要重点在为居家的老年人提供安全保障、生活照料、助餐、助浴、助洁、助行、助医、助急、代办、个人卫生护理和起居护理、康复辅助、医疗护理、精神慰藉、紧急救援等服务,主要包括为不能或不愿出门的老年人提供钟点工、保洁、送饭、洗澡等日常生活照顾和生活护理方面的服务。随着长期照护保险的推行试点、家庭医生制度的全面实施,定期为老年人进行健康指导、护理、上门巡诊,设立家庭病床和家庭护理床位,提供预防、诊断、治疗、康复锻炼等服务也会纳入政府购买居家养老服务的范畴内。

根据居家养老服务的内容,可以界定政府购买居家养老服务的范围,包括:① 短期托养、日间托养、助餐、助浴、助洁、辅助出行、代缴代购等生活照料服务;② 健康体检、康复护理、保健指导、紧急援助、临终关怀等健康护理服务;③ 探视、陪聊、心理咨询、情绪疏导等精神慰藉服务;④ 学习教育、文化娱乐、体育健身、社会参与等活动帮助和指导;⑤ 其他居家养老服务。具体购买的服务根据企业服务能力、居家老年人需求、政府财力予以综合考虑(图 3-1)。

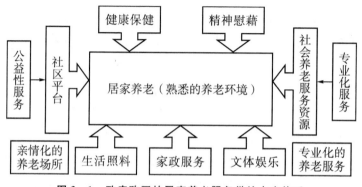

图 3-1 政府购买的居家养老服务供给内容体系

（四）政府购买居家养老服务的主体和对象

1. 购买主体和承接主体

居家养老服务的购买主体是政府及其相关部门，例如市、县（市、区）、乡（镇）人民政府及街道办事处等。

居家养老服务的承接主体是各级公办养老机构、民办养老机构、城乡社区日间照料中心、其他社会养老服务组织，以及有组织的公益性岗位社工等，既包括了各类非营利性的社会组织和养老机构，也包括了各类企业、家庭和各类非政府组织、志愿者。

2. 服务对象

服务对象主要是指居住在家庭的60周岁及以上老年人。其中重点对象是生活自理能力丧失或部分丧失、无子女或子女无法实施有效照护的老年人，如高龄、独居、空巢、失能、失智、失独的老年人。目前各地政府定制的重点服务对象是指有明确的服务时间、服务项目和服务质量等要求的服务对象，包括享受政府购买居家养老服务的老年人。例如《合肥市政府购买居家养老服务实施方案》就明确了"具有合肥市市区户籍且常住的70周岁以上（含70周岁，下同）低保老年人、70周岁以上空巢（无子女）老年人、90周岁以上高龄老年人，可根据实际需求自愿申请政府购买居家养老服务。"《宁波市居家养老服务条例》规定："为享受国家定期抚恤补助优抚对象、获得县级以上见义勇为荣誉称号以及计划生育特殊家庭、最低生活保障家庭、最低生活保障边缘家庭中的重度失能失智、中度失能失智的老年人提供免费居家养老服务。"

政府购买居家养老服务对象一般采取实时动态管理，服务对象去世或者相关条件变化不符合要求时，相关街道（乡镇）、社区（村）应及时核减、停止相关服务，这也是为了保证该政策公平、公正。

（五）政府购买居家养老服务的服务标准

一般采取对按月定额补贴服务的形式，包括了时间定额和资金定额的方式。前者例如宁波，对重度失能失智老年人每人每月不少于45小时，中度失能失智老年人每人每月不少于30小时；为80周岁以上老年人以及计划生育特殊家庭中70周岁以上老年人，每人每月提供一定时间的免费居家养老服务；后者如合肥，服务对象每月可享受市值600元的政府购买居家养老服务补贴,具体服务项目按照明码标价收费。

(六)政府购买居家养老服务的服务方式

1. 无偿服务

政府通过购买服务等方式为居家老年人提供具有社会保障性质的基础性照护服务。由政府出资,服务机构落实服务上门为老人服务,其服务对象为完全依靠或部分依靠社会赡养的城市"三无"人员和农村"五保户",子女赡养有一定困难,或享受低保待遇的老年人,此类的服务主要包括家政服务(在免费时限等条件下)等,有些地区还为80周岁及以上老年人以及计划生育特殊家庭、最低生活保障家庭、最低生活保障边缘家庭中的老年人购买意外伤害保险,或为80周岁及以上老年人以及患有重度慢性疾病老年人的家庭免费安装应急呼叫设施,提供紧急援助信息服务等等。这些费用均由政府承担,不需要符合条件的服务对象缴纳费用。

2. 低偿服务

主要向高龄老人及特殊老年群体提供基本生活保障的服务,服务价格低于市场价格,政府通过资金补贴等方式为居家老年人提供具有一定社会保障性质的养老服务,对于超过服务的免费时限标准和免费服务项目之外的项目,服务对象需要自行支付一定的资金弥补市场的差价。

第三节 政府购买居家养老服务的行动支持

政府购买公共服务是指政府将原本由自身承担的公共服务转交给社会组织、企事业单位等,服务的委托并不意味着责任的转移,政府仍需要承担提供公共服务的政治责任。随着社会人口老龄化问题的日益加剧,必然会出现家庭小型化、空巢化和核心化,以及家庭成员的流动迁移自由化、老年人口的高龄化等一系列合乎发展规律的社会现象,在家庭无力承担养老照护的责任,政府需要及时采取行动,履行好维护社会秩序、保障公民养老权利的义务,根据老年人居家养老需求去调整养老服务供给的方式和途径,引入社会资源尽量帮助老年人在自己家里安度晚年,保障老年人的基本生活条件,维系家庭健康和谐。

一、政府购买居家养老服务的行动

行动是指为达到某种目的而进行的活动。政府购买居家养老服务的行动就是政府部门采取措施,按照相关规定向第三方购买居家养老服务,由第三方承担开展居家养老服务的活动。其目的是将原本自己负责的居家养老服务的职责转交给第三方,由第三方来完成服务工作。因此,政府购买居家养老服务的行动包括了制定采购规范、服务标准、服务要求,落实资金补贴,开展服务考核等活动,以确保居家养老服务能委托,社会力量能承接,服务项目能运作,服务质量能保障。

二、政府购买居家养老服务的行动思路

进入21世纪,我国在未富先老和未备先老的状态下急速进入老龄化社会。我国传统文化和道德的影响、社会资源的有限、涉及老年人需要的广泛、服务专业化的要求等因素决定了居家养老在我国必将有广阔的市场前景和推广价值,但是现有的居家养老服务保障体系尚不完善,供给能力尚不能满足居家老人的现实需求。居家养老服务中政府责任的实现,就需要政府能抓住居家养老服务中的关键问题,找到工作中的突破点,攻克难点,通过政府购买的形式,保障居家养老服务的公益性,也能引导和培育养老服务市场,让养老服务这一"微利"行为实现可持续发展。从整体目标而言,政府购买居家养老服务的行为选择,是为了更好地承担政府在养老服务领域的责任,满足更多居家老年人对晚年美好生活的需要,提升生活质量。因此,政府购买居家养老服务的行动中要有以下工作思路。

(一)保障居家养老服务市场的"公益性"

政府主导下可以保障养老服务的公益性,发挥对老年人予以社会保障的托底作用,这也是政府购买居家养老服务的出发点,如在城市通过制定和完善低收入、高龄、重度残疾等不同类型老年人评估制度,优先满足特殊老年群体的居家养老需求;在农村首先确保"五保"老年人等政府集中供养对象能得到保障的前提下,优先为农村最低生活保障老年人、计划生育家庭独生子女户、高龄和重度残疾老年人等特殊群体提供机构

养老服务[1]。政府购买居家养老服务体现了居家养老服务体系中政府和市场分工,避免了单纯由政府提供养老服务所造成的高成本、低效率问题,确保了居家养老服务市场的"公益性"要求。

因此,政府购买居家养老服务需要在资金、场地和人员做好保障,使其能充分发挥托底作用,重点能为无劳动能力、无生活来源、无赡养人和扶养人或者其赡养人和扶养人确无赡养和扶养能力的老人提供无偿或低收费的供养和照护服务,兼顾失能、失智老人的居家养老需求[2],也要在财政能保障的条件下逐步提高居家养老服务保障水平,让更多的居家老年人能够受益。其他社会组织通过参与居家养老服务有助于其社会责任感的提高,也能获得政府资金的支持,以丰富养老服务的内容和项目,逐步提升养老服务的层次和水平。

(二)保障居家养老服务供给的"基础性"

政府购买居家养老服务,要着眼于满足老年人的基本生活需要,以失能、半失能老年人和城乡困难老年人为重点,将无偿服务、有偿服务与低偿服务相结合,引入社会力量,全面发展社会化养老服务。对那些经济困难的独居、高龄、失能老年人,养老服务的供给者是政府,政府应当免费提供服务;对生活能自理、健康低龄老年人在社区享受的文化娱乐、老年健身、健康咨询等项目,可以由政府购买市场提供的产品;对经济条件较好、有较高退休生活期望的老年人,可以选择购买高层次服务产品及类型,由市场提供匹配的私人化、个性化的服务产品,而尽量减少政府的直接参与。当然,政府购买居家养老服务的保障性除了服务项目供给的基础性,也要有对重点特殊老年群体覆盖的普及性,体现"兜底"的基本要求。

(三)保障居家养老服务行为的"可控性"

居家养老的供给方式是怎样,可以为居家老年人提供什么内容的服务,每项服务有什么具体要求,以及政府可以补助的服务范围等,这些都决定了政府购买居家养老服务的投入。一般说来,为了提高财政资金的

---

[1] 张洪琳.建立健全我国农村社会保障制度的构想与对策[J].赤峰学院学报(哲学社会科学版),2005(6):53-54.

[2] 范恬.论中国公民的社会养老服务权利[D].广州:华南理工大学,2013.

利用率,保证服务效果,政府对采购居家养老服务从主体、程序、质量等方面均有控制措施。第一,政府会根据相关政策明确招标采购的要求和流程,把控委托人的服务资质;第二,与最后确定的委托人签订合作协议,把控服务过程中的权利和义务;第三,建立养老服务质量考核机制,确定经费给付的条件;第四,要确定居家养老服务的购买范围,并推动配套的服务标准的制定和执行,目前国家层面尚无统一的居家养老服务规范,但一些地区已开始尝试制定居家养老服务规范,以提高社区居家养老服务质量,如2010年出台的《上海市地方标准:社区居家养老服务规范》、2013年出台的《南京市社区居家养老服务标准》(宁民规〔2013〕7号)、2015年出台的《晋江市社区居家养老服务站建设规范(试行)》和2009年宁波市出台的《居家养老服务机构等级评定规范》等,这些规范或是标准都为提高居家养老服务质量进行了有益探索,促进了服务水平的提高。

(四)保障居家养老服务发展的"持续性"

政府购买居家养老服务需要有可选择的社会资源,要通过资金支持培育壮大居家养老服务市场,才能确保居家养老服务的可持续发展。政府可通过出台相应配套政策,降低门槛、规范程序、简化手续,以支持社会力量进入居家养老服务领域;推动社会力量举办以规模化、连锁化和品牌化为特点的居家养老服务机构,尤其要重点支持民间资本加强和社区合作,和社区体育文化等设施衔接。对可利用的社会资源如企业厂房和商业设施等进行功能调整、结构改造以用于居家养老,对于居家养老服务机构的建设用地要予以优惠,同时对民办非营利性居家养老机构的税费优惠政策尽量要和公办养老机构保持一致[1]。

(五)保障居家养老服务文化的"传承性"

我国历来是以"孝"文化著称的国家,这种文化已经内化于中华民族每一个成员的心里,体现着中华民族的伦理思想、行为规范、道德生活、风俗习惯等。随着社会的发展与变迁,"孝"文化不再仅仅强调家庭对老年人赡养的责任和义务,而是引申为由尊敬父母推广到全社会尊老敬老,由爱父母推及爱天下人的父母,即《孟子》中所提及的"老吾老以及人之

---

[1] 朱婷.我国民办养老机构可持续发展研究[D].南京:南京师范大学,2011.

老"的现代内涵。因此,在养老服务越来越社会化和专业化的今天,政府购买居家养老服务更应该在"以人为本"的科学文化背景下积极倡导"孝"的科学内涵和现代道德价值,让全社会都有尊老、敬老、爱老素养以及赡养理念,通过让社会资源的参与,让全社会都能切实承担赡养老人的责任和履行相应的义务。

(六) 保障居家养老服务资金的"适度性"

政府在确定居家养老服务购买项目范围和服务对象的时候,应充分考虑当地居民的收入、消费水平以及生活状况,如果养老服务保障水平超出了家庭的支付能力,那么必然会使经济发展背上沉重包袱,进一步阻碍社会经济的发展速度。相反,如果养老服务的保障水平低于当地居民的基本生活水平,那么就不能满足居民的养老消费需求,也就不会享受到社会的发展成果,甚至会激化社会矛盾。因此政府要根据本地区经济发展的情况,积极推进购买养老服务的有序发展。

(七) 保障居家养老服务对象的"价值性"

首先,随着核心家庭的增多,子女的抚养义务越来越繁重,一对夫妻至少要赡养4位老年人,更何况现在的年轻人工作压力越来越大,很多人都没有时间和精力照顾老年人。因此,政府购买居家养老服务时应对此充分重视,在服务中能以此为核心实现对老年人在物质帮助、生活照料和精神慰藉方面的关爱,尤其应该对老年人进行人性化服务,营造良好的社会氛围,要体现老年人的"生活价值"。

其次,虽然老年人的年龄渐长,身体机能也日益衰退,劳动能力和工作能力有所减退,但是他们仍然可以在很多专业技术和家务领域继续贡献自己的能量,创造出新的物质财富和精神财富。在积极老龄化理论背景下,政府购买的居家养老服务要帮助老年人树立积极养老观念,鼓励健康老年人继续参与社会活动,发挥个人才能;对体弱的居家老年人而言,则强调维持他们最高程度的自我照顾能力,老年人若能够替别人或自己独立完成某些工作,他们会感觉到自己能继续实现自我生命的价值,从而可以提高对自我的评价,并树立起强烈的自尊心,由此来体现老年人的"劳动价值"。

最后,老年人群体是社会的缔造者、建设者和维护者,也是当下社会繁荣发展的重要基础力量,其为家庭生活和社会发展做出了不可磨灭的贡献。在政府购买居家养老服务中,一方面要努力营造出一种全民尊老爱老的社会和家庭氛围,为老年人安享晚年提供各种政策支持;另一方面,要严格执行老年人权益保护的相关法律规定,切实维护老年人的基本生存权和发展权,由此来体现老年人的"尊重价值"。

(八)保障居家养老服务机制的"体系性"

政府购买居家养老服务通过有效利用社会资源,既解决了家庭养老的单一性和非专业性问题,也解决了机构养老的环境融合问题。但是,这项政策措施的实施离不开区域社会发展的整体环境,需要和相关的政策保障制度相衔接,例如居家养老服务人员的保障、养老金的支持、长期照护保险资金的使用、养老社会环境的营造等等,要在运行机制上形成体系化的设计,整合各方面资源,明确各自职责分工,力求多渠道、多方式调动社会资源和社会力量参与居家养老服务活动。对家庭而言,家庭成员要承担对老年人的赡养和扶养义务,支持和帮助老年人参与社会活动;政府部门可通过对家庭和公共设施进行无障碍改造、组织开展针对居家养老照护人员的免费专业培训等方式,对其给予一定的政策保障,制定居家养老服务机构的设置标准,并据此对机构进行监督考核;街道社区可协调各方面资源,建立老年人日托服务中心或社区居家养老服务中心,组织老年娱乐活动,对老年人进行日常探视并组织开展志愿服务;养老机构可通过发挥其专业性的特点,向社区(居家)延伸其养老服务,例如可以为老年人提供健康体检、营养餐点配送、陪送医等服务;社区内企业如家政公司等,可以通过购买政府服务的形式,向居家老年人提供代购物品、家庭保洁、家电维修、送餐等服务;其他社会组织和个人,可开展各类志愿服务或邻里互助活动,直接上门提供服务。

三、政府购买居家养老服务的行动体系

我国养老服务供给机制中的主要问题是老年人的养老服务需求和社会化养老服务供给不足之间的矛盾,养老服务供需矛盾的产生与我国社会经济发展阶段以及社会公众行为心理取向的变化高度相关。家庭养老的习惯有着广泛的社会认同,而社会化的养老服务体系在发展过程可能存在无序状态,让社会化养老资源更愿意集中在收益高、服务项目

相对简单的服务领域,造成了实际居家养老的老年人获得的资源不公平的情况,只有通过政府主导,保障居家养老服务的可及性、公平性,这就要求政府在购买居家养老服务中要采取"政府采购、合同管理、绩效评价、信息公开"的管理办法,在服务项目、供给主体、运作机制、服务质量和监控等方面形成行动上的运行机制,整合资源,建立符合社会区域发展实际、满足居家养老需求实际、科学合理、目标明确的行动体系。

(一)政府购买居家养老服务要形成保基本、有提升、可补充的供给项目体系

政府购买的居家养老服务应属普惠性的,既承担"兜底"的养老服务,也要根据居家养老服务需求变化调整服务项目。当前,养老不仅仅是"一碗饭、一张床",健康服务也成了养老基本需求,既包括了身体健康,也包括了心理健康,助餐、家政、应急救护是必需的,也要满足基本的疾病预防、慢病管理、康乐活动等方面需求。因此,政府购买的居家养老服务要形成以生活服务类为主体、健康医护服务为提升、精神慰藉服务为补充的供给项目体系,通过市场化运作能够满足居家老年人的基本所需,尤其首先要满足高龄、空巢、残疾等特殊困难老年人的生活要求。

(二)政府购买居家养老服务要形成多元化的供给体系

随着医养康养服务在居家养老服务领域的拓展,养老服务产业链不断增长,供给链上就需要有不同类型的服务供应者,以丰富养老供给。因此,政府购买养老服务要形成"政府主导、社区整合、社会参与、机构承接"的多元主体供给格局,既要发挥政府部门在资源整合上的作用,也要发挥区域内养老机构、家政和物业等公司,以及各类协会、志愿者组织的专业优势,更要通过引导有实力的企业通过员工培训、标准导入等途径向养老服务领域延伸,支持更多优质企业进入政府招标采购的范围,引导规模化的养老服务企业进社区,鼓励连锁发展;根据老年人健康需求,支持养老服务机构和基层医疗卫生服务机构、健康管理公司等机构创新合作模式,联合护理、心理等行业协会,增加健康服务和心理慰藉等项目,落实家庭医生和居家老年人签约服务制度;大力发展电子商务、互联网+等居家养老服务新业态。

（三）政府购买居家养老服务要形成竞争性的养老服务市场运作体系

优质的服务在于竞争。限于市场独占性以及服务的微利性，政府购买居家养老服务的提供者普遍存在市场内的竞争性不强，进入一个社区提供居家养老服务的只有一家机构，对于服务价格、服务内容具有较大的自主权，难以形成服务竞争的市场氛围，也很难实现多种服务资源的优势互补。所以政府购买居家养老服务要解决公益性、非营利性与市场性并举的问题，处理好市场化与微利性的矛盾。一方面要健全政府购买居家养老服务资金的动态投入机制，政府应根据财政情况、区域经济发展水平逐步提高政府购买居家养老服务资金补助金额；另一方面要鼓励各类组织和个人以投资、捐赠和捐助等方式参与居家养老服务，形成"金融＋财政＋土地＋信用"组合激励，落实好承担政府购买养老服务的健康、养老、家政等生活性服务企业增加税收抵扣等措施，提高企业参与政府购买居家养老服务的积极性。此外，政府可以通过多区域整合购买扩大居家养老市场面，允许多家企业承接服务而形成区域内的有效竞争，以保证所提供的居家养老服务价廉物美，避免因市场垄断造成服务价格和服务效果不成正比，也要鼓励企业拓展政府购买的居家养老服务项目之外的新项目，增加盈利点。

（四）政府购买居家养老服务要形成闭环式的服务提升体系

政府购买居家养老服务是根据本区域的居家养老服务需求，通过招标程序找到合适的承担服务机构，包括养老机构、社会组织和家政服务公司等，在区域内设置服务站点，全面评估居家老年人的服务补贴标准和服务需求，联系服务提供者落实服务。但并不是只要服务有机构承接、政府有资金支付就可以，要建立任务分配机制，例如由社区居家养老服务中心分配任务，企业安排合格的服务人员上门为老年人提供服务，并通过服务对象的反馈、政府部门的监督检查，建立评价机制，强化结果评价，并将效果反馈至机构。通过考核机制，对于承接服务的机构进行考核奖惩，这样就形成了服务的闭环模式，服务效果可以实现不断改进，持续提升（图3-2）。

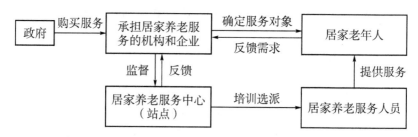

图 3-2 政府购买居家养老服务模式图

（五）政府购买居家养老服务要形成服务质量的保障体系

政府购买居家养老服务的目的是向居家老年人提供比较好的服务，因此也要配套建立相应的质量保障体系确保服务效果，如通过市场化运作，按照招投标程序，引进市场竞争机制，承接服务的企业更加重视自身服务能力，安排专业的技术人员、规范的服务流程、开发合理的服务项目，保障居家养老服务供给；建立居家养老服务标准和规范，保障居家养老服务质量；建立服务评价考核机制，对落实工作职责、资金管理使用及完成工作情况等为主要内容进行考核，提高财政资金使用效率。

综上所述，政府购买居家养老服务就是要解决政府不能或者无能力直接提供给老年人的服务，其目的就是要盘活市场资源，引入更多具备养老服务能力的企业进入居家养老服务领域。但是，政府购买服务的公益性决定了购买服务绝对不是无上限的，资金投入也肯定是有限的。政府在居家养老服务中的责任重点就是要发挥政府承担"社会兜底"的功能，在鼓励有条件的地区务实拓展政府购买居家养老服务的领域和范围，优化居家养老服务供给的同时，也要重点优先保障经济困难的失能、高龄、无人照顾等居家老年人的服务需求，以及基层和农村养老服务，解决基本养老服务需求问题，这也体现了政府责任的"保障基本性"这一要求。

第四章

实践与启示:政府购买居家养老服务的行动经验

购买公共服务是指根据预先订立的合同(协议)或赋予的特许权,由政府财政提供资金并由政府向服务供应者购买其提供(生产)的商品、服务或公共设施,以满足使用者服务需求的一种制度安排和实施机制。在国际上,政府购买公共服务是公共服务市场化的普遍方式。随着世界范围内人口老龄化程度加剧,养老问题日益严峻,政府单一供给养老服务的方式已无法满足多样化的需求,老年人长期照护的社会需求逐渐进入各国各地区政府养老服务供给领域。引入市场机制,通过政府购买居家养老服务以缓解人口老龄化所带来服务需求已经成为各国普遍采用的方法。政府在购买养老服务体系中的供给不再是单纯的"生产者"的角色,不直接为居家老年人提供服务,而是通过政策解决政府购买服务中的人、财、物等方面的问题,这种政策是政府在社会价值的指导下,为实现提高养老服务效果这一社会目标而采取的社会行动的总和,其实质是政府为社会民众提供居家养老服务方面承担责任的行动。

第一节 外国政府购买居家养老服务的行动研究

政府购买公共服务与20世纪70年代以后西方国家兴起的民营化运动关系密切。西方社会在大力发展社会福利的同时,增加了政府财政负担,而政府机构臃肿且专业性不足,服务效率明显低下,也就增加了信任危机。基于信任和财政的双重压力,西方国家根据公共服务管理理论,引入市场机制的工具,推动服务型政府的改革,让私人部门和非营利性组织参与到公共服务的供给,政府通过建立与社会的合作关系,培育社会服务组织,提高其供给能力。因此,面对社会公共服务供给日益增加的背景下,政府难以供给所有的公共服务,私人部门和社会组织也可以成为供给公共服务的主体之一,政府可以将一些公共服务外包给私人部门和社会组织。在美国、英国、新加坡等国家都对政府购买居家养老服务进行了实践探索。

国外政府购买居家养老服务的主要模式,可以归纳为以下四种:一是盎格鲁—撒克逊模式,坚持养老服务的市场导向,通过引入市场竞争机制和导入绩效管理体系,提升服务质量和管理水平,凸显社会组织和社区在养老服务供给领域的重要作用;二是欧洲大陆模式,政府推行有限市场化,通过财政拨款进行资金支持和政策扶持,积极鼓励社会组织和家庭力量供给养老服务,强调政府的监管作用和社会组织的服务业绩责任;三是北欧福利国家模式,由政府通过高税收和高福利的形式承担养老服务的大部分费用,社会机构则负责供给相应的养老服务,政府引入了市场竞争机制,并强化对社会机构的有效监督;四是亚洲模式,特别重视家庭赡养作用,政府对养老服务领域进行直接干预,推进强制性养老护理保险,通过各种财政支持和规制手段来干预社会组织供给养老服务,市场化水平普遍较低。

一、英国、美国和德国

"从摇篮到坟墓"的高福利政策是西方多数发达国家养老模式的特征,国家承担了大部分养老服务工作。英国是建立社会保障制度最早的国家之一。二战结束以后,由于生活条件和医疗卫生条件的改善,英国的老年人口不断增加,加剧了其老龄化的进程。英国的养老服务类型多样,可以根据老年人的身体状况、经济状况以及需求的不同为其提供不同的服务内容,主要有:居家养老服务、日间照护服务、老年公寓、养老院/或护理院等四种形式。英国政府购买居家养老服务有完善的建设、管理和服务标准;坚持"以人为本"的服务理念;服务主体为政府、非营利组织和社区,为此建立了福利国家制度,按照社区照顾的理念,凭借社区资源为社区内的老年人提供政府承诺为老年人提供的福利供养和养老服务,导入绩效管理体系,保障服务管理水平和服务质量,充分发挥社会组织和社区在养老服务供给领域的重要作用,资金来源主要是政府资金。但是也面临一系列的问题,比如:经济衰退,社会服务费用缩减;护理丑闻频发,服务满意度下降;护理人员收入低,流动性高等问题[1]。

美国政府购买居家养老服务和英国类似,均属于盎格鲁—撒克逊模式,其服务主体包括了联邦政府、非政府组织和社区,建立了医疗照护和社会服务融合的实现机制,以市场为导向,引入市场竞争,提升管理水平和服务质量,充分发挥社会组织和社区在养老服务供给领域的重要作用,资金主要来自医疗保险和医疗救助为主,个人也会自付一部分。

德国政府购买居家养老服务采取的是欧洲大陆模式,服务主体是政府、社会组织以及家庭,按照福利国家的建设方向建立了养老保险的运作机制,政府主导有限的市场化,政府通过财政拨款提供资源支持和政策扶持、鼓励社会组织和家庭力量供给养老服务,政府对于供给加强监管,从而落实社会组织服务业绩的考核责任,资金来源主要通过政府资金和养老保险资金。

二、北欧国家

北欧国家的老年服务在很长一段时间内都属于私人领域,是家庭和当地社区的责任。但是,随着福利制度的引入,北欧国家社会已经在观念和制度上形成了这样一个共识:养老问题是政府公共部门的责任,尽管很多子女在积极地照顾年迈的父母,但赡养老人并不被视为是个人的法定义务。养老问题被抛入社会,家庭照顾并不能作为社会老龄化问题的可持续解决方案。北欧国家社会民主福利制度一个最大的特色就是"普惠(universal)",不管出身如何,每个人所受政府的照顾都是一样的。法律规定,对老人的长期照顾服务是政府的责任,中央政府负责立法和提供资金,执行者是地方政府。至20世纪末,所有北欧国家都形成了以养老院和家庭护理为基石的公共护理体系。

---

[1] 郑秉文,胡云超.英国养老制度市场化改革对劳动力市场的影响[J].中国人口科学,2004(2):33-43.

北欧国家在受新自由主义政治家的影响下,养老事务也从国家公共部门一手包办,转变到政府、私营公司及社会非营利组织多方主体共同参与协作的局面。政府企图通过引入市场机制、鼓励社会参与,获得更好、更高效的服务。如芬兰在2000年引入营利性机构参与市场公共服务。在市场化最为集中的领域,为弱势群体(包括老年人口)设计和提供相关服务。参与公共养老护理的主要是非营利组织,包括红十字会等,这些组织会提供一些免费培训,以便义工们能胜任他们的工作。但是,还有许多人只希望零散地做一些志愿工作。为了充分吸收这部分资源,由不同群体和机构组织的志愿中心成立起来,以招募这部分志愿者开展一些照护活动,包括拜访老人、帮助老人前往医院、帮忙购物等。在北欧,尽管家庭没有赡养老人的正式义务,仍有很多人以志愿工作的形式参与其中。志愿活动是他们在社会互动和人际关系中非常重要的一部分。例如:挪威有约10万名全职员工的老年护理志愿者。

瑞典在20世纪60年代构建起世界上最慷慨也最发达的普享型养老金体系,被誉为"福利国家的橱窗"。由于坚持兼顾公平与效率的制度设计理念,在20世纪90年代为应对养老金财务危机而出现的世界养老保险制度改革浪潮中,瑞典养老金制度的数次调整都取得了成功。根据瑞典法律,子女和亲属没有赡养和照料老人的义务,赡养和照料老人完全由国家来承担。经过半个世纪的努力,瑞典已建立起了比较完善的社会化养老制度。瑞典目前实行的有三种养老形式,即居家养老、养老院养老和老人公寓养老。同时,瑞典还完善了养老家政服务网络,这一网络制度是瑞典"家庭扶助制度"的集中体现。早在2003年瑞典议会就专门成立了"老人委员会",并出台了《未来老人政策》。根据该政策,老年人提出的申请只要被核实批准,便会有专业人员定期到其家中提供医疗和家政服务,并为那些有特别需要的人配备了专门的警报器。瑞典各地方政府负责提供的家政服务虽说是福利性质的,但还是要收取一定费用,收费标准根据接受家政服务的老人的实际收入来确定。

随着老龄化问题的进一步加重,芬兰正致力于建设一张覆盖全国的居家养老服务网络,服务通常由具有专业资格的家庭护理团队完成。以赫尔辛基市政府为例,赫尔辛基全市共划分为73个服务区,每个服务区都有2~3个护理团队,每个团队约有15名专业人员。护理团队工作强度很大,平均每人每天上门服务十多次,每次服务10分钟到半小时不等,老人的居室也经过标准的适老化改装,改装费用大部分由赫尔辛基市政府支付。

随着居家养老模式的回归,芬兰入户护理人员短缺问题也显现出来,而利用前沿科技提供远程护理服务,则被作为居家养老的辅助手段。芬兰赫尔辛基市政府主导的"家庭护理项目",为约4 000名有需求的居家老人配备了安全小设备:GPS手环、摔倒检测器、报警按钮、护理人员电话专线等,护理人员可以远程监控这些设备为居家老年人提供服务。传感器在探测到异动时,会向护理小组发送警报。除了疾病困扰,"孤独感"也是独居老人们无法回避的现实问题。赫尔辛基市政府为不便出门的老人举办虚拟聚会,其中包含益智问答、康养课、唱歌活动、读书会,以及由牧师主持的宗教讨论会等。科技公司的VR产品,通过为老人提供虚拟的世界旅行,帮他们回忆过去的美好时光。越来越多的老人可以通过社交媒体与朋友和家人互动,解决了他们情感上的需求。

在北欧国家,不论是过去的机构式照顾还是现在的居家式照顾,都是来自政府的服务。而事实上,尽管没有法律责任,但仍有70%~80%的家庭都会对老人提供照顾。但长期以来这个家庭的照顾服务者似乎被忽略了。20世纪90年代中期,北欧国家开始注意到这个问题,开发很多研究课题来关注家庭照顾方面的细节,同时在政策上有了一些转变。目前,针对家庭照顾者的支持系统已经变成长照服务很重要的一支。法律规定,对于家庭照顾者的支持,最少每个月要给三天休息时间,另外还会对低收入户发放照顾津贴。政府给家庭照顾者的津贴有每月300欧元、450欧元和600欧元三个不同的层次,这些钱很少,家庭照顾者依靠这些钱是没有办法生活的。因为,政府给家庭照顾者提供这些现金或者喘息服务,目的不是要对照顾者行善,而是要家庭照顾者为照顾的老人需要提供24小时服务。

在北欧国家,各种长照服务的品质没有太大差别,因为资金都来自政府。20世纪90年代中期开始有营利组织出现,规模没有公立机构与非营利组织那么大,但发展势头不错,政府也会签约向它们购买服务。其中还有人自己与营利组织联系,使用它们的服务。这很像美国自由体制的模式,强调自己对自己负责,自己花钱买服务。北欧国家目前也有这种倾向,政府开始不愿意承担全部照顾义务,对家庭自己照顾的期待越来越高,市场化的倾向也越来越高。

三、新加坡

截至2022年9月,新加坡居住总人口为563.75万人,其中65岁以上人口为67.81万人,占总人口比重为12.02%,未来十年新加坡65岁以上老年人数量将持续增加[1]。一方面,新加坡居民的健康水平较高,男性平均预期寿命约为81岁、女性约为85岁;另一方面,新加坡居民家庭积蓄较多,且自由居家住房,保持自身生活质量和独立性的意愿性较强。因此,政府提倡"原地养老",养老以社区和居家为重点,实现社区与家庭的有机结合,既可让年长者保持家庭归属感,还可与亲朋好友保持联系和互动,有利于健康保持、减少抑郁症等老年性精神疾病发生。为整合社区老年照护和医疗服务,新加坡政府2009年组建成立综合护理局(Agency for Integrated Care),该机构负责组织和制定措施以支持老龄人口享有健康服务,实现更好的原地养老。

新加坡的养老服务主要由政府、社会福利机构、社区和家庭负责供给,同时也配套了中央公积金制度等一系列帮助老年人安享晚年的措施,强制性保险"家庭保障计划"解决养老的经济问题,鼓励子女赡养父母,或是将老年人和孩子组成"三合一家庭中心"集中管理,以增进家庭成员之间的感情沟通。2015年,新加坡政府出台了为低收入年长者补贴方案,在直接补助贫困和低收入群体的养老困难之外,还以床位补贴方式补助机构。政府不仅在政策上给予极大的支持,在资金投入上的扶持力度也非常大。在新加坡,政府始终是各种养老设施投资的主体,各项服务成本均由政府承担,同时,允许国家福利理事会认可的养老机构面向社会募捐。政府每年都有大量资金用于老龄设施的建设,以保证其配置不仅达到先进水平,而且充分体现人性化。各种养老设施根据老年人的特点与需要作出安排。在雇用专业服务人员方面,由于有着足够的经费支

---

[1] Statistics Department of Singapore. Population Trends, 2022[EB/OL]. https://www.singstat.gov.sg/find-data/search-by-theme/population/population-and-population-structure/publications-and-methodology.

持,政府会雇用那些具有专业知识与技能的人员来帮助那些身体虚弱、收入不高而又需要护理的入住老年人[1]。

由于护理工作地位低下,也包括职业晋升难、薪酬低、劳动强度大、轮班受限等现实问题,20世纪80年代以来新加坡养老护理人员短缺,当时招聘和留任率是关键策略,通过引进外籍人员,其工作被限制在面向老年人的基本护理。但由于外籍人员存在语言沟通障碍,新加坡政府逐渐意识到必须自主培养适应老龄化社会的护理人员。护理工作条件和待遇逐渐得以改善,并在就业市场中保持有竞争力,提高护理职业认可度,畅通护理职业通道,在理工学院和大学设置护理专业并逐步扩大招生规模,鼓励毕业生加入护士行列。新加坡20世纪80年代借鉴英国经验,在专科层次学院开设老年医学和护理专业,1992年南洋理工学院(Nanyang Polytechnic)首先设置护理专业开展对护理人才的培养,三年毕业后颁发学位。随着老龄化社会进程加快,南洋理工大学(Nanyang Technological University)等开设本科及研究生层次的老年服务相关课程,并将学生在养老机构的实习纳入核心课程,开展老年科研项目,毕业学生普遍具备养老服务能力。同时高校与医疗集团开展合作,学生参与各层次老年护理的实训实践。此外,新加坡高等教育密切关注劳动力市场需求,大学可自主设置专业进行招生,力求专业设置与社会需求吻合避免人力资源浪费,根据老龄化护理需求,设置不同层次的人才培养计划、研制课程开发体系、制订临床实践方案等以确保与预期相匹配。

四、日本[2]

日本作为全球较早步入老龄化社会的国家之一,在应对老年群体疾病类型转变、护理需求剧增等方面积累了丰富的经验。1958年,日本政府颁布《国民健康保险法》,推行以"全民皆保险"为目标的医疗保险制度。1989年,日本政府颁布《促进老年人健康与福利十年战略规划》(又被称

---

[1] 胡灿伟.新加坡家庭养老模式及其启示[J].云南民族大学学报(哲学社会科学版),2003,20(3):35-38.
[2] 朱文佩,林义.日本社区医养结合模式探析[N].中国人口报,2022-05-27(理论版).

为"黄金计划"），其内容涉及养老基础设施建设、护理机构及护理人员数量提升、护理服务普及等一系列内容。此后，在"黄金计划"的基础上，日本政府进一步将老年人福利普遍化，扭转以往重设施轻福利的趋势，提倡全社会参与构建老年人福利网络。2000年，日本政府开始正式实施《介护保险法》，至此介护保险成为日本社会保障体系的重要组成部分。2014年，在医疗保险与介护保险发展较为成熟的基础上，为进一步控制费用支出、应对未来超老龄社会的需求转变，日本政府制定了《综合确保地域医疗护理法》，探索开展社区医养结合模式，提出要推动"地域医疗服务体系"和"社区综合护理体系"协同发展。日本社区医养结合模式充分考虑了地域差异性，将发展医疗和护理体系视为促进经济发展的重要环节，其内容主要包括以下四个方面：

一是完善地域医疗服务供给体系。推动医疗保险制度改革，一方面积极开发用于医疗服务体系改革的设施设备，利用信息通信技术开发区域医疗网络基础设施，优化基础设施建设以促进病床功能的分化与合作（一般情况下，将病床按功能分为高度急性期病床、急性期病床、恢复期病床和慢性期病床）。另一方面，充分发挥居家医疗的作用，其内容包括：为患者提供出院支持、日常医疗支持、建立家庭紧急访问系统、提供家庭上门护理、关注老年群体心理健康等方面。

二是建立社区综合护理体系。社区综合护理体系在满足老年群体居家养老需求的前提下，在日常生活场所为老年人提供包括医疗、护理、疾病预防、生活支援在内的服务，以确保老年人身心健康、生活稳定、能够享受高质量的老年生活。社区综合护理体系将自助、互助、共助、公助相结合，更加侧重于从需求端出发提供更细致的老年护理服务。其中，自助是指医疗保险和介护保险保费的自费部分和利用自有资源购买补充性商业化医疗、护理服务；互助是指社区邻里之间相互帮助以及志愿服务；共助是指医疗保险和介护保险的保险金、医护服务给付；公助是指医疗保险和介护保险保费的公费部分和由政府提供的医护服务。

三是培养高素质的医护人员并促进跨学科合作。日本老年护理服务从业人员主要包括护理福利员和访问护理员等，其中前者需要通过统一的职业资格考试获得任职资格。自2009年起，日本大量增加医学院的招生人数,为培养高素质医护人员打下基础;2014年,进一步完善了上门护理人员进修制度;2015年,为规范各地护理人员的培训,对培训讲师的授课内容、教学方式进行了统一规范,制定了新的医护人员培训课程。通过使用信息通信技术、护理机器人等提高效率,改善医护人员工作环境,减轻医护人员工作负担,同时,鼓励国外人力资源进入护理领域,形成多样化的人力资源市场格局。

四是建立地域医疗护理综合确保基金。为了不增加社保基金的负担,2014年日本政府提高消费税率,将增收的消费税作为建立地域医疗护理综合确保基金的资金来源。地域医疗护理综合确保基金支出事项主要涉及医疗机构的设施设备维护、居家医疗服务供给、医务人员安全保障、护理设施维护、护理人员培训五大类。

经过多年发展,日本的社区医养结合模式成效显著,主要表现在以下几个方面:在覆盖率方面,日本社区养老服务的覆盖率从2013年的62.2%增加至2019年的95.9%,受益的居家老年人口占比呈现持续上升趋势;在满意度方面,超过60%的日本国民对介护保险制度给予了积极的评价,认为其减轻了家庭护理的负担,大大缓解了老年人为获得医疗护理而长期住院的现象,提高了老年人的生活质量;在服务提供方面,以需求为导向,将护理、医疗、保健、精神照料等多个方面相结合,提供多元化的社区养老服务,使老年人获得全方位的照顾,在保障老年人身体健康的同时也重视给予老年人精神慰藉;在财务可持续性方面,社区医养结合模式有效缓解了医疗保险和介护保险的财务压力,鼓励社会力量积极参与居家社区医疗护理服务,重视老年疾病预防以降低未来的治疗费用。

第二节 我国各地政府购买居家养老服务的行动实践

政府购买服务是在西方发达国家新公共管理运动中产生的,旨在解决政府提供公共服务效率低下与公众需求不断增加之间的矛盾。政府购买居家养老服务起源于西方国家,21世纪初被引入我国,率先在北京、上海等大城市实践[1]。近些年来,我国也开始了政府购买服务的广泛实践,包括养老服务、医疗服务、公共体育服务等领域。目前我国正面临着愈来愈严峻的人口老龄化形势,高龄老人、空巢老人、独居老人不断增加,老年人对于养老服务的需求数量以及需求种类都在增长和变化。现阶段特殊的家庭结构使传统的家庭养老难当大任,居家养老服务供给与需求之间的矛盾逐渐凸显,给居家养老服务工作提出了新的要求。我国多个城市在全国创新政府管理方式、推动政府职能转变的浪潮之下,进行了政府购买服务在养老领域的具体实践,把政府的"生产"职能和"提供"职能分离,引入市场竞争机制促进养老服务供给效率的提高,并实现服务种类的多元化。2000年,上海市卢湾区开始采用政府购买的方式,为符合条件的老年人提供入户上门的居家养老服务或日托服务[2]。随后,南京、杭州、北京、天津、深圳、厦门、福州等城市纷纷尝试政府购买居家养老服务。截至目前,我国几乎所有省会城市、直辖市以及经济水平较高的经济特区都已经开展政府购买居家养老服务工作[3]。

一、济南市

济南是山东省率先进入老龄化的城市之一。截至 2020 年底,全市 60 周岁及以上户籍老年人口达 177.43 万人,占总人口的 21.97%,全市呈现老龄人口数量多、高龄化、失能化等特点,社会对于个性化、专业化养老需求随之增加,原有的家庭养老因小型化等原因照护能力减弱已经无法满足养老服务市场化发展的需要。2007 年,济南市启动政府购买居家养老服务,择优选择条件成熟的社区,采取的是向服务对象发放代金券的形式,用于购买洗衣做饭、收拾家务、代买跑腿等上门服务,依据年龄、身体行动、自理能力不同,每位老人每季度享受 100~200 元养老补贴,服务补贴由市财政拨款,由区级老龄办负责发放;为保障服务质量,积极推

---

[1] 徐兰,刘宏伟.基于 GERT 网络的政府购买居家养老服务质量关键环节探测[J].工业工程,2022,25(2):34-41.
[2] 许芸.从政府包办到政府购买——中国社会福利服务供给的新路径[J].南京社会科学,2009(7):101-105.
[3] 韩艳.政府购买居家养老服务政策的发展演进及其未来方向——基于改革开放 40 年中央政策文本的分析[J].学术探索,2019(6):61-68.

动服务人员技能培训和健康体检双合格。2013年,济南市出台《关于加快发展养老服务业的意见》,进一步明确大力发展政府购买居家养老服务,推动以企业和机构为主体、以社区为纽带,逐步建立起满足老年人各种服务需求的居家养老服务网络,积极培育居家养老服务企业和机构,上门为居家老年人提供助餐、助浴、助洁、助急、助医等定制服务[1]。2019年11月,济南市政府依据国务院《关于推进养老服务的意见》的文件要求,坚持营造以居家为基础、社区为纽带、机构为补充的养老服务体系,强化信用、质量、放权与监管并重,创新数字化养老服务模式,发展老年电子商务、紧急呼叫、健康咨询等老年人需求的居家养老精准服务。

在政府推动下,济南市居家养老服务得到快速发展,通过政府购买服务形式,培育了一批养老服务市场化主体,无论是供给数量还是质量都有了明显提升。截至2019年,全市已建成街道级综合居家养老服务中心110个,社区级标准化居家养老服务中心完成设施布点242个。但是,济南在实践政府购买居家养老服务过程中也存在政府主导下、市场化程度不高、社会力量参与不足、资金和营销均存在一定的短板,诸如老年人护理康复、心理咨询、精神慰藉等服务供给相对不足。居家养老服务项目种类繁多但多难以形成系统规范性,以临时性服务内容居多,而养老服务人员专业化程度低、流动性大、职业认同感较低、职业归属感不足等因素也直接影响到服务质量。

根据《关于印发〈济南市养老服务专项资金补助实施方案(试行)〉》(济民发〔2021〕53号),该市户籍60周岁及以上低保、优抚对象、计划生育特扶家庭照护需求评估为1~6级的,未入住养老机构,未享受长期护理保险待遇且未申请家庭照护床位的人员,并与养老服务企业(组织)签订服务协议;80周岁及以上高龄独居老年人,与养老服务企业(组织)签订服务协议。按照护需求评估等级给予补贴:5~6级每月400元;3~4及每月300元;1~2级每月160元;高龄独居每月80元。根据《山东省养老服务条例》《山东省人民政府办公厅关于推进养老服务发展的实施意见》(鲁政办发〔2019〕31号)《济南市人民政府办公厅关于加快推进养老

---

[1] 陈娅楠.济南市政府购买社区居家养老服务研究[D].济南:山东财经大学,2018.

服务发展的实施意见》(济政办发〔2020〕7号)《关于印发〈济南市经济困难老年人家庭适老化改造实施办法(试行)〉的通知》(济民发〔2020〕41号)等文件,采取政府购买服务的方式,为济南市户籍并纳入特困供养、享受低保、建档立卡范围的高龄(80周岁及以上)、失能或残疾老年人家庭所拥有产权或长期居住权,且近期没有纳入动迁规划的房屋进行最急需的适老化改造。根据《山东省养老服务条例》《山东省人民政府办公厅关于推进养老服务发展的实施意见》(鲁政办发〔2019〕31号)、《济南市人民政府办公厅关于加快推进养老服务发展的实施意见》(济政办发〔2020〕7号)、《关于印发〈济南市养老服务专项资金补助实施方案(试行)〉》(济民发〔2021〕53号)等文件,建立社区居家养老探访制度,依托街道(镇)、村居自治组织或通过购买服务等方式,支持引导养老服务组织(企业)、社区和社会组织等重点面向独居、空巢、留守、失能、计划生育特殊家庭等困难老年人定期开展探访和帮扶服务,防范和化解意外风险。

二、南京市

1980年,南京市60周岁及以上老年人口的比例达到了10%,成为我国较早进入老龄化社会的城市之一[1]。1988年,南京市鼓楼区成立首家民办非企业组织,由其来提供居家养老服务[2]。2003年,南京市鼓楼区开始率先启动养老服务改革试点工作,政府通过购买方式进行委托,与社会组织合作为社会提供养老服务。根据政府购买养老服务的相关政策,符合条件的老年人向所在社区提出申请,经街道、区老龄办审核,将服务对象和服务内容委托给相应的社会组织,由社会组织安排服务人员上门为居家老年人提供送餐、医疗陪护、家庭保洁等服务,区老龄办对社会组织提供的服务情况进行监督考核,通过考核之后,由区老龄办向社会组织支付费用[3]。一般来说,空巢、独居以及生活困难的老年人可以免费享受服务,当然包括上述在内的其他老年人也可以自行付费享受社会服务组织提供的服务。

---

[1] 闫林焱.南京市政府购买养老服务筹资研究[D].南京:南京大学,2019.
[2] 徐卫周.政府购买居家养老服务模式优化研究[D].兰州:甘肃农业大学,2017.
[3] 王柯.政府购买居家养老服务的实践与经验——以南京市鼓楼区为例[J].老龄科学研究,2018(9):45.

从 2005 年开始,南京市先后出台多个政府购买养老服务的政策文件,如《南京市政府购买居家养老服务办法(试行)》(2018 年)、《养老喘息服务和老年人购买紧急呼叫服务补贴办法(试行)》(2018 年)等,推动购买方式的改革创新,逐步扩大养老服务的供给对象覆盖面和增加服务内容。在服务内容上,从家庭保洁、助餐送餐、代购等生活照护类服务拓展到心理慰藉、健康保健等更具有专业性的服务,政府通过和相关呼叫平台开展合作,以随时为居家老年人提供紧急救助服务。政府还进一步扩大购买范围,开展喘息服务为失能老年人提供免费看护服务,减轻老人亲属的照护压力。在购买方式上,由原先的政府招标方式将养老服务委托给社会组织,政府部门根据服务考核情况予以支付费用这种间接形式,转变为政府直接向提供服务的社会组织购买服务,根据服务时间支付服务费用。2013 年,南京市开始尝试为失能老年人发放助老服务券,由老年人自行选择服务机构、服务人员和服务内容,提高了服务对象的自主选择性,同时政府也加强了相应的配套政策,例如向民营或非营利性机构发放建设、改造和运营补贴,开展等级机构评审,按照等级予以奖励,对养老服务从业人员进行入职奖补,启动公益创投项目如时间银行、银发会所等等,社会组织以项目申请的方式向政府购买养老服务,基本形成了合同外包、凭单制、项目制、合作提供以及政策保障等多元购买养老服务方式共存的格局。在受益群体上,2005 年在政府购买养老服务的服务对象仅仅是户籍且实际居住在主城区的、80 岁以上的生活困难独居老人,2007 年拓展到在南京市范围内超过 80 周岁的独居老年人都可以免费享受政府购买的养老服务。2013 年进一步拓展到城镇"三无"老人、农村"五保"老人、享受低保或者处于低保边缘的生活困难老年人、失能半失能的困难老年人、70 岁以上的计划生育特别扶助的老年人和百岁以上老年人。2018 年开始将独立居住的 60 岁以上老年人以及有走失风险类疾病的老年人也纳入其中。当然,对于不符合补贴条件的老年人也同样可以通过市场方式向各类居家养老服务供给主体购买服务。筹资渠道上,政府直接将财政资金用于购买居家养老服务,这也是最为主要的渠道,同时也通过发行福利彩票公益基金用于政府购买养老服务。

南京市通过政府授权形式,委托给具有一定资质的社会组织来提供养老服务。在该模式下,受委托的社会组织具有独立性,其运作不完全依靠政府提供资金,属于独立的决策主体。政府通过该模式能够综合考虑各方面因素,选取在质量和规模上合适的社会组织来承接提供服务的工作,在提高政府财政运行效率的同时,也促进社会组织的培育和发展[1]。

三、上海市

上海是我国首个进入老龄化社会的城市,截至 2020 年底,户籍人口预期寿命为 83.67 岁(男性 81.24 岁、女性 86.20 岁);全市 100 岁及以上老年人口共计 3 080 人,每 10 万人中拥有百岁老人 20.8 人。数据显示,上海 60 岁及以上老年人口中,60~64 岁组占 28.3%,65~69 岁组占 27.9%,70~79 岁组占 28.3%,80 岁及以上组占 15.5%。上海全市各区 100 岁及以上老年人口列居前三位的依次是浦东新区、徐汇区和黄浦区,分别有百岁老人 643 人、294 人和 243 人,占全市百岁老人比重分别为 20.9%、9.5%和 8.9%。

为了应对人口老龄化带来的社会危机,从 2000 年上海就开始了政府购买养老服务的实践[2]。2011 年上海开始在政府部门公共预算中安排政府购买服务专项资金,完善相关政府采购制度,逐步扩大采购范围。上海市政府购买养老服务的具体内容主要包括日常照护服务以及医疗服务两大类型,通过政府购买的形式,由社会组织负责。具体的购买形式有两类,一是发放养老服务消费券,二是按照长期护理保险模式。前者按照轻度、中度和重度对老年人进行分类,确定不同等级的服务养老服务补贴,按月发放;后者,对于 60 周岁及以上的失能参保老年人可由长期护理保险资金保障其所需要的养老服务,包括居家、社会或者养老机构的日常照护和医疗照护服务、医院的医疗照护服务[3]。

上海市政府购买居家养老服务的资金来源主要是政府财政资金,纳入政府公共预算,而长期护理保险的筹资主要是通过医保统筹资金划拨、财政补贴和个人缴费,职工医疗保险统筹资金依据缴费的 1%的水平按照季度拨付给长期护理保险基金,居民医保统筹基金的划拨比例相对

---

[1] 闫林焱.南京市政府购买养老服务筹资研究[D].南京:南京大学,2019.
[2] 李慊.关于上海市探索政府购买服务的调查与思考[J].中国民政,2001(6):23-30.
[3] 王华磊,穆光宗.长期护理保险的政策研究:国际经验和中国探索[J].中国浦东干部学院学报,2018(5):50-52.

较低[1]。对于符合条件的养老机构生活及医疗照护服务,长期护理保险基金的支付比例为85%,对于符合条件的社区或居家生活及医疗护理照护,长期护理保险基金支付比例为90%,剩余部分由个人承担,对于生活困难的老年人不能承担其个人自负的部分,由财政资金全额或部分承担[2]。

以上海市普陀区为例,采取形式购买的模式[3],主要通过政府投入资金,成立从事提供居家养老服务的社会组织,具有完全依附于政府的特性,其运作资金由政府提供,不具有独立决策的权力。该模式下,政府借助社会组织为老年人提供服务,既满足了老年人的多样需求,又加快了建设服务型政府的步伐推进社会化运营。在购买主体上,此类社会组织在民政部登记备案,名义上属于社会组织概念范畴,但由于其高度嵌入政府组织并缺乏独立决策能力和宗旨目标,甚至被视为政府相关部门的执行机构或代理人角色,所以往往被形象地称为"准社会组织"或"二政府"等;在购买程序上,由于社会组织是为承接政府购买服务而由政府主导设立的,因此常常采用项目经费拨付或单一来源采购等非公开、公平、竞争的制度化购买程序。在服务供给上,虽然形成了形式上的供给与生产相分离,但究其本质还是政府承担了公共服务的全部责任,服务的传递仅仅是由政府机构向政府主导下的社会组织转移,未能有效形成多元主体协同参与供给服务的格局。在服务监管上,由于社会组织高度嵌入政府机构,所以监管方式只能依赖传统的行政管理方式,难以有效评估购买服务资金使用绩效并规范服务行为。

四、合肥市

近年来,合肥市在政府购买居家养老服务的实践上有了重大进展。合肥市通过面向社会公开招标,各组织公平竞争,选择中标的社会组织

---

[1] 杨玉秀.我国试点城市长期护理保险制度的比较与分析[J].环渤海经济瞭望,2018(11):65-67.
[2] 刘田静.上海长期护理保险的实践研究[J].经济研究导刊,2018(28):2.
[3] 即依附性非竞争购买模式,此种模式在早期政府购买服务探索试点阶段较为常见。在主体关系上,作为居家养老服务承接主体的社会组织在政府主导下成立,高度依附于政府机构而存在,其资金来源和人员配备都是由其政府主管机构决定。

作为提供居家养老工作的主体[1]。该模式下使社会组织的选取更为公平,且能够保证选取优质的社会组织,从而提高服务供给质量,有利于实现资源利用最大化。同时该模式下的社会组织是独立的个体,与政府形成伙伴关系,而非隶属关系,双方在资源、资金等方面相互协调,能规避可能出现的腐败隐患。2018年5月,合肥市财政局发布《关于印发合肥市政府购买居家养老服务资金管理暂行办法的通知》,进一步规范了政府与承接机构之间的职责。

2020年9月,为了扩大居家和社区养老服务有效供给,激发养老服务市场主体活力,满足特定老年人群的基本养老服务需求,根据《民政部关于进一步扩大养老服务供给促进养老服务消费的实施意见》(民发〔2019〕88号)《安徽省人民政府办公厅关于全面放开养老服务市场提升养老服务质量的实施意见》(皖政办〔2018〕1号)《合肥市人民政府关于加快发展养老服务业的意见》(合政〔2015〕209号)等文件精神,出台了《合肥市政府购买居家养老服务实施方案》。具体内容如下:

(一)服务对象

具有合肥市市区户籍且常住的70周岁以上(含70周岁,下同)低保老年人、70周岁以上空巢(无子女)老年人、90周岁以上高龄老年人,可根据实际需求自愿申请政府购买居家养老服务(流程详见附件1)。

政府购买居家养老服务对象实行动态管理,服务对象去世或者相关条件变化不符合要求时,区(开发区)、街道(乡镇)、社区(村)应及时核减、停止相关服务。

(二)服务标准

服务对象每月可享受市值600元的政府购买居家养老服务补贴。

(三)服务方式

政府购买居家养老服务补贴以虚拟服务额度形式,发放至市养老服务综合平台服务对象个人账户,由服务对象或者其委托人自行选择服务机构提供服务,通过市养老服务综合平台进行结算和管理。服务机构按

---

[1] 曹立前,王君岚.人口老龄化背景下政府购买居家养老服务的模式及完善路径[J].山东财经大学学报,2019,31(2):94-102.

规定的程序与区(开发区)民政部门结算,并接受区(开发区)民政部门对服务过程和服务质量的监管。服务对象个人账户实行季度清零制度,不结转、不继承,过期未发生和未使用的服务额度自动清零。

（四）服务内容

1. 建立市级服务机构库,各区(开发区)民政部门在市级服务机构库中选择相应服务机构,形成区级服务机构库。库内服务机构要按照合肥市政府购买居家养老服务项目清单提供服务。

2. 闲置公有房产优先用于养老服务。社区老年食堂、助餐点按照服务规范提供助餐服务。

3. 符合条件的居家和社区养老服务中心(站)、老年人助浴点、社区老年人托养中心,根据自身服务能力,按照协议提供托养、助浴、助急、助医、助购、助餐、家政、康复理疗等服务,为符合条件的老年人提供康复辅助器具、居家智慧养老服务产品的购买租赁服务。居家和社区养老服务中心(站)、老年人助浴点、社区老年人托养中心的评定办法由市民政局制定实施。

4. 社区康复辅助器具、居家智慧养老服务产品租售点,按照协议为符合条件的服务对象提供康复辅助器具、居家智慧养老服务产品的购买租赁服务。

5. 服务对象入住设立许可证有效期内或者已登记备案的市区养老机构(含社区老年人托养机构),服务对象或者其委托人凭入住合同申请,经区(开发区)民政部门确认,其享受的政府购买居家养老服务补贴可用于支付入住费用。

6. 服务对象连续入住医院10日以上,服务对象或者其委托人凭住院证明和陪护合同申请,经区(开发区)民政部门确认,其享受的政府购买居家养老服务补贴可用于支付陪护人员雇佣费用。陪护人员应在区级服务机构库、居家和社区养老服务中心(站)、社区托养中心、服务对象入住的养老机构中雇佣。

（五）工作职责

市民政局负责牵头完善政府购买居家养老服务相关政策,加强对政策实施的指导监督,负责全市市区政府服务机构的监管,会同市卫健委、市场监管局、人社局、商务局分类制定服务机构入库细则,分别建立康复保健、助餐、家政服务3类市级服务机构库,每类机构原则上不少于6家、不超过20家;对服务机构库进行动态管理,接受入库申请,每年集中开展1次审核;因机构清退、经营等原因,及时增补服务机构。每年牵头开展1次政策实施情况评估,根据评估结果,结合服务需求和市场变化,每年调整1次政府购买居家养老服务项目清单;会同市财政局做好市级资金的测算分配。市财政局负责安排市级资金,指导和监督资金使用,参与完善政府购买居家养老服务政策。根据政府购买居家养老服务项目清单变动情况,及时对应调整市级资金。市卫健委参与制定服务机构入库细则、康复保健服务项目清单,建立服务机构库。依据工作职责,对康复保健服务机构进行业务指导和行业监管。市场监管局参与制定服务机构入库细则、助餐服务项目清单,建立服务机构库。依据工作职责,对助餐服务机构进行食品安全监管。市人社局、商务局参与制定服务机构入库细则、家政服务项目清单,建立服务机构库。依据工作职责,对家政服务机构进行业务指导和行业监管。

区(开发区)民政部门牵头制定本地区实施方案,落实政府购买居家养老服务工作。作为政府购买居家养老服务的实施主体,在3类市级服务库中各选择至少2家服务机构,签订服务合同,建立区级服务机构库。因机构清退、经营等原因,及时从市级服务机构库中增补服务机构,确保服务不受影响;负责辖区服务机构监管,按要求做好服务对象评估、核定及数据统计、信息报送、政策宣传等工作;做好信访投诉处理、舆情应对等工作。

区(开发区)财政部门负责安排落实本级配套资金,与市级财政部门清算项目资金,配合区(开发区)民政部门向服务机构拨付资金。根据政府购买居家养老服务项目清单变动情况,及时对应调整本级配套资金。街道(办事处)乡镇(政府)、居(村)委会全面掌握符合条件服务对象情况,宣传政府购买居家养老服务政策,帮助服务对象及时申请服务,协助做好服务监督、投诉处理等工作。

(六)服务监管

首先,建立服务机构市场退出机制,服务机构存在以下行为的,由区(开发区)民政部门根据合同约定,采取约谈、督促整改、暂停资金结算等措施;情节严重的,暂停合同履行。

① 不按承诺提供服务或者服务质量低于行业标准;
② 接到服务对象投诉拒绝处理;
③ 一年内多次被服务对象投诉,经核实责任在服务机构3次以上;
④ 不按规定程序录入服务工单和结算;
⑤ 实际服务内容和申报服务内容不符;
⑥ 以其他服务代替指定服务;
⑦ 泄露服务对象个人信息,侵犯服务对象合法权益;
⑧ 采取不正当竞争手段,谋取不正当利益;
⑨ 违反合同约定或者其他违规行为。

服务机构存在以下行为的,区(开发区)民政部门一经查实,可依法依约停止其服务工单申报和资金结算,暂停合同履行1个季度至1年;情节严重的解除合同。

① 提供虚假准入信息;
② 不按规定提供服务,套取现金或者将老年人服务额度转移间接套取服务补贴资金;
③ 冒用老年人资料提供虚假服务;
④ 服务满意率未达到90%;
⑤ 其他被认定为严重扰乱管理秩序的行为。

其次,加强服务监管与监督。一是建立"事中监管"机制。区(开发区)民政部门采取政府购买服务方式,委托第三方评估机构,制定具体监管方案,采取抽单、随机检查等方式,重点对服务真实性、服务质量、服务满意度等情况进行事中监管。第三方机构评估费用由市级财政承担,不足部分由区(开发区)财政承担。二是完善信息公开和监督机制。除涉及个人隐私、个人基本服务信息、政府保密信息以及法律法规规定不得主动公开的信息外,市、区两级民政部门应在相应渠道公开政府购买居家养老服务相关信息,主动接受财政、审计等部门以及社会公众的监督。三是完善服务咨询和投诉受理机制。市、区两级民政部门依托市养老服务综合平台,公布监督服务电话,受理相关咨询、投诉。

(七) 资金筹集及拨付

政府购买居家养老服务所需资金由市、区(开发区)财政按1∶1比例分担。

实行年初分区预拨制度,市民政局于年初根据上年度服务对象人数及变化趋势、服务资金结算等情况确定当年预拨金额,由市财政局负责拨付。资金结算由各区(开发区)财政部门负责。

五、宁波市

2003年,宁波市就启动了居家养老服务工作。2006年出台了《关于推进居家养老服务工作的若干意见》,2007年出台了《关于推进农村居家养老服务工作的指导意见》《关于促进居家养老服务规范运作的指导意见》《关于开展城市社区居家养老服务工作绩效评估的通知》《关于深化完善社会养老服务体系建设的意见》《关于进一步鼓励民间资本投资养老服务业的实施意见》等政策文件。2013年,宁波市在历年居家养老服务机构等级评定标准实施的基础上,修订发布了《宁波市地方标准——居家养老服务机构等级规范》。2018年10月1日,《宁波市居家养老服务条例》正式实施,通过加强政策创制,完善服务设施,扩大服务内容,提升服务质量,形成了具有宁波特色的居家养老服务网络和发展模式,该条例实施后一年,全市已建有居家养老服务中心(站)3 032个,其中街道(镇乡)区域性居家养老服务中心105个,社区(村)居家养老服务站2 927个,覆盖94%的城乡社区,并在部分街道和中心镇配建了63个具有全托、日托、康复护理等多功能于一体的社区嵌入式老年护理照料中心,全市A级及以上等级的居家养老服务中心(站)2 430个,占中心(站)总数的80%,其中AAA级178个;居家养老服务人员上岗培训率达到96%。634个政府建设的居家养老服务中心(站),通过委托管理、项目外包等方式交由社会专业服务机构运营。

(一)政府购买居家养老服务的政策供给情况

根据2017年宁波市人民政府发布的《关于宁波市居家和社区养老服务改革试点工作的实施意见》等文件规定,政府在提供政策供给主要体现在以下方面:

1. 确定政府购买居家养老服务基本要求和流程

在全市推行政府购买居家养老服务,制定政府购买居家养老服务指导性目录,把面向困难和特殊老年群体的基本居家养老服务优先纳入购买范围。规范政府购买居家养老服务流程，按照竞争择优的原则确定服务承接方，加强对承接方服务行为、服务质量等方面的考核管理。

2. 支持社会资源成为政府购买居家养老服务的主体

全面放开养老服务市场，支持社会力量投资举办居家养老服务机构，鼓励以承包、租赁、委托等方式开展运营，鼓励家政、物业企业等通过员工培训、标准导入等途径参与居家养老服务，鼓励跨区域引进专业服务团队或服务品牌，培育一批规模化、连锁化、品牌化服务机构。居家养老服务机构申请办理民办非企业单位的，民政部门要依照有关规定进行直接登记，开办资金实行认缴制，并在登记管辖范围内允许其设立多个不具备法人资格的服务网点。居家养老服务机构申请办理营利性企业单位的，市场监督管理部门按照"为老年人提供养护、康复、托管等服务"条目核定经营范围，对多点经营的，依申请按一照多址或分支机构办理登记注册。建立政府指导下的养老服务市场定价机制，居家养老服务机构日托、助餐、助浴、助洁等个性化服务的收费价格应向社会公开，接受有关部门监管。

3. 确定政府购买居家养老服务的补贴标准

一是健全老年人需求评估制度，进一步完善老年人需求评估标准，健全评估工作体系，逐步建立第三方评估机制，深化老年人需求评估工作。根据评估结果确定老年人失能等级及其服务需求类型、可享受的养老服务补贴标准等，确保政府保障的基本居家养老服务公平享有、精准提供。二是对于困难和特殊老年群体予以重点保障，全市范围统一实施的服务保障项目有：为本市户籍的特困人员、最低生活保障家庭及最低生活保障边缘家庭、计划生育家庭特别扶助对象、享受国家定期抚恤补助优抚对象、本人或其子女获得过县级以上见义勇为荣誉称号的重度、中度失能老年人落实养老服务补贴，重度失能的每人每月提供不少于45小时的基本居家养老服务，中度失能的每人每月提供不少于30小时的基本居家养老服务；为本市户籍80周岁及以上老年人、最低生活保障家庭及最低生活保障边缘家庭的老年人购买基本意外伤害保险；为本市装有"81890"一键通电话机的老年人家庭提供紧急援助信息服务。

4. 规范承接政府购买居家养老机构准入

要求区域性居家养老服务中心、社区居家养老服务站要配备养老服务协管员，原则上区域性居家养老服务中心配备不少于3名，社区居家养老服务站至少配备1名，所需人员可通过政府购买服务或安排公益性岗位、向社会招聘等途径解决。出台《居家养老服务机构等级评定规范》，对于承担居家养老服务的机构通过资格准入、服务要求、效果考核等形式予以评定等级，实现服务标准上的融合，同时根据评定等级发放补助，不仅保障了机构提供居家养老的积极性，也确保提供服务的社会效果。

5. 吸引人才进入居家养老服务行业

因为传统观念和职业岗位待遇问题，政府以优惠的就业创业政策引导高素质高技能高学历人才进入养老领域工作。2018年2月，宁波市人民政府发布《关于进一步引导和鼓励高校毕业生到基层工作的实施意见》，重点支持大学毕业生到养老服务领域创业就业，初次创办养老服务企业的，前3年分别给予5万元、3万元和2万元的创业补贴。宁波市民政局配套出台《宁波市大中专院校毕业生创业和入职养老服务机构补助办法》规定：对在校大学生或毕业5年以内的高校毕业生在本市初次创办的养老服务机构；入职本市养老服务机构（包括养老机构、居家养老服务机构，纳入事业单位正式编制的除外）普通高等院校、高等职业技术学校、中等职业技术学校（含职高）毕业生予以创业或入职奖励，养老护理人员特殊岗位津贴等标准参照养老机构同等政策执行。通过政府的推动，提高从业人员的职业认可度，吸引更多的优秀大学生进入居家养老服务领域工作。

6. 支持居家养老服务站点建设

通过优惠政策鼓励社会力量建设区域性居家养老服务中心、社区居家养老服务站等，鼓励乡镇（街道）依托区域性居家养老服务中心，吸纳养老服务企业、社会组织等进驻，推广公建民营模式，政府出资建设的区域性居家养老服务中心、社区居家养老服务站、老年食堂等设施，在不改变设施公共服务功能的前提下，逐步通过招投标、委托运营等竞争性方式，无偿或低偿交由社会力量运营，相应的运营补助发放给运营方。目前，宁波市共有各级各类居家养老服务中心（站）1 919个，社区和行政村居家养老服务站点覆盖率分别超过70%和60%,392个社区和1528个行政村建有居家养老服务中心(站),覆盖服务约60万城乡居家老人,为确保政府购买居家养老服务提供了机构保障。

(二) 政府购买居家养老服务项目和对象供给情况

目前,政府购买居家养老服务在全市范围内普遍推广,以海曙区和江东区[1]更为典型。以江东区为例,将政府购买居家养老服务纳入家院互融养老服务模式中。从2011年4月份开始,江东区政府加大投入力度,扩大财政资金购买的服务面,通过政府购买服务和实施分类管理等方式,不断扩大服务的受益面,优化服务内容,提高服务水平。按照A、B、C三个类别提供会员式服务,根据老年人的情况给予不同的服务待遇。对福利机构内的老年人和残疾人,也通过不断加大机构与社区的融合,推动社区将社区资源向福利机构内的老年人和残疾人开放。目前已经超过6000人成为A、B类对象,全年仅购买服务财政支出就超过750万元,自服务启动以来,已为服务对象提供各类服务超过370万人次。宁波市政府购买居家养老服务在服务对象和服务项目上有以下特点:

1. 强化对居家老年群体中更为弱势的人群予以重点照顾

政府购买居家养老服务重点关注高龄老人、空巢老人、计划生育家庭特别扶助对象的老年人、低保优抚老年人、重病老年人。这些老年人因为疾病、家庭经济情况、家庭结构等原因进一步加剧了生活的困难,在政府购买居家养老服务中对这部分人群的重点照顾,履行了政府承担居家养老服务的"兜底"责任,通过资源获取的优先权,首先解决困难居家老年人的生活问题。

2. 按照服务时间对接政府购买居家养老服务补贴标准

根据不同的服务对象,根据疾病状况、年龄状况、家庭情况等因素,确定不同级别的补贴标准,体现了政府购买居家养老服务的分级分类,形成阶梯化的补贴体系,既有普惠性,也有重点扶持,政府不是承担所有的居家养老服务的费用,更考虑老年人的实际情况,困难程度和补贴数额成正比,对于困难大的居家老年人服务补贴高,对于困难相对较小的居

---

[1] 注:现已和鄞州区合并,下文因考虑实际情况,仍以江东区名称进行介绍。

家老年人服务补贴少,更加体现了社会公平要求,更加科学合理。

3. 政府购买居家养老服务体现了老年人的个性选择和服务主体的自主提供相结合

政府购买居家养老服务根据服务对象的情况按照月份进行补贴,具体服务内容要根据承担服务的企业和机构来具体实施,首先解决政府所要求的首要解决"兜底"服务的居家养老需求,这也是基于居家老年人最基础具有保障性的服务需求,但市场化的运作并不排除居家老年人对于更高品质的个性化的服务需求,所以居家老年人可以通过增加费用在承担服务机构和企业能力范围内获得更好的服务项目,作为承担服务机构和企业也可以通过市场化的运作增加收入,补贴政府购买服务项目的开支,保证政府购买居家养老服务的可持续性。根据规定,按照统一的计算办法将政府提供的养老服务补助折算成工时,居家老年人可根据自己的需求进行点单。

4. 根据居家老年人实际情况确政府购买居家养老服务补贴等级

除了对家庭经济状况、家庭成员情况等客观情况予以考虑外,对于失能失智的情况引入照护等级的评估标准,并将失能失智老年人作为重点补贴的对象,补贴等级最高,这也是考虑到此类老年人除了生活照料外,还需要更多的健康服务,这也符合客观需求。

(三) 居家养老服务市场服务供给情况

2005年3月,宁波市海曙区率先在全区65个社区中全面推广"政府购买居家养老服务"这一新型养老服务模式,由区政府出资,向非营利组织——海曙区星光敬老协会购买居家养老服务,社区落实居家养老服务人员,每天上门为辖区内600余名高龄、独居的困难老人服务,通过推行社会福利社会化,吸引更多的民间力量到养老工作上来,在重视家庭养老作用的基础上,积极推行社区居家养老服务,走家庭养老和社会养老相结合的道路[1]。同时,通过海曙区社会组织服务中心的培育和孵化,每年在公益创投项目申报中,三分之一以上的项目涉及助老爱老,通过

---

[1] 朱晓卓,王变云.宁波模式:社区居家养老服务的发展路径研究[J].老龄科学研究,2016(6):37-44.

引入第三方开放式养老,进一步提高居家养老服务的社会化,海曙区不少社区的居家养老服务都进驻了"第三方",或嵌入了"机构"服务。例如在汪弄社区,宁波市安健家政服务有限公司打造出一个微型养老院,有专业的护理资源以及老人食堂,设计的服务内容包括日托服务、定点家居服务、"临终关怀"服务、便民广场公益活动等,并推出了"居家养老服务卡",不同年龄层的老年人领取不同的卡,享受不同的折扣,比如特困老人领用的是安康卡,可享受3.75折的折扣;60~70岁的健康老人是吉祥卡,享受7折优惠;70~80岁的老人是如意卡,享受6.25折的优惠;80岁以上的老人是福寿卡,享受5.5折的优惠。在马园社区,由宁波市海曙大众社区服务有限公司设立的"邻家大姐"助老中心会派驻两个社区管家到社区,每周一到周五有为老服务菜单,为老人提供以公益为主的个性化服务,包括洗眼镜、磨刀、修伞等项目,社区管家每天会上门走访,了解老人需求,老人聊天,服务是有偿的,但低于市场价,老人有需求,直接向社区管家登记便可,海曙区还致力于培养有能力承接全区居家养老服务和护理工作的规模化骨干队伍,已经在新芝等超过20个社区开展服务试点。产业思维换来新空间,养老服务不断转型升级,企业参与养老领域的意识也逐渐增强。南门街道车站社区"爱·福满车站"居家养老服务站引入辖区爱心企业资源,为社区老人提供涵盖安全保障、生活照料、医疗保健、文化娱乐、精神慰藉等方面的服务。仅至2017年底,海曙全区就有50%的城市社区居家养老机构实现社会化运作,宁波市全市在推进居家养老服务社会化方面,已培育或引进品牌化养老服务机构10余家,200多个社区通过服务站点委托管理、服务项目协议外包等方式引入社会服务企业或组织参与运营,布点规模日趋广泛,取得了较好的社会效益。

六、长春市[1]

据第七次全国人口普查统计,长春市60周岁(含60周岁)以上老年人口达189万,占全市人口总数的20.85%。目前,长春市养老服务设施配建面积超70万平方米,已建成各类社区居家养老服务设施437个,打

---

[1] 王艳.政府购买社区居家养老服务问题研究——以吉林省长春市为例[J].公共管理理论,2022(12):23-31.

造社区老年人巡访关爱示范点173个,培育居家养老服务组织近100家。城市社区居家养老服务覆盖率100%,农村社区居家养老服务覆盖率达80%以上。长春市积极开展居家养老服务机构等级评定,全市申报等级评定的居家养老服务机构中有93家居家养老服务机构符合星级条件;启动困难老年人家庭适老化改造试点项目,为5个主城区420户年满60周岁以上困难老人家庭提供11类30余个改造项目,基本形成了以居家为基础、社区为依托、机构为补充、医养相结合,功能完善、规模适度、覆盖城乡的养老服务体系。为把居家和社区养老服务工作纳入全市"总施工图"中,长春市相继出台了《全面放开养老服务市场提升养老服务质量的实施意见》《关于规范政府购买居家养老服务工作的通知》《长春市社会福利设施专项规划(2016—2020)》等多个文件,从养老服务业发展转型升级、提质增效、设施建设等诸多方面优化了保障措施。

(一)居家养老服务供给情况

首先,居家养老服务的无偿供给。特殊老年群体属于无偿服务的对象,服务费用全部为政府承担,如为五保户、重点优抚对象、失独老人、"三无"(即无劳动能力、无生活来源、无法定赡养人)老人及80周岁以上老年人,每人每月发放一定数额的服务券,提供送餐服务、紧急援助服务等,为失能、失智老年人提供生活照料和医疗护理等服务,政府根据服务完成的数量和质量向承接单位支付资金,目前得到这种无偿服务的老年人只占老年人群体的极少部分;政府在财政资金充足的情况下,也为社区老年人提供基本性的服务,主要包括提供文体活动的场所,老年人可以在开放时间内无偿使用,居家养老服务机构通过承接政府购买服务来维持日常运营,此外社区会组织一些公益服务活动,如和医院联合举办免费体检、义诊、健康知识讲座,老年人对这种形式的养老服务参与率和满意率较高。

其次,居家养老服务的有偿供给。居家和社区养老服务中心提供的有偿业务,主要是送餐和家政服务,也提供理疗、康复保健等服务,以及少量的代购代办等服务。社区养老服务中心虽然体现出公益属性,但也需要开展一定的付费业务保证机构正常运转。由于服务的专业化程度不够,也存在一些老年人对社区居家养老不了解、没有消费意愿和消费能力较弱的情况[1]。

最后,智慧社区养老服务供给。目前,长春市已搭建专业化"互联网+"信息平台,建设智慧养老云服务,构建政府、社区、社会组织和家庭共同参与的智慧养老服务体系,依托云服务平台把老年人需求和企业商业服务进行高效衔接,优化养老资源配置,实现服务热线、网上商城、智慧养老云服务平台三位一体养老服务模式。同时采取公建民营、民办公助、政府购买服务、补助贴息等多种模式,鼓励志愿者、公益性组织、社会团体参与智慧社区养老服务。

(二)居家养老服务项目推广方式

首先,通过社区的推荐与宣传来推广居家养老服务项目。与社区养老服务中心相比,老年人对于社区工作人员有信任感,社区的推荐与宣传是他们了解政策的重要途径。其次,社区养老服务中心通过公益活动吸引服务对象。通过举办免费和赠送礼物的公益活动,使老年人了解具体服务内容。最后,与一些社区养老服务中心承接了政府购买服务项目,为高龄老人配餐,或者为老年人提供政府发放的服务券中的可选服务项目。老年人在享受到稳定优质的服务后,很容易通过老年群体的相互联系进行传播扩散,进而会有越来越多的老年人愿意加入其中。老年人在享受服务的同时,也加深了对社区居家养老服务的了解。

以长春市南关区为例,在2014年就开始以政府购买服务的方式为城区"三无"老人、"五保"老人、失独老人等每月发放200元养老服务券。这种居家养老服务属于委托经营和定制服务,能够将社会化组织引入居民家庭。例如东风社区,服务价格表贴在社区一楼,服务价格都是对老年人情况进行摸底后研究确定的,老年人可以用养老服务券购买服务。自2016年以来,长春市南关区政府与瑞悦服务集团、和信居家养老服务中心等多家社会组织协作,积极推进社区居家养老服务中心建设。目前,长春市南关区民康街道九圣祠社区、自强街道北安社区、曙光街道师大东电社区、鸿城街道东风社区均为长春市南关区社区居家养老试点,其余街道逐步展开,构建模式合理、规模适度、功能齐全的居家养老服务体系。其中,民康街道九圣祠社区是长春市南关区社区居家养老试点,按照"专

---

[1] 刘红芹.政府购买居家养老服务的绩效研究[D].兰州:兰州大学,2012.

业化看护服务与社区服务相结合""政府扶持、市场介入运作相结合""无偿、低偿和有偿相结合""特殊群体区别对待"四大原则,在社区多元化养老服务取得了一定成效。九圣祠社区建立了社区居家护理服务中心专职领导班子,相关社区工作人员通过走访摸排,对城镇常住户口且居住在辖区内的60周岁以上老年人依照居家养老服务模式提供分类服务,且将实施援助提供无偿服务的人员分为城市"三无"人员、低收入孤寡老人、低收入孤老优抚对象和"五保户"四类。同时,与本地高校合作开展养老志愿服务工作,学生定期到社区为居家老年人服务。此外,社区养老服务中心设有文化娱乐区、体育锻炼区和养生调理区,如果老年人不想外出,也可以提供上门服务。

七、台湾地区

我国台湾地区早于祖国大陆进入老龄化社会。为了应对人口老龄化快速增长的态势,1998年,台湾地区主管部门政府颁发了《加强推展居家服务实施方案》,旨在缓解家庭的赡养压力并逐步解决老年人的养老保障问题。

我国台湾地区和大陆有着相同的文化根源,家庭在老年人的照料中扮演着重要角色。但高龄化社会匆促到来,迫使台湾社会面临前所未有的巨大冲击。在过去数十年的社会变迁过程中,台湾家庭形态与样貌皆起了极大的变化,家庭结构与功能逐渐在改变。家庭支持系统户内成员原有的功能性不再显著,个别家庭的社会资源网络日渐薄弱。台湾地区在2000年颁发的《台湾老龄政策回顾》中指出,实现居家养老模式的唯一途径是建立社会支持体系,以帮助家庭更好地解决高龄老年人的长期照护问题。

台湾地区居家养老服务主要有五种形式:一是居家服务,包括营养均衡餐饮服务、家务管理及垃圾清除、衣物清洗和缝补、住宅的清理和清洁、个人卫生和梳洗照料、日间照料、家属参与、节庆活动安排;二是介护服务,包括失能、失智分区服务、康复训练、生活自理训练、临终关怀等特色服务,另外还有协助问诊、与医疗机构联络、陪同就医、康复护理等;三是精神服务,包括:宗教活动(如佛教、天主教等)、节庆活动(春节、端午节等节日专项活动);学习活动(如花艺、英语、日语、手工艺、水彩、书法、电脑等课程）；日常聊天、慈善访问、电话问候等；四是外出服务，包括陪同外出购物服务、散布及参与社团活动（设有太极拳、国剧、歌唱等多种社团）等；五是提供生活器具，如特殊睡床、特殊浴槽、特殊便器、保暖器具、火灾警报器及老年人专用电器等。台湾地区还鼓励家庭、社区、寺庙、地方慈善机构等非政府组织通力合作，为社区老年人提供服务。台湾地区社会化养老服务使养老服务成了一个产业，社会机构可以与政府养老保障结合，多种费用可以通过政府社保报销支付，减轻了长者养老费用负担，推动了社会养老机构的发展。

台湾地区早在1980年就出台《台湾老人福利的有关规定》，将老人定义为年满70岁以上的人，明确了台湾老人福利的主管机关及其业务内容，规定了"老人福利促进委员会"的设立及老人福利预算的编制，规范了老人福利机构的设立和监管。之后台湾"内政主管部门"先后出台了《中低收入老人生活津贴发给办法》和《中低收入老人特别照顾津贴发给办法》，对中低收入家庭的老人以及重度失能老人的照顾者，分别给予津贴补助。1998年，台湾地区"行政主管部门"通过了第一期"加强老人安养服务方案"，并由台湾地区"卫生主管部门"颁布《老人长照三年计划》，通过成立跨卫生和社政体系的工作小组，引导公立医院部分床位转型护理之家，引导民营资本投入，加强长照职业培训，研究建立护理之家评鉴标准等措施，整合长照社区资源，建立起整合型的养老服务网络。2007年，台湾地区"行政主管部门"核定《长照十年计划》为起点，整合长照管理制度和机构，积极推进长照人力资源发展和培训，重点针对失能者及其家庭需要，提供照顾、居家护理、复健、辅具、餐饮、喘息、交通接送及长照机构等八项服务，并遵照弱势优先的施政原则，由台湾地区政府负担至少70%的服务费用，引导民间资本以有关主管部门购买服务方式参与长照资源建设。之后，台湾地区又先后通过了"97至100年中程计划""101至104年中程计划""368照顾服务计划""长照服务网计划第一期"等计划，修订和细化了长照服务责任落实部门，进一步推动长照基础设施及服务资源网络建设。截至2015年9月，台湾地区长照服务老年人口涵盖率达33.9%，服务个案数165 489人，并在22个县市共成立长照服务单一窗口62家。结合"长照1.0阶段"面临的服务对象涵盖范围不足、人力资源短缺、预算严重不足等问题，2015年，台湾地区先后通过《长照服务的有关规定》和《长照保险的有关规定》,即分别对长照服务体系基本事项,以及长照保险基本事项进行界定和规范。2016年起,台湾地区启动"长照十年计划2.0",通过扩充50岁以上失智症患者、55～64岁失能平地原住民等失智失能服务对象,增加原住民地区社区整合型服务、社区预防性照顾、衔接居家医疗等服务项目,简化补助经费核销流程,构建社区整合型服务中心、复合型服务中心、巷弄长照站ABC三级社区整体照顾模式等手段,建立以社区为基础的连续性长照体系,实现长照服务资源的因地制宜和优化配置,形成多元专业投入合力推动长照服务资源发展,为民众提供优质平价、普及密集、弹性多元和连续整合的服务[1]。

八、香港地区

为了实现"老有所属、老有所养和老有所为"的目标,本着"使长者能够有尊严的生活"的信念,香港地方政府根据老年人的居住情况为老年人提供了多元化的养老服务。这种"多元化"不仅体现在服务提供的主体和服务资金来源渠道的多元化,养老服务的内容更是多元化、全面化,养老服务队伍也具有专业化的水平。香港地区社会福利署建立长者支持服务队、长者日间护理中心、日间暂托服务中心等,悉心照料居家老人。香港70岁以上的老人,可领取由政府资助的"长者医疗券",每人每年2 000港元,用于身体检查、护理及康复等。还有一项试验计划,即低收入家庭护老者每月照顾老人满80小时,可获发2 000港元生活津贴。

香港地区的安老政策"以居家养老为本,院舍照顾为后援"。全港65岁以上的老人约110万,大部分选择在熟悉的家中安度晚年。为做好服务,早在1973年的《社会福利白皮书》中,香港地区政府就强调老年人应尽量在熟悉的环境中安享晚年,并为居住在社区的老年人提供了包括长者中心服务、长者社区照顾服务和其他支援服务的社区服务体系[2]。

---

[1] 台湾养老模式知多少？台湾地区养老产业发展的经验及借鉴2022[EB/OL]. https://mp. weixin. qq. com/s? biz = MjM5MjA2MTMwOQ = = &mid = 2651796816&idx = 1&sn = 251a6a89b5a61badefb827f4ae44b71e&chksm = bd5797428a201e5434808186a31dedc5b32a46d2ec091d6e24b95881a9b4b118a78d6e4721e4&scene=27.

[2] 丁华. 香港的养老服务体系[J]. 社会福利,2004(11):46-47.

长者社区支援服务是香港地方政府为了鼓励老年人在社区中生活所提供的服务,是为体弱而需要照顾的长者在家或者在社区中所提供的服务,主要包括长者日间护理中心、长者日间暂托服务、改善家居社区照顾服务、综合家居照顾服务和家务助理服务,其提供的护理内容较多,且有大量的机构从事该项工作。类似的长者中心,香港共有200多家,是由社会福利署(社署)全资津贴[1]。

2001年4月起,香港地区社会福利署邀请非政府机构于18个区议会分区,提供改善家居及社区照顾服务,使年满65岁或以上的长者(年龄介乎60至64岁的长者,如证实有需要,亦可使用此服务),服务内容包括了护理计划、基本及特别护理、复康运动、家居环境安全评估及改善建议、个人照顾、日间到户看顾、护老者到户训练、护老者支援服务、家居照顾及膳食服务、辅导服务、交通及护送服务、日间护理服务、暂托服务、24小时紧急支援等,改善家居及社区照顾服务队会因应长者的不同需要而订服务次数及性质。

2003年4月1日,香港地区社会福利署组建综合家居照顾服务队进一步提升支援、护理和复康服务,建立综合家居照顾服务队,以满足年满60岁或以上在社区内居住的长者在家中安老的意愿,根据服务对象的不同需要,综合家居照顾服务队会提供两类服务个案:其中体弱个案是面向经安老服务统一评估机制评定为身体机能达中度或严重程度缺损,并需要一套周详的家居照顾及社区支援服务的长者;普通个案则是身体机能没有或轻度缺损的个案。获优先考虑的个案包括个人及家庭支援系统薄弱的低收入人士、综合家居照顾服务(普通个案)轮候申请人或已离开改善家居及社区照顾服务或综合家居照顾服务(体弱个案)的服务使用者,身体机能被评定为达中度或严重程度缺损的个案,如只需要个人照顾,简单护理及/或其他支援服务(如家居服务、护送、膳食服务等),可安排使用综合家居照顾服务(普通个案)。2014年3月1日起,综合家居照顾服务(体弱个案)不再接受严重肢体伤残人士的申请,有关人士可申请严重残障人士家居照顾服务。

---

[1] 赵彦.香港养老调查:社会办院政府买位居家养老精准服务[N].人民日报,2016-03-17(20).

向体弱个案所提供的服务包括：护理计划、基本及特别护理、个人照顾、复康运动、日间护理服务、护老者支援服务、日间到户看顾、暂托服务、辅导服务、24小时紧急支援、家居环境安全评估及改善建议、家居照顾及膳食服务、交通及护送服务；向普通个案所提供的服务包括：个人照顾、简单护理、一般家居或家务服务、护送服务、照顾幼儿、日间到户看顾、家居安全及健康评估服务、购物及送递服务、膳食及洗衣服务；其他服务，例如护老者支援服务等。服务机构会因应长者的不同需要而订定服务次数及性质。

香港养老产业的重要支持是人员专业化，目前从业者约3万人，其中专业的社会工作人员（社工）约有一半。社工是接受过专业训练的注册人员，服务专精，收入稳定且较为理想，社会认同度比较高。

第三节　国内外政府购买居家养老服务的经验启示

居家养老是目前国际上通行的养老方式，受到各国、各地区政府的普遍重视和老年人的广泛欢迎。国际社会应对人口老龄化的经验教训表明，仅靠大规模建养老机构、扩张养老床位来解决数量庞大的老年人养老问题是行不通的。各国各地采取政府购买居家养老服务的方式，以解决日益增长的居家养老服务需求，培育了居家养老服务供给市场，增加了多样化、个性化、专业化的居家养老服务供给能力，整合了社会优质资源，提高了在居家养老服务领域社会治理能力。

一、外国政府购买居家养老服务行动实践的经验分析

近年来，学术界引入了新公共服务、福利多元等理论，为介绍国外的治理理念、机制、操作技术、治理经验等方面作出了积极贡献。通过文献研究，政府购买养老服务国际经验主要体现在非营利性组织是政府购买的重要承接主体，公开竞标是最典型的购买方式，政府购买有比较严格的操作程序和以结果为导向的监管制度，购买类型、资金拨付流程、财政资金支持形式多样，政府在公共服务供给中引入竞争机制，培育社会民间组织、与民间组织签订合同，提供财政支持、规范购买流程、加强服务监管、重视服务的专业化建设等等，主要经验分析如下：

（一）形成居家养老服务社会福利供给的总体思路

工业革命以来,工业化、城市化、市场化等经济社会变迁催生了社会政策的发展,经济增长是福利国家发展的最终原因,也是现代化过程的产物。福利国家的建立有一定的历史背景和思想理论基础。二战以后,西方国家面临突出的贫困、失业、社会不平等矛盾,因此有专家提出应该由国家出面,主动承担社会责任,推行增进社会福利的政策。1942年《贝弗里奇报告》中所提出的"社会服务国家"构想和1944年国际劳工组织所通过的《费城宣言》,为战后大规模出现的福利国家制度提供了合法性来源与实际建构的理论基础。随着战后世界经济快速恢复,传统生活方式逐步让位于现代快节奏生活,家庭小型化导致赡养或者抚养功能弱化,农业社会无须担忧的养老问题逐渐成为家庭的重要问题,加之生活条件的改善,医疗水平的提高,人均寿命的增长,人口老龄化程度日益严重,政府为了改善和提高老年人的物质生活和精神生活采取了各种积极的措施,并纳入了社会福利的范畴,在资金保障、服务项目上予以支持。不少国家充分重视老年人的生存权和发展权,落实民生保障的职能,把政府定位为老年福利的主要提供者,政府通过再分配成为社会老年福利的主体,从而取代了传统社会中以个人、家庭和慈善组织等为主要渠道的社会保护机制,从政策制定到国家立法,形成了较为完善的制度保障体系,政府资金成为各国各地区老年福利供给最为重要的来源。

（二）统筹协调居家养老服务各方资源

居家养老服务涉及内容较多,各国各地区一方面政府内部医疗、社会保障等方面资源从整合共管到集中管理,另一方面也在整合家庭、社区、地方慈善机构等非政府组织等资源,共同参与到居家养老服务领域,政府通过资金投入、政策引导,保障这些组织能正常开展养老服务工作,并对服务效果予以监督。

（三）尊重老年人居家养老的意愿

随着社会进步,各国各地区都充分认识到要让老年人的养老不是要把他们隔离在养老机构内,认为老年人应尽量在熟悉的环境中安享晚年,而且要让他们继续能参与到社会劳动中。因此,结合多数老人不愿意离开家庭的养老心理,不少地区或国家都在推动"在地老化"的政策导向,大力支持鼓励家庭照顾和居家护理服务,不断加大对社区养老服务平台老年人的福利服务的投入,逐渐形成了以家庭照顾、居家服务和社区照顾为主的长期照护服务体系。一方面强调了家庭在人口老化问题中的重要作用,另一方面从一定程度上家庭、社会和行政主管部门这三方面主体的负担均有所降低,有多方共赢的效果。此外,不少地区或国家也采取一些积极措施,帮助能自理的居家老年人能够继续参加各种力所能及的劳动,以提高他们的获得感、存在感。

(四)建立政府实现居家养老服务供给的路径

各国各地区在面对日益增长的养老危机时,大多建立了养老金制度和长期照护制度,以解决老年人养老资金问题,同时加大投入,完善老年人的医疗保障制度、建立老年人的志愿服务组织,培育居家养老服务供给主体。各国各地区从保障"吃穿"为重点,逐步以提高文化素质及健康水平为重点,供给方式在生活照料、医疗照护等多方面形成了供给体系,这些供给有的是直接面向居家老年人,让他们获得资金补助或者补贴,有的是直接给予居家养老服务的供给者资金支持,包括了养老机构、社会组织、志愿服务队等,以达到居家老年人自我养老能力提高和多元协同养老力量同向同行。

(五)重视培养专业化的养老服务队伍

居家养老服务供给保障关键在人。各国各地区在面对养老服务需求剧增的情况,难免都会遇到人员危机。对此,不少国家和地区都一方面加强养老护理人员的专业化培养,扩大培养规模,提高培养质量,加强现有从业人员的业务培训,提高业务能力,另一方面积极采取措施吸引人才向养老服务领域流动,提高他们的福利待遇和社会地位,甚至采取措施从其他地区或者国家招募人才来解决本国本地区的居家养老专业人才短缺问题。

(六)建立养老服务需求评估机制

不少国家和地区的养老服务经验表明养老服务需求评估机制的运行使得老年人"对号入座",根据不同的身体状况给予不同的服务级别,然后为居家老年人制定合适的照顾计划,不仅提高了政府财政资金的使用效率,也能更好地为居家老年人提供精准性的服务。

(七)配套发展完整的养老服务产业链

随着社会发展,养老服务呈现多样化、专业化发展,市场化程度更高,产业结构也随着需求而不断重构和细化,会涉及金融、房地产、保险、教育、家政服务、旅游娱乐、咨询服务、社区服务、卫生健康服务等多个行业,政府在推动居家养老服务工作过程中,依然重视发展养老服务产业,而且不是把所有服务项目都纳入自己的责任体系内,更是通过政策推动让养老服务产业发展更为主动和积极,和政府支持的居家养老服务项目实现互补,更好地满足居家老年人的现实需求。

(八)打造整合各类资源的居家养老社区

依托社区,整合个人、家庭、社会团体等各方资源,形成协同合力,提高社区治理能力,从完善基础制度支撑、推广地域孝亲敬老的养老理念、培养高素质养老服务从业人员、引导多元化筹资来源,在社区范围内构建支持家庭养老的社会化服务体系,营造互帮互助的社区养老文化氛围,让更多的社会力量参与到居家养老服务供给体系中,明确政府、市场、家庭等各方在居家养老服务中的责任,以助力构建居家社区机构相协调、医养康养相结合的养老服务体系,从而发挥社区医养结合模式在推动我国多层次社会保障体系完善中的重要作用[1]。

二、我国各地政府购买居家养老服务行动实践的经验思考

基于人口老龄化程度日益严重,居家已经成为很多老年人养老的首选,解决了居家养老问题,也就是解决了大多数老年人的养老问题。对此,在应对老龄化问题方面,各地政府一直都高度重视居家养老工作,不断探索与实践政府购买居家养老服务,主动构建科学、合理的居家养老服务体系,满足老年人的养老服务需求[2]。经过多年的工作实践,目前我国大多数一线城市均基本实现了政府购买居家养老服务的全覆盖,也积累了不少好的经验、好的举措,主要介绍归纳如下:

---

[1] 朱文佩,林义.日本社区医养结合模式探析[N].中国人口报,2022-5-27(理论版).

[2] 唐秉雄.泉州市政府购买居家养老服务的现存问题及策略[J].鞍山师范学院学报,2019,21(5):15-19.

(一)建立政府购买居家养老服务的规则体系

政府购买服务兴起于我国的政府管理体制改革,是服务型政府转型过程中的积极探索。在居家养老服务提供方面,政府购买已经成为一种固定的模式。程序规范是一种制度性保证,虽不一定必然带来高效和高质量的服务,但规范的程序则是防范与规避风险的有效方式。各地在进行政府购买居家养老服务实践时,都配套了相关的政策制度,按照政府采购服务的要求和程序进行,甚至不少地区专门就居家养老进行了立法,将政府购买居家养老服务纳入法律适用范围。

购买居家养老服务使政府参与服务过程的责任和角色发生了变化,不再提供直接的服务,但这并不意味政府脱离服务传输的过程。因此,根据相关配套政策,各地政府的专业化角色得以加强,需要具备谈判、协商、监督、信息沟通、管理服务等多方面的能力。政府部门在合同签订之前,明确服务需求并主导服务需求的认定;在服务传输阶段,设立专门的工作人员,保持与非营利组织的持续沟通。换言之,政府并非将服务完全交由非营利组织,而是以管理者、支持者和监管者的角色参与服务提供的全过程。同时,各地政府也建立了资金保障机制,确保政府购买居家养老服务顺利开展。

(二)培育居家养老服务供给主体

居家养老服务模式的供给是多元的,多元供给需要政府主导下的培育支持居家养老服务供给者,一方面鼓励养老机构、社会组织积极参与到社区居家养老服务的供给,需要引进符合资质要求的居家养老服务供给者,支持它们根据社区区域划分情况对居家养老服务站点进行专业化管理,提供具体业务支持,一方面加强对区域内养老服务志愿团队的管理,对参与居家养老服务的志愿者提供保险,对于完成志愿服务内容和时间的服务供给者给予物质和精神奖励,提高志愿服务的积极性。此外,政府要大力发展居家养老服务产业,在税收保障、创业就业等方面出台优惠政策,鼓励相关企业参与居家养老服务,引导社会资本进入居家养老服务领域中,通过政府购买服务保障低收入经济困难老年人和基础养老服务工作,体现社会的公益性,引入营利性组织,对于经济条件较好、服务要求层次较高的老年人提供更高层次、更高水准的养老服务,同时加强了对于政府购买居家养老服务的考核和监管。

(三)重视居家老年人的权益保护

家庭小型化趋势导致很多家庭都没有时间和精力照顾老人,不得不将原本由家庭承担的养老功能交由市场来完成。《中华人民共和国宪法》明确规定"老年人赡养权受国家法律保护,老年人有获得国家、社会、家庭赡养的权利"。但是老年人的需求不仅是物质上的,更有精神上的,比如《中华人民共和国老年人权益保障法》第十八条规定:家庭成员应当关心老年人的精神需求,不得忽视、冷落老年人。对此,各地开展政府购买居家养老服务实践中,都围绕老年人的合法权益开展各类服务,在居家老年人物质帮助、生活照料和精神慰藉方面进一步细化,强化各相关人员如亲人、监护人、社区、养老机构和社区志愿者等各方义务。

(四)注重政府购买居家养老服务的评估

政府购买居家养老服务的评估包括了选择服务供给者的评估、服务过程的评估以及服务结果的评估。各地在实践居家养老服务实践过程中,无论是明确招标,还是判断服务效果,政府通常都采用第三方评估模式,委托专门的招标公司负责项目的招标事宜,对有参加购买居家养老服务的社会力量进行资格审查,并通过建立相关的指标体系对服务供应者的服务水平能力进行评估,以此选择质优价廉的服务供应者,政府相关部门和购买居家养老服务的供应者签署合同。在政府购买居家养老服务履约过程中,建立了机构等级评审体系,对服务供应者进行多方位的评价,最后政府相关部门还要对服务供给者的服务效果进行评价,大多还和补贴经费挂钩。

(五)建立了政府购买居家养老服务的工作协调机制

民政部门和街道派出机构、居委会需要更好联动。政府购买居家养老服务主要由民政部门和相应的服务提供组织签订契约合同,但具体落实在街道和社区,而且政府购买居家养老服务的也需要财政部门的资金支持,居家养老服务的提供者也需要得到教育、人社、商务、市场监督等多个部门的支持,更需要在社区的平台,整合更多的志愿服务资源,让更多的志愿服务组织参与居家养老服务。因此,各地在推行政府购买居家养老服务的实践中,重点解决双重委托代理困境,以及信息不对称和多方价值趋向差异,加强与相关部门之间的沟通和联系,减少工作上的阻碍,并形成合力,提高效率[1]。

三、发展政府购买居家养老服务的思考

随着我国社会人口老龄化程度日益严重,解决养老问题成为摆在政府前面的重大问题,在此形势下国家"十四五"期间提出了"构建居家社区机构相协调、医养康养相结合的养老服务体系。完善社区居家养老服务网络,推进公共设施老化改造,推动专业机构服务向社区延伸,整合利用存量资源发展社区嵌入式养老,构建、孝老、敬老的社会环境。"[2]从各地的经验来看,开展政府购买居家养老服务是转变政府职能、创新社会治理实践的重要举措,也是提高养老服务供给能力、提高养老服务市场化水平的有效途径,需要进一步加快发展。

（一）充分认识到扩大居家养老服务供给所带来的红利优势

通常认为劳动人口的富裕是人口红利的体现,可以促进产业提升,带动经济发展,而社会人口老龄化加剧与之相对应的劳动力人口的减少,由此带来社会上的劳动力资源紧缺,经济因人力不足发展迟缓,社会养老负担加重。但是换一个角度,老龄人口也是一种人口红利,同样可以通过养老市场的开发,带动更多的人在养老服务领域就业,带动养老服务产业经济的发展,因此人口红利更多体现在养老服务领域的就业推动和产业提升。居家养老服务涉及面广,所蕴含的市场也是极为广阔的,越来越多社会力量进入养老市场无疑也是对居家养老服务所带来的经济价值的认可。所以,政府购买居家养老,在扩大养老服务供给的同时,也是增加了就业岗位,带动养老服务市场的繁荣,这就是人口红利的体现。

（二）加快完善政府购买居家养老服务制度建设

推进政府购买居家养老服务的规范化、制度化和法制化进程,制定并完善居家养老服务的相关政策法规,要将政府购买居家养老服务纳

---

[1] 顾永红,刘宇.行政吸纳服务:双重委托代理困境下政府购买养老服务策略研究:基于武汉市"五社联动"经验[J].社会保障研究,2022(2):10-18.
[2] 中华人民共和国国民经济和社会发展第十四个五年规划和2035年远景目标纲要[N].人民日报,2021-03-12.

入政府采购目录范围,从这个层面对资金筹措渠道、购买流程、购买内容、参与竞标主体资质、选择中标组织标准到签订最终协议等流程明确严格的规范供给和购买主体的相关责任,理顺养老服务过程中各阶段的权责关系,维护居家养老服务各参与主体(包括政府、机构或组织、服务人员及接受服务的老年人群等)的相关合法利益,确定养老护理专业人员的聘用标准、专业化培训标准与要求、服务绩效评价监督途径等等。

(三)培育居家养老服务市场化的合理竞争环境

居家养老服务是政府依托购买社会组织或机构提供上门服务、日常照料等的一种养老服务,政府不能仅仅依靠自身力量发展,更多的是需要发挥养老服务市场的积极性。要通过政府整体统筹规划,充分发挥市场在资源配置中的基础性作用,通过购买服务引导更多的社会力量参与到养老服务领域、拓宽自身服务范围,创造平等竞争的养老市场环境,形成居家养老服务"百花齐放,百家争鸣"的繁荣局面。同时,加强行业自律,加强行业监管,推动居家养老服务供给方加强自身服务能力和自我约束能力,避免出现唯利是图、忽视或损害老年人养老权利的不良行为,严格遵守行业服务标准,切实维护老年人利益,帮助老年人安享晚年生活。

(四)保"质"增"量"加快养老服务专业人才队伍建设

借鉴发达国家(地区)的养老服务队伍专业化建设经验,积极开展养老服务队伍专业化教育培训,推动各地方开设养老服务相关专业,加强产教融合、校企合作,建立用人单位与养老服务组织和机构信息共享机制。支持院校举办养老相关专业,培养一批专业的养老护理人员,开设专业养老照护课程,结合当地养老服务机构分布状况建立就业实习基地,积极动员学生投入、热爱养老事业,并可根据地方财政情况给予相关就业创业补贴。在为养老服务人才队伍建设增量的同时要加强现有服务人员的专业化技能考查与审核,引导其参加职业技能等级鉴定,定期开展职业技能培训、服务能力和效果考评,加强养老服务人员职业道德教育,对不符合专业标准的从业人员开展再培训,严把技能关,应鼓励和扶持地方中等职业学校、成人学校、社区学院和高校开展养老服务从业人员的技能培训,对于取得养老护理员职业技能等级资格的就业人员按照等级不同给予岗位补贴,提高待遇。

(五)按照居家老年人需求提供精准服务

我国香港、台湾地区养老服务经验表明养老服务需求评估机制的运行使得老年人"对号入座",根据不同的身体状况给予不同的服务级别,然后为老年人制定量身定做的照顾计划。对老年人福利的改善要建立在需求调查与评估基础之上。因此,居家养老服务供应者应对老年人生理和心理的实际状况进行科学调查与评估,将居家养老服务的供给建立在老年人需求评估基础上,对于不同需求的老年人提供差异化、个性化的居家养老服务。

(六)构建居家养老服务项目保障网络

居家养老服务涉及多部门,也需要不同类型的社会力量参与其中,政府购买居家养老服务只是在资金上解决了供给问题,除了居家养老直接供应者的服务保障之外,实践中仍然离不开其他各种资源的支持,需要建立多层次的居家养老保障体系,逐步提高对居家老年人的保障水平,倡导全社会优待老年人,依法建立健全覆盖城乡的养老、医疗、最低生活保障、社会救助和被征地农民基本生活保障等社会保障制度,确保老年人的基本生活和基本医疗;对居家老年人进行生活服务优待,对于政府举办的公园、公共文化设施、旅游景点、公共交通工具和体育健身场所等可以免费或减价享受;对居家老年人进行医疗服务优待,社区卫生服务机构建立居家老年人健康档案,定期为居家老年人免费提供健康检查;开展老年人宜居环境建设,以社区为基础,并为老年人提供范围广泛的预防性、补救性和发展方面的服务,如无障碍设施建设,使老年人能够在自己家里和他们的社区里尽可能过独立生活,继续成为参加社会活动的有用公民;科学设计并运用互联网+居家养老信息保障管理系统,提高服务的有效性。积极对城市现有老旧小区进行适老化改造,满足居家老年人的实际需要;在新建小区规划中,应充分考虑老年人的需要,做好公共设施规划;探索建立鼓励家庭医生加入居家养老服务的医养结合新模式。

综上,居家养老是基础,不能把老人都送到养老机构去养老,养老机构也无法接受这么多老年人住养,居家老年人也未必都能接受到养老机构养老,毕竟离开了自己原有的生活环境。在我国,全社会扶助居家养老是改善老年人健康、提高家庭和社会的照顾水平的必然选择。对于养老问题,政府确实有保障责任,但不一定亲自提供服务。面对日益严重的老龄化危机,政府应高度重视养老服务的供给,通过出台政策支持政府购买居家养老服务,弘扬"孝老爱亲"优良传统,吸引更多的社会资本进入居家养老服务市场,推动居家养老服务供给主体的多元化,逐步扩大覆盖的老年人群,让更多的老年人受益。

第五章

推动与保障：政府购买居家养老服务的行动政策

传统的养老服务是由家庭来承担，由子女赡养老年人。家庭供养是老年人权益最核心的保障，是社会中的非正式制度承担。在计划经济时代，养老服务供给更多的是解决"三无""五保"这样的困难老年人的需求。但是，随着社会进入新的发展阶段，我国政府职能转变，为了应对老龄化社会危机，满足人民群众对美好生活的需要，需要主动转变公共服务的提供方式，推动社会福利社会化，培育和增加养老服务供给主体。政府职能的转变需要增加公共服务的财政投入，增加公共服务的内容和数量，并通过购买服务的形式改善服务质量，养老服务在此背景下，逐渐向正式制度和非正式制度共同承担。当前，家庭供养仍然占据主体地位，但是其功能正在逐渐减弱，并且也有被社区、养老机构取代的情况，政府从养老服务供给中的消极供给转变为积极介入，购买养老服务解决家庭中的养老服务供需矛盾，相关配套的政策支持也逐步加强，推动社会力量参与居家养老服务向深度和广度不断发展。

第一节 我国养老服务相关政策概述

养老服务是属于社会服务，政府购买养老服务是一项涉及民生的社会政策。基于应对社会人口老龄化的压力，我国政府开始逐渐以积极的政策参与到养老服务供给。政府在养老服务供给方面的责任逐渐成为公共政策领域的重要话题。各级政府先后出台多项相关政策文件来推动养老服务事业发展。因此,政府购买居家养老服务政策也应符合社会政策的基本要求,能发挥社会政策功能,解决社会问题。

一、社会政策与养老服务政策相关理论

养老服务政策是政府在养老服务价值理念的指导下,为实现养老服务事业发展目标而采取的社会行动,不同于群众自发形成的活动,也不同于一般意义上的社会活动,具有明确的目标和方向、行动内容。

政策是国家政权机关、政党组织和其他社会政治集团为了实现自己所代表的阶级、阶层的利益与意志,以权威形式标准化地规定在一定的历史时期内,应该达到的奋斗目标、遵循的行动原则、完成的明确任务、实行的工作方式、采取的一般步骤和具体措施。政策在一定时间内的历史条件和国情条件下,由国家权力机关用语言和文字等表达手段进行表述,代表着统治阶级的意志,包括了对内政策和对外政策,前者包括财政经济政策、文化教育政策、军事政策、劳动政策、宗教政策、民族政策等,后者主要是外交政策。

政策有广义和狭义之分,狭义的政策是指政府和政党有关行动的规则体系,是政府行政层面的行动准则,是指没有纳入法律法规体系中的行动规则和规划;广义上的政策除了包括规则体系的含义之外,还包括政府或者政党在某一行动领域的基本方针和具体行为,国家、政府或政党为实现其目标而制定的总体方针、行动准则和具体行动的综合方案都可以归于政策。

二、社会政策

社会政策属于政策体系的一部分,是指各级政府职能部门或是其他组织依据相关社会价值,为实现其社会目的而采用的各种社会性行为的总和,其实质是政府对社会福利事务的能动性干预。随着社会经济的发展、现代文明体系的构建,社会民众在社会保障、教育、医疗、就业、住房等方面的需求越来越高,而市场体系在此类民生领域的支持能力有限,利润空间小,尤其是市场经济下的逐利性让市场主体不愿意在民生领域获利,因此需要政府在此类民生的社会事务中采取行动,承担为社会民众

提供保障服务的责任。

社会政策的主要内容如下：

1. 社会保障政策

社会保障政策是政府社会政策体系中最基本、最重要的组成部分，政府通过公共行动向社会成员提供基本生活保障的政策体系，包括了养老保险、医疗保险、生育保险、失业保险等。

2. 公共医疗卫生政策

公共医疗卫生政策是政府或其他组织开展的公共卫生事业和为社会成员提供的医疗服务的相关政策，例如对困难老年人提供医疗救助等。

3. 公共住房政策

公共住房政策是指政府或者由其他组织以福利性的方式向社会成员提供公共住房或者住房补贴政策，以解决经济困难人群的住房难题。

4. 公共教育政策

公共教育政策是指政府或者其他组织兴办教育事业，向社会成员提供公共教育服务的政策，包括了政府举办老年大学满足老年人终身教育的需求。

5. 劳动就业政策

劳动就业政策是指政府或者其为劳动者提供就业机会、合理分配就业机会，解决失业问题和保护劳动者权利而采取的各种行动的总和，随着老年人的健康状况改善，老年人再就业的可能性增加，也成为老年人继续参与社会活动、实现"老有所为"的重要途径之一。

6. 针对专门人群的社会政策

尽管大部分的社会政策是面向所有社会成员，其中也有一些政策重点针对某些特殊需要的群体，例如老年人。这些特殊群体大多比其他人需要更多的社会服务，或者在身体、经济或者社会层面上处于相对弱势的地位，需要更多的社会保护。

7. 其他社会政策

主要包括社区建设与管理、民间组织和社会公益、婚姻家庭等方面的社会政策。随着社会的发展，民生需求的增加，经济实力的提高，会有更多的民生领域的行动准则会被政府重视并予以制定出台相关政策。

三、养老服务政策

解决社会问题是政府的基本职能之一,政府应该采取社会政策等措施,调动各方社会力量,积极干预社会过程,从而解决各种社会问题。解决养老服务需求问题是养老服务政策的基本目标,政府在制定相关政策时要围绕着这一目标而开展社会行动。从具体行动上,养老服务政策要通过公民参与和民主程序,重新配置社会资源,充分利用现有资源,开发新的社会资源,并采取科学的方法和必要的技术手段去解决养老供需矛盾问题,从而保证公平、有效、可及地向社会民众提供养老服务。必要时,政府可以通过立法程序,上升到法律层面,让政策行为具有强制性、权威性和严肃性,使得养老服务政策在解决养老服务问题的过程中发挥更大的作用。

(一)养老服务政策的概念

养老服务政策是指各级政府职能部门或是其他组织为满足老年人基本生活、人身财产安全、日常照顾服务、医疗保健、维护合法权益等方面的基本需要,有利于老年人安享晚年而制定的各种政策的总和。

(二)养老服务政策的特点

作为一种社会行为,在具体不同领域、时代和社会环境下凸显出不同特征。我国养老服务政策自新中国成立以来,不断发展更替,形成了自身的特点。

1. 时代特性明显

20世纪50年代至70年代,我国养老服务政策以倡导非正式照顾为主,辅之以低水平的救助和粗放式的机构养老服务;80年代至90年代,我国养老服务政策更突出强化家庭责任;2000年至今,我国养老服务政策开始凸显政府和社会责任更关注社会力量进入养老领域。

2. 目标特性明确

任何政策的制定与执行都是为了达到一定的预期目标而采取的干预行动。我国养老服务政策调整的对象是与老年人相关的个人或是社会组织，其最终目标是作用于老年人，使老年人享有幸福愉快的晚年生活，这一目标既是各项政策的出发点，也是其最终目标。

3. 非营利性

利益是社会行为的有力推手。但是政策具有的是引导、规划作用，不能以直接的利益手段推动社会行为。特别是养老服务政策作为社会福利性事业中的一部分，关注的是老年人这一弱势群体，不会向其获取盈利。

4. 开放性

政策不是法规，不具备强制性。养老服务政策同样只能通过计划、规范、通知等形式引导老年事业发展。随着社会形势的发展，社会行为的转变，养老服务政策需要不断顺应社会发展形势，吸收采纳新的社会观点和行为。

5. 跨领域性

人的需求多种多样，马斯洛提出了人类需要的金字塔学说，指出人类有生理需求(Physiological needs)、安全需求(Safety needs)、爱和归属感(Love and belonging，亦称为社交需求)、尊重(Esteem)和自我实现(Self-actualization)五大类。为满足老年人需求，老年服务政策要涉及社会学、心理学、政治学等诸多领域。

6. 非强制性

政策虽然代表了统治阶级的意志，是为维护其统治而采取的社会活动，但和法律不同，并没有强制性，但更具有灵活性，政策的制定程序相对简单，可以根据社会形势的变化及时调整、终止和修订。当政府认为有必要，可以将相关政策条款通过立法流程，纳入法律范畴，这样就会具有执行的强制性。

（三）养老服务政策的构成要素

从静态角度来看，养老服务政策是由相关要素组成，包括了养老服务政策的主体、对象和资源等，在其中扮演不同角色。

1. 养老服务政策的主体

养老服务政策的主体是指直接或者间接参与养老服务政策制定、实施和评估的个人、组织和团体,具有积极、主动地参与或者引导养老服务政策的状态。养老服务政策具有主动性、多元性和权威性三个特点,其中主动性是相对于养老服务政策的对象而言的;多元性是指养老服务政策可以分为直接主体(如立法机关、行政机关和执政党等)和间接主体(包括利益集团、公民和其他政党等),多元主体在养老服务政策中发挥不同作用,间接或者直接参与养老服务政策的制定和实施,扮演着政策制定者、实施者、评估者和调整者等角色;权威性主要是指养老服务政策代表着政府的意志,如有违反,则可能会承担相应的法律责任。

2. 养老服务政策的对象

养老服务政策的对象是养老服务政策的接受者。可以分为普遍性对象和选择性对象,前者意味着某些养老服务政策将惠及全体公民,例如养老金政策,后者意味着某些养老服务政策将惠及部分公民。例如对"三无"老人*的求助政策。养老服务政策的对象有被动性、差异性和连带性等特点。被动性是指养老服务政策主体是政治产品的生产者,对象则是该产品的消费者,作为对象而言,对此类产品并没有选择的余地,只能被动接受;差异性是养老服务政策对象可以分为普遍性对象和选择性对象,即使是同一类对象,根据政策也未必能获得一样的福利,例如政府购买居家养老服务,根据老年人身体状况、不同年龄等情况给予的资金补贴是不一样的。养老服务政策的对象在养老服务政策制定和实施过程中扮演着政策诉求者、政策接受者、信息提供者等角色。

3. 养老服务政策的资源

养老服务政策的运行以一定的资源为前提。建立有效的资源调动方式,并积极拓展资源调动方式,对养老服务政策有效和顺利运行有着非常重要的意义。所谓养老服务政策的资源是指养老服务政策过程中尤其是政府实施政策所需要的物质或者有形的基础,其内容包括人力、物力和财力。人力是指养老服务政策所涉及的各级政府官员、各种公办或者民办社会服务机构的工作人员、社区工作者以及政策研究者等;物力主要是指养老服务政策实施过程中所需要的诸如工作场所、工作设备

---

* 注:"三无"老人是指无劳动能力、无生活来源、无赡养人和抚养人,或有赡养人、抚养人但其无赡养、扶养能力的老年人。

等物质条件;财力主要是指养老服务政策实施过程中所必需的经费,包括人头费、办公经费、项目经费等。

养老服务资源的调动方式是养老服务政策过程尤其是政府实施政策时策划、调集和筹措所需要的人力、物力和财力的策略与方法。人力资源的调动方式是通过组建队伍的方式来调动养老服务政策的人力资源,包括政府和民间组织的专门工作人员,也包括志愿工作人员;物力资源的调动方式是政府在实施养老服务政策时,往往会通过多种途径筹措物力资源,以便于政策实施过程中排除各类障碍;财力资源的调动方式是政府在实施养老服务政策的时候,通常通过征税、专项收费、征收社会保险费以及服务收费等形式来获得财力资源,也包括各种社会捐助。

(四) 养老服务政策的过程

养老服务政策是由政策制定、实施、评估和调整等四个阶段构成的过程。从逻辑上说,养老服务政策从制定开始,经过实施、评估、调整,构成完整的养老服务政策过程。

1. 养老服务政策的制定

养老服务政策的制定是养老服务政策主体为了满足全体或者部分社会成员的养老需要,或是解决某些养老问题而制定相应的政策的过程。在这个过程中,养老服务政策主体尤其是直接主体要对政策优先顺序、政策的对象、政策的标准、政策的资源以及政策的运行机制做出决定。养老服务政策制定的步骤主要包括确定政策制定议程、拟定政策制定方案、审查政策方案和审议及批准政策。

2. 养老服务政策的实施

养老服务政策的实施是政策在指向目标的过程发展中社会行动过程,是把养老服务政策转化为社会养老服务、传递到服务对象的过程。养老服务政策的实施是实现政策目标的关键,是解决养老服务问题、满足社会养老需求、实现社会公平正义的有效保障,同时也是从实践中检验政策是否有效,为进一步完善和发展政策提供了基础。通过政策实施也是搭建了政策主体和对象之间沟通的桥梁,把两者联系起来。

养老服务政策的实施通常包括政策宣传、政策分解、资源准备、组织准备、先行先试、全面推进、协调和监控等环节。当然,政策的实施受到了服务机构、服务对象和政策实施者、政策本身等诸多因素的影响。

3. 养老服务政策的评估

养老服务政策的评估是按照一定的价值及技术标准对养老服务政策方案、实施过程及其效果做出判断,在整个养老服务政策过程中具有非常重要的作用。政策评估是依据一定的标准对养老服务政策作出的评判,是一个发现问题、了解效果、监控监督的过程,一般采取定性、定量、个案等研究方法,评估的内容主要包括政策方案(聚焦在政策方案是否合理,包括方案实施过程中的必要性、有效性和可行性)、实施过程(聚焦在政策实施过程中行动是否得力,包括宣传工作是否到位、分解工作是否合理、资源准备是否充分、机构设置是否恰当、试点推动是否顺畅、保障制度是否完善等)以及实施效果(重点关注政策实施是否取得了预期的效果,包括阶段性成果的数量、质量,政策取得的社会效益及效率等)。

4. 养老服务政策的调整

养老服务政策的调整是指基于一定的原因(包括政策本身、政府、社会等方面)对政策进行修订、改革或终止的行动和过程,有助于保持政策的连续性,促进了政策的不断完善,保证了政策的有序运行。调整的内容包括了政策目标(如原定的目标定得过高,实际无法实现;定得过低,无法让群众满意)、政策方案(各种实施政策的手段、步骤、途径、方法和措施等,受到方案运行成本、运行条件等限制)、政策效力(政策的自身约束力,也是政策的实际效力,要保证政策实施过程中,政策效力范围适当,不要出现作用的范围偏大或者偏小、实施的时间过长或者过短)等。

(五)养老服务政策的主要功能

养老服务政策的功能,是指养老服务政策在养老领域中能够发挥的作用,主要体现在经济、社会和政治三个方面。

1. 养老服务政策的经济功能

(1)发展养老服务人力资源的功能。人力资源在促进养老事业发展的过程中起到了核心作用。尽管市场化的方式可以调动个人和养老服务企业人力资源投资的积极性,但是由于家庭结构变化、新的就业理念的出现,家庭内部的人力资源明显不足,而社会人员因为职业认知的关系,人力资源并不愿意流向养老服务领域,进而造成了养老服务的人力资源缺乏,政府通过实施养老服务政策,以公共服务的方式支持人才培养,增加教育、培训的方式,扩大养老服务专业人才的培养培训规模,提高人才质量,扩大全社会的养老服务人力资源总量,从而提高整个养老服务事业发展水平。

(2)调节养老服务市场的功能。养老服务政策是政府对养老领域社会福利的干预,不仅可以起到维护社会公平和调节各个群体之间利益的关系,还可以调节养老服务市场经济、促进其发展的作用。政府通过养老服务政策扩大内需,促进养老服务领域的消费,同时以养老服务市场培育优化社会经济结构,带动就业岗位增加,促进养老服务市场经济发展。

(3)促进社会资源投资养老产业积极性的功能。政府通过制定养老服务政策,以降低税率、减免租金等措施减少社会资本进入养老服务市场的各种风险,降低养老服务企业运行的经济成本,对于从事养老服务工作的人员予以资金奖励、社保补贴等,提高养老服务企业劳动者的工作积极性,为养老服务市场可持续发展提供良好的社会环境。

2. 养老服务政策的社会功能

(1)推动养老服务领域相关人员的收入再分配。社会政策在社会方面的功能首先体现在其分配功能方面,通过税收、补贴、奖励等措施来降低市场初次分配中出现的不平等效应。一方面,养老服务政策对不同情况的老年群体给予不同层次不同价格的服务,对从事养老服务人员在职业待遇根据不同职业技能等级上予以不同金额的补贴;另一方面,养老服务政策推动养老保险、长期照护保险、医疗保险等制度的落实,提高养老服务对象的自我经济保障能力。

(2)增加养老服务社会投资建设的功能。养老服务政策也可以被看作是一种社会投资,政府在公共领域建设养老服务设施,建设居家养老服务中心等场地,采取公建民营等形式鼓励社会力量参与养老服务设施建设,采取政府购买等形式鼓励社会资源承担养老服务工作,投资开发养老服务产品,以此培育养老服务市场。

(3)增加养老服务政策的社会控制功能。社会控制就是指社会中控制人的不良行为和各种社会问题的发生及其危害的机制。对于养老服务政策的社会控制,就是要继续传承我国养老服务的传统文化,避免因过度市场化带来的对老年人经济利益、生存条件的伤害,让所有老年人都有获得基本生活保障需要的权利,最大程度上避免和防止养老服务中的各类违法行为,当然必需的法律规范和道德约束也是必不可少的。

3. 养老服务政策的政治功能

(1) 养老服务政策的社会管理功能。政府对社会实施管理的目标是维护社会稳定和社会生活的有序性,进而达到维护政治和经济运行的稳定,以及提高社会生活质量的目标。养老服务政策在社会管理方面的作用体现:一是推动社会人员在养老服务领域就业,并保障其收入;二是合理配置社会养老服务资源,建设养老服务设施,改善养老服务生活环境,规范养老服务市场有序发展;三是通过对不同困难程度的老年人予以不同程度的保障,包括了医疗、照护、助餐等等,维护社会公平,保证每一个老年人都能有机会获得基本养老服务;四是引导社会力量参与养老服务供给,推动政府和社会组织、企业等多种资源合作,推动养老服务工作形成协同合力,提高社会治理水平。

(2) 调解养老服务相关群体的利益矛盾。在养老服务过程中,涉及家庭、市场和政府各方责任,也涉及个人、社会团体、养老服务机构等各方诉求,各自的利益不同可能会造成冲突和矛盾,例如市场主体的逐利性和政府养老服务工作的公益性。政府通过制定发布养老服务政策调整各主体之间的关系,引导养老服务事业的可持续发展。

(3) 积极应对人口老龄化以维护政治稳定的功能。在阶级社会,统治政党都需要维护其执政地位,这也是第一要务。发展养老服务事业,是为了获得更为广大的社会民众的支持,尤其是社会人口老龄化程度越来越严重的情况,老年人口的基数持续增加,占总人口的比例也就越来越高,老年人对美好生活的需要越加强烈,这就需要政府加快出台和实施符合当前国情的养老服务政策,提升老年人的生活质量,对于巩固执政基础,提高人民群众对执政党的政治支持,维护家庭和谐和国家稳定具有重要的现实价值。

(六) 养老服务政策的基本原则

养老服务政策的基本原则是指养老服务政策制定、执行过程中所依据的基本准则,具体有如下原则:

1. 公平和效率结合原则

养老服务政策要以公平为基础、以效率为导向,社会公平是养老服务政策的基础,在制定和实施过程中要充分考虑到老年人利益的公平性,既要有基本生活的保障,也要尽量扩大受益老年群体的范围。同时,养老服务政策也需要考虑到效率问题,以便于政策能在满足老年人的服务需求、实现个人高品质生活等方面发挥更大作用,其中政府购买居家养老服务也是提高工作效率的要求。因此,养老服务政策在制定和实施过程中应将公平和效率充分结合。

2. 要充分保障老年人的合法权益

社会主义市场经济的发展,促进了国家经济实力的提高,但与此同时,也会影响到人本身的价值受到忽略,而且老年人作为弱势群体,其权益也容易被社会所忽视。因此,政策应在制定和实施的过程中关注老年人基本权益的保障,帮助老年人抵御各种生活、经济、身体等方面的风险,恢复和提高老年人适应现代社会的能力,恢复家庭照护能力,促进家庭和谐稳定。保障老年人的合法权益体现在对老年人的社会保护上,政府根据人道主义精神和人权要求对老年人予以关照,并按照社会公平原则对因社会原因受到损害的老年人群提供必要的补偿,以满足老年人的基本需要。

3. 基本养老服务均等化

政府要通过公共服务的方式向老年人群提供基本的养老服务,并保障所有的老年人不分性别、种族、籍贯、宗教信仰都能平等地享有。政府通过制定和实施养老服务相关政策满足老年人的养老服务基本需求。在基本需求这个层面,应该惠及所有的老年人,并使得每位老年人都能有机会获得符合自身相应情况的养老服务,让他们都能获得大致平等的养老服务供给,当然这就需要考虑到城乡发展不均衡和收入分配不平等的现实情况,对于相对贫困的老年人群予以更多的倾斜。

4. 政府和民间相结合,做好养老服务保障

在很长时间里,社会政策都被认为是政府自己的事情,和其他人、单位、组织没有关系。但是,近年来许多国家在制定社会政策的时候越来越注重调动社会资源参与其中,与非政府组织、民间组织合作提供公共的、福利性的服务。养老服务涉及的人群多,政府资源有限,政策在执行过程中更需要民间组织支持。但是,政府和民间结合还是需要政府在其中起

到主导地位,承担政策制定、规划行动的总体责任,作为民间组织要和政府一起承担向老年人提供养老服务的责任,相互配合、相互支持,营造良好的社会氛围,共同完成政策所要求的各项任务,提高服务效率。

(七)养老服务政策的运行方式

养老服务政策是一个行动过程,具有动态的特征,要按照制度化的方式运行。养老服务政策及其各个环节运行的制度化方式就是养老服务政策的运行方式,主要包括资金筹措、服务提供方式和付费方式等内容。

1. 资金的筹措方式

资金筹措方式是养老服务政策资源调动最重要的内容,其中政府财政开支是养老服务政策资金最重要的来源。政府在养老服务资金投入水平和筹措方式上受到社会养老服务需求的影响,同时也受到政府财政情况的限制。养老服务资金包括了中央和地方各级政府的筹措,当然也有社会资金的筹措。

2. 养老服务的提供方式

服务方式是由政府养老服务政策的理念、服务体制来决定。养老服务提供方式首先是养老服务提供的主体模式:一是政府作为养老服务的提供者,直接运营养老服务机构,例如开办社会福利院接收"三无"老人;二是社会组织作为养老服务的提供者,政府通过购买服务的形式为社会组织开展养老服务提供资金保障;三是政府不直接运营养老机构,也不直接向民间社会服务组织提供资金支持,而是向养老服务的对象提供资金补助,以支持服务老年人向市场购买服务。

3. 养老服务的付费方式

养老服务的付费方式主要包括福利性模式和准市场模式。福利性模式是政府根据收入再分配的机制,养老服务完全由政府公共资金来付款,受益的老年人可以获得无偿的服务而无须自己支付费用;准市场模式是指在养老服务的提供中引入市场机制,增加服务对象的付费要求,让其承担一定的费用。前者可以更好地发挥政府资金的作用惠及更多的老年人,但是存在受益老年人潜在的需求不合理扩大,后者可以让受益老年人在享受服务时更能体现责任意识,约束政府不合理的福利支出,减少财政负担,而且老年人通过付费可以增加对养老服务项目的选择,促使养老服务供给者能重视服务质量和服务效率。

第二节 我国社会人口老龄化的演进和养老服务政策发展

人口老龄化是指在总人口中因年轻人口的数量减少、老年人口数量增加而导致的老年人口的比例呈现出相应增长趋势,是老年人口在总人口中所占比重逐渐提高的一个动态过程[1]。预计"十四五"时期,60岁及以上老年人口总量将突破3亿,占比将超过20%,我国将进入中度老龄化社会,养老服务已经成为积极应对人口老龄化的重要内容,也是直接影响到我国社会政策的调整。2022年《政府工作报告》提出:"积极应对人口老龄化,优化城乡养老服务供给,推动老龄事业和产业高质量发展"。积极应对人口老龄化已上升为国家战略。

一、我国人口老龄化情况的发展

老龄化社会的到来是现代社会发展的必然趋势和必然结果,由于人口老龄化带来的各种社会问题也应值得政府予以高度关注。

(一)人口老龄化的概念

人口老龄化一般有如下两种含义:一是老年人口与以前相比相对增多,在总人口中所占比例呈现出一个不断上升的过程[2]。也就是说人口老龄化程度不仅取决于老年人口的绝对数量,更取决于老年人口总数与其他年龄段人口数的相对比值,即相对老龄化。二是社会人口结构呈现出老年状态,进入老龄化社会,就是老年人口比重不断提高的过程,即绝对老龄化。

---

[1] 邬仓萍,谢楠.关于中国人口老龄化的理论思考[J].北京社会科学,2011(1):4-8.
[2] 林善浪,王健.家庭生命周期对农村劳动力专一的影响分析[J].中国农村观察,2010(1):25-35.

（二）我国人口老龄化的发展阶段

国家老龄办发布的《中国老龄产业发展报告 2014》认为,从 2013 年到 21 世纪末,我国人口老龄化过程可分为四个阶段。第一阶段:从 2013 年到 2021 年为快速发展阶段,同时我国人口处于轻度老龄化阶段。在此阶段,我国老年人口迎来第一个增长高峰,由 2.02 亿人增长到 2.58 亿人。这一阶段增加的老年人口属于"50 后",他们的思想观念、收入水平、生活方式不同于"30 后""40 后"老年人,不仅消费能力强,而且只有少部分人赶上计划生育,大多数有 3 个及以上子女。这些子女是"50 后"老年人经济来源的主要补充,但这些子女目前是社会的中坚力量,不可能为其父母提供家庭养老服务。不过,他们是发展老龄金融的重要客户群体。这一阶段是我国老龄产业发展的黄金战略准备期。第二阶段:从 2022 年到 2030 年我国老年人口将迎来第二个增长高峰,也是 21 世纪老年人口增长规模最大的一次,由 2.58 亿人增长到 3.71 亿人。老龄化水平在 2024 年达到 20.3%,进入中度老龄化阶段。值得强调的是,到 2023 年前后,老龄人口将超过少儿人口,标志着我国从主要抚养儿童的时代迈入主要扶养老人的时代。这一阶段的老年人口主要是"60 后"。这批人经历了严格的计划生育,子女数量锐减,城市老年夫妇平均不到 1 个子女,农村老年夫妇平均也只有 2 个子女左右。这批人思想观念开放、生活方式现代化、经济实力也比较雄厚。第三阶段:从 2031 年到 2053 年为快速发展阶段,我国人口进入中度老龄化阶段。在此阶段,我国总人口进入负增长阶段,人口总量开始减少,老年人口增长态势放缓,由 3.71 亿人增长到 4.87 亿人。这一阶段增加的老年人口大多是"70 后",他们中很多人拥有巨大老龄金融资产,将是老龄产业的直接消费者和间接消费者。在此阶段,我国老龄产业发展进入成熟期。第四阶段:从 2053 年到 2100 年为高位发展阶段。在此阶段,我国人口持续处于中度老龄化阶段。老年人口增长期结束,由 4.87 亿人减少到 3.83 亿人,人口老龄化水平始终稳定在 1/3 上下,高位运行,形成一个稳态的重度老龄化平台期。

根据预测,"十四五"时期的我国人口老龄化压力比"十三五"时期进一步加大。1962—1976 年婴儿潮人口在未来 5～10 年进入老龄化。预计 2033 年左右进入占比超过 20% 的超级老龄化社会,之后持续快速升至 2060 年的 35%。

（三）我国人口老龄化的特征

1. 老年人口绝对规模大

我国是世界上唯一老年人口超过 2 亿的国家。2050 年左右，60 岁及以上老年人口预计达到峰值 4.87 亿人，占届时全国总人口的 34.8%、亚洲老年人口的 40%、全球老年人口的 25%。

2. 人口老龄化发展速度快

从少子化情况看，我国出生人口持续创历史新低。1949 年以来我国先后经历了三轮婴儿潮，原本应在 2010 年后出现的第四轮婴儿潮因长期计划生育而基本消失，2014 年单独一孩、2016 年全面二孩政策对生育影响有限，出生人口短暂反弹后持续下滑，2021 年降至 1 062 万，2022 年更是降至千万以内，持续创除 1959—1961 年三年严重困难时期外的历史新低。出生人口受育龄妇女、总和生育率影响。从育龄妇女看，我国 20～35 岁主力育龄妇女规模在 1997 年达 1.86 亿的峰值，预计 2030 年将较 2020 年减少约 25%。从总和生育率看，我国总和生育率从 1970 年之前的 5～6 以上快速降至 1990 年的 2 左右，再降至 2010 年的 1.5 左右，2014 年、2016 年有所反弹，但之后持续降至 2021 年的 1.15。在城市化推进、受教育程度提升、单身不婚等背景下，总和生育率趋势下行。预计 2025 年 60 岁及以上老年人口将突破 3 亿人，2033 年突破 4 亿人，2035 年前后进入重度老龄化阶段。根据全国第七次人口普查的梳理，发现全国除三沙市外的 336 个城市中（包括地级市、直辖市、计划单列市、省会城市、州、盟等），已经有 149 个城市进入了深度老龄化社会。这些城市中，东北地区有 36 个，占 24.2%；东部沿海有 41 个，占 27.5%；中西部地区有 72 个，占 48.3%。可以说，人口老龄化已经在全国范围内普遍出现。

3. 老年人口高龄化显著

从长寿趋势看，我国平均预期寿命约达 78 岁，未来还有较大提升空间。1950—2020 年，我国平均预期寿命从约 40 岁提升至约 78 岁，过去 20 年平均每十年提升 2～3 岁。2001 年我国 65 岁以上人口超过 7%，标志进入老龄化社会，用了 21 年的时间即 2021 年步入深度老龄化，65 岁及以上人口占比超过 14%，时间短于法国的 126 年、英国的 46 年、德国的 40 年。据预测，2050 年我国 80 岁及以上高龄老年人口将达到 1 亿人，是2010年的5倍,高龄比(高龄老年人口占老年人口总量的比重)达到22.3%,是2010年的2倍,相当于发达国家高龄老年人口的总和,占世界高龄老年人口总量的25%。

4. 人口老龄化发展不均衡

21世纪农村人口老龄化程度将始终高于城镇,农村60岁及以上、65岁及以上老年人口占农村总人口的比重分别为23.81%、17.72%,比城镇的比重分别高出7.99个百分点、6.61个百分点,这和城乡一体化建设进程加快及年轻人口流向大城市有关。区域常住人口老龄化呈现出东部放缓、中西部不断加快的态势,随着中西部青壮年人口向东部流动,这种态势还将进一步加剧。省份间的老龄化进程差异巨大,最早和最迟进入人口老龄化的上海和西藏之间相差40余年。第七次全国人口普查数据显示,有10个省(区、市)老年人口占比超过20%,辽宁最高,达到25.72%;有7个省(区、市)老年人口占比不到15%,西藏最低,为8.52%。

5. 高龄化、空巢化问题日益突出

2020年我国80岁及以上人口3 660万人,预计2050年将增至1.59亿人,高龄老人可能面临更为严峻的健康问题,空巢老人和独居老人的增长将弱化家庭养老的功能。根据《第四次中国城乡老年人生活状况抽样调查成果》,2020年我国失能老年人达到4 200万人,空巢和独居老年人已达到1.18亿人。这将严重弱化家庭养老的功能,祖辈和子代两地分居,子代对祖辈的照顾多来自经济支持,而生活照护、情感支持等家庭养老保障减少。

6. 家庭小型化,老年抚养比大幅上升,养老负担加重

2020年老年抚养比19.7%,预计2050年突破50%,意味着每两个年轻人需要抚养一位老人。扶养老人和养育小孩成本高昂,年轻人两头承压。在城市化进程中,职业流动性增加,家庭成员之间的空间距离扩大。年轻人更容易脱离父母独立生活,一人家庭、"空巢"家庭、"纯老户"的数量和比例会增加,大量农村剩余劳动力进入城市,形成"流动家庭"和"留守家庭",客观上增加了家庭数量,缩小了平均家庭规模,经济发展和住房制度改革使人们有可能拥有多套住房,实现代际分离,同期计划生育政

策降低了生育率,每个家庭的子女数量减少,也加速了家庭规模的缩小。根据第七次人口普查数据显示,每户平均人口2.62人,比2010年的3.10人少0.48人,这意味着家庭照护养老人力明显不足,子女赡养老年人的负担会持续加重。

7. 未富先老的情况突出

我国在2001年进入老龄化社会时,人均GDP仅处于4 000美元的水平,2021年我国人均GDP为1.25万美元,接近高收入国家下限水平,但我国65周岁及以上老年人口占比13.5%,高于中高收入经济体10.8%的平均水平。反观发达经济体,大部分都是在物质财富积累到一定程度后,才开始进入人口老龄化阶段,瑞典、日本、英国、德国、法国等发达经济体在进入老龄化时,人均GDP在1万至3万美元。因此,在未富先老、未备先老的情况下,我国在养老服务供给上更需要有政府的支持和投入。

(四) 我国人口老龄化的应对策略

人口老龄化是我国的基本国情,有效应对我国人口老龄化,事关国家发展全局,事关亿万百姓福祉。人口老龄化是无法逆转的社会现实,无论从政府、社会还是家庭来说,都应积极应对,让老年人能够安享晚年。

1. 要推动养老服务多路径多方位协同发展

政府要强化"保基本兜底线"职能。着力满足所有老年人的基本养老需求,实施普惠性养老服务工程,为特殊困难的老年人群建立兜底保障网络,同时逐步扩大面向普通老年人的服务供给,精准对接广大中低收入老年人群体的养老需求。通过完善规划、土地、住房、财政、投融资、人才等方面支持政策,完善养老金制度,建立长期照护保险制度,统筹规划发展城市养老服务设施,大力发展居家养老服务网络,吸引社会力量参与养老服务供给,完善居家、机构和社区养老供给模式,推动医养康养结合,充分发挥市场力量满足个性化需要,推动老年产业高质量发展。此外,政府加快养老服务队伍专业化建设,完善为老服务人才的培养和就业体系,增加掌握专业服务技能人才的供给,保障养老服务水平。

2. 要推动养老服务福利化与市场化协调发展

随着社会经济发展水平的提高,政府在公共服务供给方面的能力不断加强,社会保障水平也随之提高。解决人口老龄化问题,要兼顾大多数老年人普惠养老和少数困境老年人基本养老要求,要发挥政府主导的作用,建立具有社会福利特点的养老服务体系,完善养老服务资金保障机制,加强养老机构建设,完善农村养老服务托底的措施,建设日间照料中心、托老所、老年活动站等互助性养老服务设施。组织开展邻里互助、志愿服务,解决周围老年人实际生活困难。同时培育养老服务市场,深化"放管服"改革,打造包容开放的发展环境,完善便利高效的监管服务,让市场主体蓬勃发展,打造一批创新力强、品质优良、标准规范的具有全国影响力的"为老服务优质品牌",从而在有调控的市场化环境中,使得优质资源能够通过科学化流程参与到老龄产业的供需中去,满足对老年人多元化、多样化、多层次的服务需求。

3. 健康医养康养全面融合和保障

伴随着人们物质生活的提高和生活质量的提升,老年人健康意识及相关服务需求不断凸显,老年人中患慢性病的比例远大于其他群体,慢性病预防及维护将成为贯穿老龄产业的主线,健康教育、健康饮食、健康起居、健康照护等诸多领域都将成为养老服务不可分割的重要内容。因此,要推动医疗卫生资源进入养老机构、社区和居民家庭。卫生管理部门要支持有条件的养老机构设置医疗机构。医疗机构应当为老年人就医提供优先优惠服务,同时健全医疗保险制度。对于养老机构内设的医疗机构,符合城镇职工(居民)基本医疗保险定点条件的,可申请纳入定点范围,入住的参保老年人按规定享受相应待遇。完善医保报销制度,切实解决老年人异地就医结算问题。鼓励老年人投保健康保险、长期护理保险、意外伤害保险等人身保险产品,鼓励和引导商业保险公司开展相关业务。

4. 繁荣养老服务消费市场

要积极发展养老服务业,以老年生活照料、老年产品用品、老年健康服务、老年体育健身、老年文化娱乐、老年金融服务、老年旅游等为主的养老服务业全面发展,引导养老服务企业和机构优先满足老年人基本服务需求,开发老年产品用品,培育养老产业集群。做好"银发经济"这篇大文章,发展老年人实物消费、服务消费、新型消费等养老产业,有效满足多层次多样化需求。

5. 储备养老服务资金

完善养老金制度，既要满足低收入者的基本保障，又要符合中高收入者差异化需求；既要满足当下养老金发放，又要谋求长远养老储备保值增值，需要合理界定政府、企业和个人的养老责任。做大做实基本养老保险个人账户，继续推动基本养老保险全国统筹和国有资本划转社保，有序推动国有资本划转社保基金，同时保持适度的替代率水平。推进渐进式延迟退休政策，增加家庭的养老资金储备，构建养老金与资本市场协同发展体系。

6. 提高老年人的生活适应

多措并举推动适老化改造，增强老年人社会和居家生活的安全性和便利性。将无障碍环境建设和适老化改造纳入城市更新、城镇老旧小区改造和农村危房改造等项目，让老年人参与社会活动更加安心方便。对特殊困难老人家庭予以政策补贴，支持购买适老化用品和家庭适老化改造，让老人居家养老更安全。发展"互联网＋养老"的智慧养老服务体系，突破时空条件的局限，将更多的服务输送到老年人家庭中，以老年人为中心研发智慧养老产品，紧紧围绕养老服务难点、痛点、堵点，以实现照护失能老年人为标准，以降低成本提高效益为目标，研发更多老年人"易上手""用得起"的智慧养老产品；利用数字化技术，将闲置的医疗及养老资源有机结合，实现资源的有效利用，实现医养结合，既解决了老年人的养老问题，又解决了老年人的医疗问题。

7. 营造良好的孝老社会氛围

政府要建立健全养老服务业政策法规体系，科学规范行业标准，完善监管机制，提高服务质量。全社会积极应对人口老龄化意识显著增强，支持和参与养老服务的氛围更加浓厚，养老志愿服务广泛开展，敬老、养老、助老的优良传统得到进一步弘扬。改善农村居住环境，不断完善老人出行设施，建设老年友好社区。

二、我国养老服务政策的发展

自 2000 年上海率先开展政府购买社会组织居家养老服务试点以来，各地掀起了政府购买居家养老服务的改革浪潮。2013 年《国务院关于加快发展养老服务业的若干意见》（国发〔2013〕35号）明确提出："建设以居家为基础、社区为依托、机构为补充的多层次养老服务体系"。2013年7月31日，时任国务院总理李克强主持召开国务院常务会议，要求推进政府向社会力量购买公共服务，制定政府购买公共服务指导性目录，明确政府购买服务的种类、性质和内容，要按照公开、公平、公正原则，严格程序，强化竞争，通过优胜劣汰来确定承接主体，并严禁转包。2015年，民政部联合发改委等9部门发布《关于鼓励民间资本参与养老服务业发展的实施意见》，提出："鼓励民间资本举办家政服务企业、居家养老服务专业机构或企业，上门为居家老年人提供助餐、助浴、助洁、助急、助医等定制服务；支持社区居家养老服务网点引入社会组织和家政、教育、物业服务等企业，兴办或运营形式多样的养老服务项目。"2016年7月《关于中央财政支持开展居家和社区养老服务改革试点工作的通知》（民函〔2016〕200号）中提出"中央财政决定选择一批条件合适的地区，进行居家和社区养老服务改革试点，通过财政资金的支持来促进完善养老服务体系。"

2022年4月18日，财政部发布了《关于做好2022年政府购买服务改革重点工作的通知》（财综〔2022〕51号），其中提出："推广政府购买基本养老服务。"在我国社会人口老龄化程度持续加深的情况下，完全依靠政府直接提供养老服务的模式显然不能适应广泛的具有个性化、专业化的服务需求，既缺少服务项目的保障，更缺少服务人员的支持。对此，不少地区已经采取政府购买服务的方式，将原来由政府直接提供的养老服务事项，按照一定的方式和程序，交由具备条件和法定资质的社会组织或市场机构（如家政服务公司、物业公司、社会化的居家养老机构等）来完成，政府部门根据社会组织或市场机构提供的养老服务的项目、数量和质量等，依据相关服务标准评估合格后支付给社会组织或市场机构服务费用，对于激活养老市场、创新社会治理和提升政府支出绩效起到了积极作用。例如，2005年开始，宁波市在海曙区率先试行政府购买居家养老服务并在全市推广，并将这一模式写入了2018年10月1日正式实施的《宁波市居家养老服务条例》。从探索到推广，政府购买养老服务受到了社会的肯定，相关配套制度也不断得到完善。居家养老服务社会化意味着通过市场机制可以为老年人居家养老提供更多个性化、专业化和特色化的服务,但是社会化并不意味着政府对于居家养老服务放弃了自己的责任要求。相反,社会生产的现代化和市场的竞争使绝大多数老年人沦为弱者,政府主导的机构养老解决社会"兜底"的养老问题,但是居家老年人仍然需要依靠政府来解决他们的一些实际需求,而居家养老的人群范围更为广泛。

面对《中共中央关于制定国民经济和社会发展第十四个五年规划和二〇三五年远景目标纲要》提出的"构建居家社区机构相协调、医养康养相结合的养老服务体系"的要求,政府购买养老服务仍需要在项目供给体系、多元主体供给格局、服务提升机制以及服务保障体系等方面进一步优化,完善政策保障体系,提高政策推动效果,加强供给能力。

三、我国养老服务政策的主要内容

随着我国社会保障制度的逐步健全,养老服务政策的内容也越来越丰富,涉及的范围越来越广,覆盖了从城市退休人员到农村的贫困老人和"五保户"等不同层次的老年人;从物质生活到精神生活,在提供老年人的基本保障方面取得了巨大的进步;同时也开始注意到老年人的维权服务、精神慰藉等方面。养老服务政策基本包括了以下内容:

(一)老年人经济供养

即有关由谁和如何为老年人提供维持其基本生活费用的政策,主要用来解决老年人基本生活保障的问题,使老年人能够安度晚年。

(二)老年人医疗保健服务

即有关由谁和如何为老年人提供医疗保健服务,以及由谁承担和如何承担老年人的医疗保健服务费用的政策,主要用来解决老年人的医疗保健问题。

(三)老年人日常照顾服务

即有关由谁和如何为老年人提供日常的照顾服务,以及由谁承担日常照顾服务费用的政策,使老年人"老有所养"。

(四)丰富老年人精神文化生活

即有关为老年人提供宽松、关爱的社会环境、充足的活动场所和活动设施,以及开展丰富多彩的文化活动的政策,是老年人"老有所乐、老有所学、老有所教、老有所为"的支持和保障。

（五）老年人权益保护

即有关宣传、贯彻、执行涉及老年人权益保护的各种法律、法规,以切实保障老年人权益的各项政策,确保老年人的合法权益不受侵犯。

（六）养老设施建设和市场发展

即有关养老服务设施建设、养老机构建设、吸引社会力量进入养老服务市场等方面的政策,以培育养老服务市场,发展养老服务事业。

四、我国养老服务业政策存在的主要问题

（一）养老服务政策扶持力度有待加强

部分地方政府在落实国务院发展养老服务的政策措施时,虚的多,实的少,主要表现在土地供应、规划建设、税费减免等优惠政策在一些地方难以落实。特别是对民营资本投资养老服务业,遭遇不少体制性和政策性障碍,如税收优惠政策没有实施细则、操作性不强或门槛设置过高。民办养老福利机构和老年活动设施在用地、用电、用水、取暖等方面负担较重,新增床位补贴标准还不高。养老服务机构建设补助、养老服务机构营运补贴、居家养老服务补贴的金额与老龄事业发展的新要求相比,还存在着较大差距。社会资本发展养老服务还存在成本高、定价机制不健全等问题,在市场竞争中处于不利地位,致使社会资金进入养老领域的积极性不高。

（二）老年群体的养老需求旺盛与社会供给不足的矛盾比较突出

由于我国的养老服务设施、服务网络建设相对滞后,有许多养老服务项目无法实施,老年人买菜、购物、洗澡、看病有许多困难,不能满足老年人社会需求。同时,养老服务市场发展不平衡,公办养老机构一床难求和民办床位闲置现象并存。公办养老机构有国家投资,管理规范,老年人排队等床位,而民办养老院开办前期投入大、运行风险高,只能将成本转移到价格上。很多新建的民办养老院都在郊区,价格高、位置偏,路途遥远,老年人感觉孤独寂寞而不愿意住,子女们也不放心。

（三）养老服务体系建设结构不合理

养老服务产品档次低，养老产业发展滞后，居家养老服务缺乏资金、人员不足、场地不够、设施不齐全。存在养老设施不符合无障碍建设标准的情况，包括老年人家庭的适老化改造和老旧小区安装电梯，都应该尽快研究实施办法，社区老年人日间照护中心建设还存在较大差距。特别是医护结合、护养结合的康复护理机构短缺，养老服务管理还需进一步规范，尚未形成完善的行业标准体系和规范的监管机制。

（四）养老护理人员流动性大，缺少专业人才

如今一线养老护理岗位上工作的大多是女性，以农村年轻人和下岗人员居多，但是她们专业化程度不高，加上待遇偏低，很多优秀人才干一段时间就跳槽了。目前接受过专业培训的护理员人数不足，养老护理员缺乏专业的医疗护理知识，养老护理员持证上岗率低、流失大。社会养老服务专业人员短缺，由于照护人员紧缺，不能安排合理的人员轮流值班，养老机构维持运转困难。

第三节 政府购买居家养老服务的政策研究

随着我国人口老龄化程度持续加深，仅仅依靠政府直接解决养老问题显然不现实。政府购买居家养老服务可以通过整合社会资源优化养老服务供给，更好履行政府责任，让更多的老年人足不出户就可以享受到养老服务。这既能减轻政府负担，也能激活养老服务市场。据国家统计局数据，截至 2021 年末，全国 60 岁及以上人口为 26 736 万人，占总人口比重为 18.9%，其中，65 岁及以上人口为 20 056 万人，占总人口比重为 14.2%，与 2020 年相比，60 岁及以上和 65 岁及以上人口分别增加 329 万人和 992 万人。老年人口的持续增加，对居家养老服务高质量发展提出了新要求。当前，政府购买居家养老服务模式已经成为养老服务社会化发展的重要路径，既实现了家庭、社会、政府多方责任共担，又实现了为老年人办最实在的事、办最需要的事、办最有效的事。面对老年人的需求变化，政府购买居家养老服务政策要主动适应老年人的实际需求，

积极创新、有效拓展,为更多居家老年人提供更优质、更专业的服务,也为实现政府购买居家养老服务可持续发展注入新动能。

一、政府购买居家养老服务的政策重点

居家养老不等于家庭养老,但也具备家庭养老的特点,要在保持家庭养老在精神慰藉和亲情关爱等方面优势的基础上,根据家庭结构的变化,要打开"家"的"大门",不局限于狭义家庭,而是扩大到老人所处社区的广义家庭。居家养老中的"家"应具有开放形态,既包括物质条件、设施,也涵盖人文社会环境,在这样的综合环境中老人能得到更好的照顾。因此,居家养老是家庭养老与社会保障相结合的社会全方位养老,在政策制定过程中既要考虑到基本保障性的居家养老服务,也要考虑到具有一定个性化要求并符合市场特点的居家养老服务,以满足现代家庭养老需求。目前,我国已初步形成了居家养老为基础、社区养老为依托、机构养老为补充的养老服务体系。北京、上海、广州、深圳、杭州等经济发达地区,也开始了更多的"居家养老服务"的试验和探索。北京、浙江、江苏、宁夏、合肥、青岛、沈阳等省市制定了养老服务促进条例或居家养老服务条例等专项地方性法规,将政策上升到法律高度。

(一)推动构建居家养老服务多元供给

我国老龄化程度日益加深,要求我们必须探索符合我国国情的、积极的老龄化应对之路。居家养老是顺应我国国情的养老解决方案,既符合我国传统养老观念,又能满足大多数老年人在家养老的需求,但需要转变的一点是,不能把养老问题仅仅看作是老年人自己的问题,政府、社会、市场、家庭和个人应共同成为居家养老的主力军。除了发挥家庭养老的基础作用,在居家养老中政府、社区和机构应当更多作为,协助解决老年人基本的衣、食、住、行等问题,以及老人居住环境中的宜居设施改造、老年人的出行扶手、轮椅通道改建等。

(二)推动建设居家养老服务设施

居家养老尽管需要社会组织等来提供,但依然需要服务载体,政府也需要依托社区,加大对居家养老设施建设、功能设置、服务供给等方面的投入。政府不是仅仅把居家养老服务委托就好了,还需要承担居家养

老相关设施的建设,以保障服务质量,例如建设日间照料中心、老年食堂、老年文体娱乐中心、老年健康驿站等,采取的形式也是多样的,比如公建民营等。此外,对于家庭、公共场所的适老化改造也是值得政策关注的。地方各级人民政府和有关部门应当按照老年人口比例及分布情况,将居家养老服务设施建设纳入城乡规划和土地利用总体规划,统筹安排居家养老服务设施建设用地及所需物资。公益性居家养老服务设施用地,可以依法使用国有划拨土地或者农民集体所有的土地。养老服务设施用地,非经法定程序不得改变用途。

(三)切实保障老年人居家养老的权利

居家养老是老年人的基本权利。在居家养老模式推进的过程中,老年人的权益保护不容忽视。我国目前出台了《中华人民共和国老年人权益保障法》,各省市也有居家养老服务条例等法规出台,这对于居家养老模式的建立有极大推动作用,也在相当程度上维护了老年人的权益。

(四)做好居家养老服务质量控制

建立完善政府购买居家养老服务的招投标制度,完善工作流程,建立服务标准化体系和评价标准,建立服务保险制度和多元化的服务纠纷协调机制,构建居家养老服务质量评价制度,并和资金使用挂钩,提高资金使用率以及居家养老人满意率。

二、政府购买居家养老服务政策的利益相关者

政府购买居家养老服务是政府主动应对人口老龄化的重要政策之一,参与的主体包括了政府、从事居家养老服务的组织和接受居家养老服务的老年人。政府购买居家养老服务是在政府、社会组织和老年人这些利益相关者构成的网络中进行并扮演相关不同的角色,因此需要考虑各方的实际利益,政府的政策目标、行为策略和决策都受到多元主体互动活动的影响。

(一)政府购买居家养老服务政策利益相关者的角色分析

各主体在政府购买居家养老服务政策中的利益诉求、角色和作用等都不尽相同,政府已经改变原来的公共服务直接供给者的角色,而社会组织成为社会公共服务的直接供给者,由此也会产生不同的行动动机和

策略。相比而言,政府和社会力量在政策体系中居于积极主动的地位,而受助老年人在利益诉求上自主性较低,更多以接受为主,处于相对被动的地位。

1. 居家养老服务的购买者

政府公共服务的职能决定了其承担养老服务供给者的角色,当然也是政策的制定者。目前,购买居家养老服务的主体主要是各级政府的民政部门,负责购买居家养老服务的政策拟定、审批和监督等宏观工作,根据行政体制的纵向垂直特点和行政事务逐级向下落实的机制,街道办事处作为政府派出机构,承担了政府下移的各项具体事务,因此街道是政府购买居家养老服务具体政策执行者,并对政策的执行情况进行监督,一方面要对居家养老服务的供给者资质进行审核,评价服务效果,另一方面也要对服务对象资格进行审核。居家老年人在申请政府购买的居家养老服务的时候,一般首先需要社区申请,并报给街道审核,主要审核的内容包括了居家老年人经济收入水平、低保情况等,最后交由民政部门批准。

各社区居民委员会是一个社区居民的自治组织,但承担了一定的政府委托的工作,在居家养老服务中也发挥了很重要的作用,包括关心老年弱势群体,组织志愿服务人员为老年人提供服务,协助居家养老服务供给机构开展相关活动等。由于社区对本区域内老年人情况相对熟悉,在落实居家养老服务政策时需要社区的配合和支持,当然社区也会承担一部分养老服务直接供给工作,例如组织志愿组织开展为老服务。

2. 居家养老服务的直接供给者

居家养老服务的提供者具有多元化的特点,包括了公益性组织、民办非企业单位、社区卫生服务中心等等。政府购买的居家养老服务一般会有区域限制,由街道负责与居家养老服务承接主体签订协议,由承接主体直接负责居家养老服务的供给,通常会依托社区内的居家养老服务中心或者直接承担其运营任务,为行动不便、高龄、空巢等困难居家老年人提供上门助餐、生活用品代购、家政、水电维修、紧急救助等服务,根据实际情况,开展日托、临时托管等业务。主要的居家养老供给者有以下四类。

（1）养老机构。区域内的一些养老机构也会承接政府购买养老服务项目，发挥机构专业优势，安排服务人员到周边社区为居家老年人提供助餐、助浴、助行、助医等服务，同时兼顾居家老年人个性化、多样化的需求，提供康复保健、文化娱乐、老年教育、心理咨询等服务。例如家院互融模式，在这里"家"指的是"居家养老"，"院"指的是"院舍养老（机构养老）"，使居家养老、社区服务和机构养老融合为一体，让居家养老服务更专业、让服务效果更好，能让老年人融合入社会，既能解决政府"兜底"的居家老年人的养老问题，也能解决居家老年人高层次、个性化的养老服务需求。

（2）社区卫生服务中心。社区卫生服务中心也可以作为政府购买居家养老服务的承接主体，为本区域内的居家老年人提供家庭医生、家庭护理床位、健康讲座、义诊服务、康复保健和用药咨询等服务。

（3）民办非企业单位。民办非企业单位是利用非国有资产举办，源于社会，并且从事非营利性社会服务的组织，其组织目标需要提供有效的社会服务，运作、管理与公司类似，其内部治理结构包含了组织机构设置以及运行规范。随着服务型政府改革推进，越来越多的公共服务需要由民办非企业单位来承接，政府也会发布政府购买社会服务的项目范围。通过政府购买服务，民办非企业单位逐步成为有效配置社会资源的具体执行者，整合社会各类相关资源，以多元化的服务满足居家养老服务需求，也是当前养老服务领域最活跃的供给主体[1]。

（4）各类服务型企业。家政服务公司、物业公司等都可能成为政府购买居家养老服务的承接者。家政、物业等企业在居家养老服务供给上也具有一定的优势，例如居家老年人对于助餐、保洁、水电维修等方面的需求正好是家政服务公司的优势，而物业公司本身就是服务社区，对于社区内的居家老年人更容易熟悉和了解他们的需求。

3. 居家养老服务的接受者

居家老年人是居家养老服务的接受者，政府根据老年人的年龄、身体状况等情况给予居家老年人不同等级的服务补贴，包括了全额补贴、

---

[1] 王阳亮.责任与合作：政府购买养老服务研究[M].北京：中国社会科学出版社，2017：65-80.

部分补贴以及完全自费。对于享受政府居家养老服务补贴的居家老年人,一般都需要满足民政部门所限定的经济困难,并且在生活上自理能力受限等条件。居家老年人在接受居家养老服务上往往处于被动地位,尤其是对于不能自理的居家老年人,他们的服务供给项目多是由街道社区和服务供给者商定确定,很难直接参与到服务项目的开发之中。

4. 居家养老服务的其他参与者

主要包括直接面向居家老年人提供各类服务的工作人员。这类人员一般是由服务供给者直接安排,但也包括了政府直接派出的工作人员,如社区工作干部,他们也会直接参与居家养老服务工作。

(二)政府购买居家养老服务主体的利益诉求

政府、社会组织和企业都是政府购买居家养老服务政策的行动者,其中政府掌握着公共资金,并且有权力使用该资金,这就决定了政府占据了主导地位。现实表明,政府自行垄断公共服务供给已经难以满足社会民众日益增长的个性化、多样化和专业化的需求,从社会治理发展来看,需要更多的社会主体能够参与社会公共服务供给,政府将公共资金使用权限交给社会力量,让公共资金取之于民,也用之于民,这也让社会力量承担了一定的政府职能或是公权力,社会组织逐步由被管理过渡到主动治理,成为社会的治理主体[1]。在这样的治理体系下,政府是委托人、社会力量是代理人,双方通过合同约定来实现各自的利益诉求,而居家老年人由此满足自己的利益诉求。

1. 政府委托居家养老服务的利益诉求

在现代社会发展过程中,越来越多的民生需求需要政府来解决,服务型政府的打造需要加快推动政府转变职能,让更多的社会力量参与社会自治体系中,提高社会治理能力和水平。尤其在人口老龄化程度不断加剧的社会危机下,养老服务的压力迫使政府不得不投入更多的资源去解决养老服务问题。但是,限于政府部门编制和人员有限、财政资金有限,仅仅依靠公办养老机构来解决全社会的不断增长养老服务需求问

---

[1] 王名.社会组织与社会治理[M].北京:社会科学文献出版社,2014:322.

题,显然是不现实的,尤其是居家养老涉及的人群多,服务面广。政府通过购买居家养老服务,拿出一部分公共资金,让社会资源参与社会公共服务引入一部分社会资金,在总体上增加了居家养老服务资金投入,降低财政负担,同时社会组织或者企业在服务的专业性上有优势,用人机制相对灵活,可以让更多专业的人从事专业的事,保障了居家养老服务供给水平,增加服务供给的数量和质量,不仅让最需要政府承担"兜底"服务的老年人获得基本养老服务,也不断拓展受帮助的居家老年人的范围,实现为更多的老年人提供服务,而社会力量由于有政府资金和项目支持,有更多的机会进入社区家庭开展服务,满足社会民众的现实需求。

综上,政府通过委托居家养老服务解决了政府财政和服务人员不足的现状,是应对人口老龄化危机的积极应对,推动了政府职能转变,改善居家养老服务供给能力,提高了居家养老的人群覆盖面和服务质量,履行了政府职能创新和养老服务民生工程的绩效任务,同时也培育壮大了社会组织,增加了社会就业岗位,发展了居家养老服务市场,提高了社会力量参与社会治理的积极性和主动性。

2. 社会力量购买居家养老服务的利益诉求

社会组织和相关企业作为居家养老服务的购买方,代理政府承担了社会公共服务的职能。无论作为社会组织还是相关企业,都需要在保证基本运行的情况下,能获得尽可能多的收益。但是养老行业的微利性,也需要承担居家养老服务的社会组织或相关企业要具有一定的公益性。社会组织或相关企业通过购买政府居家养老服务,也可以获得相应的资金,满足从业人员的物质和金钱需要,取得经济收入,提高工作的荣誉感、幸福感。

因此,社会力量购买居家养老服务的利益诉求主要在于通过政府购买居家养老服务,与政府建立长期合作关系,争取项目和资金,降低运行成本,稳定并发展服务人员队伍,保证机构能正常运作。通过居家养老服务的供给获得市场实际份额,由此促进机构的发展。当然作为社会组织来说,志愿服务、关爱社会也是其本身的责任,也需要通过这个渠道让机构内具有专业性和社会责任感的人员从事具有公益性质的居家养老服务,依托政府项目扩大自身的知名度,形成良好的社会效应,也为社会力量获得政府、社会以及老年人的支持创造条件,同样也有利于解决社会就业问题。

3. 居家老年人享受居家养老服务的利益诉求

居家老年人作为居家养老服务的接受方,是政府购买居家养老服务的直接受益者,更是政策执行的目标对象,希望能获得更多服务利益。他们通过向社区、街道以及相关部门提出养老服务诉求,同时对居家养老服务的满意度提出意见和建议,推动政府购买居家养老服务在服务项目、服务标准以及服务设施建设等方面不断完善。

因此,从居家老年人的角度,他们的利益诉求是能通过政府购买服务,能获得更多无偿或是低价、多样化、个性化的养老服务,服务质量有保障、服务安全有保障、服务时间有保障,也希望社会力量参与,让社会形成爱老、孝老、敬老、为老的良好氛围,让更多的社会人士关心老年人。

(三) 政府购买居家养老服务政策主体的合作动机风险

基于各方的利益诉求,政府、社会组织和企业、居家老年人以政府购买居家养老服务政策为载体形成了利益共同体,形成有效的资源交换渠道。但是,在政策的过程中各方因追求利益的侧重点不同,合作动机难免有所偏差,也就可能在具体行动中存在风险。

1. 政府在资源流向和分配上的动机风险

政府购买居家养老服务,从本质上说既有政府资金的分配,也有服务市场的配置。社会组织和企业在通过政府招标程序获得向某一区域提供居家养老服务的资格,也就获得了相应的政府财政资金补贴,对于这一区域来说,居家养老服务市场也可能被机构占领。购买服务意味着政府需要让出部分资源分配的权力,政府资金使用的安全度要求、避免和减少市场干预的政府行为等因素会影响到政府在购买居家养老服务委托方的选择,例如更愿意将居家养老服务委托给予政府存在较为紧密关系的单位,例如公办养老机构。当然,也可能会出于信任或是确保项目能委托出去,更倾向于把项目委托给关系较好,或是合作紧密的机构,导致对竞标结果造成影响,由此产生政策执行上的风险。

2. 社会组织和企业获取项目上的动机风险

政府购买居家养老服务，需要通过招标程序向所有符合资质的社会组织和企业开放竞标，双方处于信息双盲的情况，政府对于居家养老服务市场的参与度不够，对于成本核算、运营风险估算难免不足，而社会组织和企业为了拿项目获取资金，对于自身实力会有所夸大并且隐瞒不利信息，这使得政府购买居家养老服务的质量和效果存在风险。

政府购买居家养老服务的要求主要和服务提供者的资质关联，政府希望通过资质要求确保养老服务质量，但是资质可能并不能代表社会组织或者企业的真实实力，也不能代表其为老年人服务的真实意愿，因此也就弱化了政府对于居家养老服务供给的监管，对社会组织和企业来说会存在回避政府规制和监管的动机，由此造成政府购买服务政策执行过程的风险。

3. 居家老年人获取服务资源的动机风险

居家老年人是政府购买居家养老服务的直接受益人，他们更希望获得物美价廉的服务，更多的服务能是无偿的，不需要自己付钱。如果政府购买服务政策的设计存在漏洞，就可能存在居家老年人和服务提供者变通的自利动机，出现资金变现、隐瞒服务、服务评价不当等风险。

三、我国政府购买居家养老服务的政策发展

政府购买养老服务就是要解决政府不能或者无能力直接提供给老年人的服务，其目的就是要盘活市场资源，引入更多具备养老服务能力的企业进入养老服务领域。但是，政府购买服务的公益性决定了购买服务绝对不是无上限的，资金投入也肯定是有限的。政府在养老服务中的责任重点就是要发挥政府承担"社会兜底"的功能，在鼓励有条件的地区务实拓展政府购买养老服务的领域和范围，优化养老服务供给的同时，也要重点优先保障经济困难的失能、高龄、无人照顾等老年人的服务需求，以及基层和农村养老服务，解决基本养老服务需求问题，这也体现了政府责任的"保障基本性"这一要求。自从十一届三中全会以后，我国全面实施改革开放，养老服务从政府全包逐步向市场化发展，政府也陆续配套了多项购买居家养老服务的政策文件。根据韩艳等学者的分类，从

政策文本发布的密集程度以及内容来看,可把我国政府购买居家养老服务划分为以下阶段[1]。

(一) 主动孕育阶段(1984—2000年)

1984年,民政部在全国民政社会福利工作会议上首次提出了社会福利社会化的构想[2]。1994年,《中国老龄工作七年发展纲要(1994—2000年)》提出要"增加老年福利设施,扩大老年社会化服务"以及"多渠道筹措老龄事业发展资金"。1996年8月29日,《中华人民共和国老年人权益保障法》正式开始实施,提出"鼓励和扶持有意愿的社会组织或个人参与到各类养老服务设施建设"。1998年开始,民政部在总结各地实践的基础上,在广州、上海、温州、苏州等13个城市开展社会福利社会化试点工作[3]。2000年,《关于加快实现社会福利社会化的意见》(国办发〔2000〕19号)提出"老年服务业的发展要走社会化、产业化的道路"。根据国家税务总局和财政部联合发布了《关于老年服务机构有关税收政策的通知》(财税〔2000〕97号),开始探索通过税收优惠手段鼓励社会力量参与养老服务,对社会力量创办的具有福利性质的养老服务机构(既包括养老院,也包括老年服务中心、托老所等)免征企业所得税及相关房产税、城镇土地使用税、车船使用税。

在这个阶段,我国发布的政策没有正式出现"政府购买居家养老服务"的字眼,但已经开始尝试推动社会力量进入养老服务领域,为开展养老服务市场化奠定了基础。

(二) 试点探索阶段(2000—2012年)

随着我国政府职能的转变,社会共建自治理念推动各地政府开展社会公共服务供给方式的创新探索。2000年,上海市率先开始进行了政府购买居家养老服务的实践。2006年,我国《民政事业发展第十一个五年

---

[1] 韩艳.政府购买居家养老服务政策的发展演进及其未来方向——基于改革开放40年中央政策文本的分析[J].学术探索,2019(6):61-68.

[2] 韩艳.中国养老服务政策的演进路径和发展方向——基于1949—2014年国家层面政策文本的研究[J].东南学术,2015(4):42-50.

[3] 民政部政策研究中心.社会福利社会化:迎接老年人社会福利需求变化的挑战[EB/OL]. http://zyzx.mca.gov.cn/article/zyzx/shfl/200801/20080100009639.shtml,2008-01-09.

规划》首次明确提出"政府购买养老服务",要继续完善相关政策,鼓励和吸引各类社会力量参与老年福利服务建设。2008年,全国老龄办发布了《关于全面推进居家养老服务工作的意见》(全国老龄办发〔2008〕4号),明确了居家养老服务在养老服务工作中的重要地位,指出"对居家养老服务中能够与政府剥离的服务职能都要尽可能交给社会组织、非营利机构、市场或企业去办",对养老服务供给的管办分离明确了要求。2011年,《关于印发社会养老服务体系建设规划(2011—2015年)的通知》(国办发〔2011〕60号)提出要建立"以居家养老服务为基础、社区养老服务为依托、机构养老服务为支撑的社会化养老服务体系",明确了居家养老在养老服务体系中的定位,并表示要采取公建民营、委托管理、购买服务等多种方式,支持社会组织参与到养老服务体系建设。2012年,民政部发布《关于鼓励和引导民间资本进入养老服务领域的实施意见》(民发〔2012〕129号),提出:"要采取政府补助、政府购买、协调指导、评估认证等方式,鼓励各类民间资本进入居家养老服务领域",采取免税、减税以及水电等优惠方式,鼓励社会力量举办老年人日间照料中心、托老所、老年之家、老年活动中心等养老服务设施,支持独资、合资、合作以及联营、参股等方式鼓励民间资本进入养老服务领域。

在这个阶段,主要是以各地政府在开展购买居家养老服务实践探索,政府相关政策也进一步加强对社会力量进入养老服务领域的支持力度。

(三)加快推进阶段(2013—2018年)

2013年,国务院先后发布《关于加快发展养老服务业的若干意见》(国发〔2013〕35号)和《国务院关于促进健康服务业发展的若干意见》(国发〔2013〕40号),提出:"发展居家养老便捷服务。地方政府要支持建立以企业和机构为主体、社区为纽带、满足老年人各种服务需求的居家养老服务网络。要通过制定扶持政策措施,积极培育居家养老服务企业和机构,上门为居家老年人提供助餐、助浴、助洁、助急、助医等定制服务;大力发展家政服务,为居家老年人提供规范化、个性化服务。要支持社区建立健全居家养老服务网点,引入社会组织和家政、物业等企业,兴办或运营老年供餐、社区日间照料、老年活动中心等形式多样的养老服务项目",也要推进"医养结合"和"发展社区健康养老服务"。《关于政府向社会力量购买服务的指导意见》(国办发〔2013〕96号)对政府购买公共服务的购买主体、承接主体、购买机制、资金管理和绩效考核作出了原则性的规定和指导。2014年,政府又先后发布了《关于做好政府购买养老服务工作的通知》(财社〔2014〕105号)等文件,明确规定了政府购买养老服务的购买主体、承接主体、购买内容,并对政府购买养老服务的资金保障、监管机制和绩效评价办法等提出了整体性的指导意见。国家发展改革委、民政部等部门又陆续发布了《关于鼓励民间资本参与养老服务业发展的实施意见》(民发〔2015〕33号)、《关于进一步做好养老服务业发展有关工作的通知》(发改办社会〔2015〕992号)和《关于中央财政支持开展居家和社区养老服务改革试点工作的通知》(民函〔2016〕200号),进一步落实购买服务的方式来提供居家和社区养老服务的政策支持,同时对政府购买居家养老服务的财政预算、绩效管理、质量评估等作出具体规定。2016年底开始,北京市丰台区等26个市(区)开展中央财政支持开展居家和社区养老服务改革试点工作,政府购买居家养老服务开始在全国范围内得以推行。2017年,政府又颁发《关于全面放开养老服务市场提升养老服务质量的若干意见》(国办发〔2016〕91号)和《"十三五"国家老龄事业发展和养老体系建设规划》(国发〔2017〕13号),提出:"要全面放开养老服务市场,鼓励各地向符合条件的各类养老机构购买服务,对在养老服务领域采取政府和社会资本合作(PPP)方式的项目,可以国有建设用地使用权作价出资或者入股建设"。各地政府也在积极探索配套居家养老服务政策,例如宁波截至2015年10月已经全面建立了政府购买居家养老服务制度,为全市约2万名困难老年人提供了政府补贴。2017年9月,宁波市人民政府发布的《关于宁波市居家和社区养老服务改革试点工作的实施意见》明确要求:"推进政府购买居家养老服务"。2018年,宁波市出台了地方条例——《宁波市居家养老服务条例》,要求:"落实政府购买服务政策,鼓励区县(市)通过公开招标等方式将居家养老服务设施委托给专业组织、机构运营管理"。

在该阶段,政府购买居家养老服务的政策与实践同步推进,政策以原则性的意见为主,同时也对政府购买居家养老服务逐步建立立法或者政策保障体系,但是对于相应的评估、监控体系的设计还在探索中。

（四）稳定提质阶段（2019 年—）

2019 年，国务院办公厅发布了《关于推进养老服务发展的意见》（国办发〔2019〕5 号）提出："健全市场机制，持续完善居家为基础、社区为依托、机构为补充、医养相结合的养老服务体系"，对于"境外资本在内地通过公建民营、政府购买服务、政府和社会资本合作等方式参与发展养老服务，同等享受境内资本待遇"。《中共中央关于制定国民经济和社会发展第十四个五年规划和二〇三五年远景目标纲要的建议》进一步提出构建"居家社区机构相协调、医养康养相结合"的养老服务体系。政府购买居家养老服务基本在一线城市实现了全面覆盖。

2022 年，社区居家养老服务体系建设以全国居家和社区基本养老服务提升行动为指引，大力推进家庭养老照护床位建设、"物业＋养老"服务试点、适老化改造、特殊困难老年人探访关爱服务四大工程建设。9 月，中央专项彩票公益金支持全国 12 个地区实施居家和社区基本养老服务提升行动项目，为经济困难的失能、部分失能老年人建设 10 万张家庭养老床位、提供 20 万人次居家养老上门服务。截至 2022 年底，全国 20 余个地区出台家庭养老床位建设专项政策，广州已建超 1.6 万张家庭养老床位。北京、青岛先后印发《关于支持开展"物业服务＋养老服务"试点工作的通知》《关于支持物业企业开展居家养老服务有关意见》，鼓励具备条件的物业服务企业先行先试，为高龄、独居等老年人提供家政、助医、维修、代买等居家养老服务。苏州市印发《关于深化社区治理赋能物业企业助力养老服务的行动计划》，率先在江苏省试点，并在 84 个小区探索"物业＋养老"新模式。老年助餐服务在多地大力推进，江西南昌等 5 地发布养老助餐地方标准，24 个城市发布了关于"老年助餐"的文件；省级层面，湖南省发布了全国第一部老年人助餐服务保障的地方性法规《湖南省社区居家养老助餐服务若干规定》。2022 年，多地将"特困老年人居家适老化改造"纳入民生工程，湖北省年度投入政府补贴资金 5 405.09 万元，完成特殊困难老年人居家适老化改造 1.75 万户，比年初计划数多 2 500 户；江苏完成 3 万户困难老人家庭适老化改造，苏州适老化改造补贴政策增加了对残疾老年人家庭的补贴支持。10 月，民政部、中央政法委等部门印发《关于开展特殊困难老年人探访关爱服务的指导意见》，明确提出到 2023 年年底，基本建立特殊困难老年人探访关爱服务机制。

同时，各地也陆续进行长期护理保险制度试点，早在 2016 年国家人力资源社会保障部办公厅就发布了《关于开展长期护理保险制度试点的指导意见》（人社厅发〔2016〕80 号），提出"探索建立长期护理保险制度"，在试点的基地上，2020 年后开始加快推进步伐。如 2022 年 8 月，宁波市出台《宁波市关于深化长期护理保险制度试点的指导意见》，全面构建起可复制、可迭代、可持续的长期护理保险制度体系；从参保对象、保障范围、缴费标准、服务方式和待遇标准等方面系统深化宁波版长护险制度，为重度失能人员长期护理提供了常态化保障。从 2023 年 1 月 1 日起，近 800 万宁波市医保参保人全部被纳入长期护理保险的保障范围。作为长护险首批试点城市，宁波在浙江省内率先实现了长护险的区域、人群全覆盖，城乡、身份无差别。长期护理保险制度对于政府购买居家养老服务形成了有力的支撑，此次政策扩面后，宁波市的职工和城乡居民医保参保人，只要经医疗机构或康复机构规范诊疗、失能状态持续 6 个月以上，或因年老失能，通过评估认定符合重度失能标准的，无论入住机构护理还是居家护理，都能享受长期护理保险待遇。其中，入住机构护理的失能人员，可按床日定额标准支付护理费用；居家护理的失能人员，可享受规定时长的上门护理服务，同时建立了从申请、服务、支付到监管的全流程闭环管理。一方面，通过定点机构向重度失能人员提供直接的护理服务，实现参保人员在哪里，服务供给到哪里；另一方面，通过有效管理监督推动培育养老护理产业规范、有序发展。长期护理保险制度试点工作取得阶段性成效，截至 2022 年 3 月底，长期护理保险制度已开展两批国家试点，覆盖 49 个城市、1.45 亿人，累计有 172 万人享受待遇，另有 15 个地区自行推动试点，减轻失能老年人家庭经济负担，促进长期照护养老服务体系持续健康发展。

在这个阶段，政府购买居家养老服务的内容和模式不断丰富，通过完善闭环管理服务供给能力不断提高，长期护理制度的加快推进，对于政府购买居家养老服务的资金保障、业务能力也提供了支持，相关的政策体系也不断完善，因此该制度进入一个稳定提质的阶段。

四、我国政府购买居家养老服务政策的发展特点

政府购买居家养老服务要尊重改革规律和客观实际，统筹群众需求

和财力许可,坚持尽力而为、量力而行,采取有力措施深入推进重点领域政府购买服务改革,不断提升公共服务质量和效率,持续增进民生福祉,切实支持市场主体培育发展,有效加强和创新社会治理。在计划经济时代,我国政府主要解决"三无""五保"老人的养老问题,进入社会主义市场经济时代,在社会福利社会办的观念下,开始向有需要的老年人拓展,养老服务市场得到有效培育,通过配套政策也逐步规范了政府购买居家养老服务行为,逐步提高了服务供给能力。从政策发展过程看,主要体现了以下特点:

(一)享受政府购买居家养老服务的覆盖群体逐步扩大:从兜底到普惠

政府购买养老服务开始解决"兜底"问题,主要为"三无"(无劳动能力,无生活来源,无赡养人和扶养人或者其赡养人和扶养人确无赡养和扶养能力)老人、低收入老人、经济困难的失能半失能老人购买机构供养、护理服务。根据2006年发布的《民政事业发展第十一个五年规划》的规定,接受政府购买养老服务的老年人仅限于"孤寡老年人"。随着社会经济的发展及老龄化程度的加速,各地政府投入养老服务领域的财政资金也明显增加,2011年,《关于印发社会养老服务体系建设规划(2011—2015年)的通知》(国办发〔2011〕60号)就提出:"社会养老服务体系建设应采取政府购买公共服务、补助贴息等多种模式,优先保障孤老优抚对象及低收入的高龄、独居、失能等困难老年人的服务需求";2016年发布的《关于中央财政支持开展居家和社区养老服务改革试点工作的通知》(民函〔2016〕200号)提出:"要通过政府扶持、社会力量运营、市场化运作,全面提升居家和社区养老综合服务能力,以满足绝大多数有需求的老年人在家或社区享受养老服务的愿望";2019年,《中共中央关于制定国民经济和社会发展第十四个五年规划和二〇三五年远景目标纲要的建议》中提到:"发展普惠型养老服务"。

由此可见,政府购买养老服务的覆盖人群从"孤寡老年人"扩大到"孤老优抚对象、低收入的高龄、独居、失能等困难老年人",到"绝大多数有需求的老年人",再到现在面向整个社会的"普惠型养老服务",一方面是基于我国在社会主义建设方面实现了巨大飞跃,政府财政为养老服务提供了有力保障,另一方面,在共同富裕的理念下,人民群众对于美好生活的需求倒逼政府提供的养老服务要具有更为广泛的覆盖面,在政府对"兜底"的养老服务基础上逐步向"普惠"发展,并不断扩大服务对象,拓展服务领域,逐步走专业化和市场化的发展道路,力求人人可及、人人享有。

(二)提供的政府购买居家养老服务项目不断丰富:从单一到多元

政府开始实施购买居家养老服务并没有对具体的服务项目作出规定,如 2006 年发布的《民政事业发展第十一个五年规划》只是提出:"要重点加强大中城市城区和县综合性社区福利服务设施建设,开展多种形式的居家养老服务";2011 年,《关于印发社会养老服务体系建设规划(2011—2015 年)的通知》(国办发〔2011〕60 号)提出:"可采取政府购买公共服务、补助贴息等多种模式",为不同身体健康状况的老年人提供不同的养老服务项目,把政府购买的居家养老服务项目扩大到"家庭服务、老年食堂、法律服务、家务劳动、家庭保健、辅具配置、送饭上门、无障碍改造、紧急呼叫和安全援助等";2014 年《关于做好政府购买养老服务工作的通知》(财社〔2014〕105 号)提出:"为符合政府资助条件的老年人购买助餐、助浴、助洁、助急、助医、护理等上门服务,各地要根据养老服务的项目范围,结合本地经济社会发展水平、财政承受能力和老年人基本服务需求,制定政府购买养老服务的指导性目录,明确服务种类、性质和内容,细化目录清单,并根据实际情况变化,及时进行动态调整";2015 年,《关于鼓励民间资本参与养老服务业发展的实施意见》进一步完善供给内容:"向特殊老年人群体提供助餐、托养、助浴、健康、休闲和上门照护等服务,并协助做好老年人信息登记、身体状况评估等工作",2022 年,财政部发布了《关于做好 2022 年政府购买服务改革重点工作的通知》(财综〔2022〕51 号),提出:"推广政府购买基本养老服务。积极应对人口老龄化,鼓励有条件的地区务实拓展政府购买养老服务的领域和范围,优化城乡养老服务供给,支持社会力量提供日间照料、助餐助洁、康复护理等服务"。各地也在积极探索政府购买养老服务内容,不断完善和优化养老服务项目,例如宁波市建立菜单式的服务项目,就先后开发了"365 必到"、老人日托、医疗保健、人文关怀、先锋 365 及应急救助等 11 大项 83 个小项服务[1]，收费标准低于市场价格并实现区域内统一。

（三）政府购买居家养老服务项目购买形式规范发展：以制度保障合法

政府购买居家养老服务究竟选择何种方式受经济发展水平、社会组织发展状况以及购买动机等多种因素影响，主要划分为竞争性模式和非竞争性模式两大类。2013 年国务院办公厅发布了《关于政府向社会力量购买服务的指导意见》（国办发〔2013〕96 号），提出："要更多采用公开招标、邀请招标、竞争性谈判、单一来源、询价等方式来确定政府购买服务的承接主体"。2014 年，财政部、民政部和工商总局又发布了《政府购买公共服务管理办法（暂行）》（财综〔2014〕96 号）提出："购买主体应当根据购买内容的供求特点、市场发育程度等因素，按照方式灵活、程序简便、公开透明、竞争有序、结果评价的原则组织实施政府购买公共服务"，"购买主体应当按照政府采购法的有关规定，采用公开招标、邀请招标、竞争性谈判、单一来源采购等方式确定承接主体"。2022 年，财政部发布了《关于做好 2022 年政府购买服务改革重点工作的通知》（财综〔2022〕51 号），提出："要严格按照政府购买服务制度有关规定开展购买工作，加强政府购买服务全过程管理，着力提升政府购买服务管理的规范化、精细化、信息化水平。"在规范调整指导性目录设置的同时，也特别提到"政府购买服务合同应严格遵循《中华人民共和国民法典》《中华人民共和国政府采购法》及其实施条例和《政府购买服务管理办法》等法律法规相关规定，完备合同要件，明确对购买主体和承接主体相关责任、监督管理要求，防范合同履行中的各种风险。不得超出法定期限签订政府购买服务合同。购买主体要加强政府购买服务合同履约管理，及时跟踪购买服务合同履约情况，确保严格按合同约定执行，切实改变一些地方和部门存在的'重购买、轻管理'现象。"

（四）政府购买居家养老服务消费方式探索改革：多样并存

2022 年，财政部发布了《关于做好 2022 年政府购买服务改革重点工作的通知》（财综〔2022〕51 号），提出："积极探索推进政府购买服务改革，

---

[1] 江东区发改局课题组.江东区社会养老服务体系研究[J].经济丛刊,2012(5)：33-35.

通过发放助学券、购买学位（服务）等创新方式。"政府在购买居家养老服务方面主要采取的方式有消费券、计时等方式。如2022年，为有效应对人口老龄化，推动养老服务高质量发展，激发老年人养老服务消费需求，济南市民政局出台了《济南市养老服务消费券发放活动实施方案》，面向全市户籍60周岁及以上老年人发放养老服务消费券，用于入住养老机构和设置家庭养老床位时使用，老年人按照能力评估等级分类领取。能力评估等级为3级及以上的老年人入住养老机构或设置家庭养老床位，可领取面额为400元的消费券。能力评估等级为3级以下的老年人新入住养老机构，可领取面额为200元的消费券。宁波市则采取了计时的方式，根据《宁波市居家养老服务条例》的规定：本市户籍并居住在本市的居家老年人，为享受国家定期抚恤补助优抚对象、获得县级以上见义勇为荣誉称号以及计划生育特殊家庭、最低生活保障家庭、最低生活保障边缘家庭中的重度失能失智、中度失能失智的老年人提供免费居家养老服务，其中重度失能失智老年人每人每月不少于45小时，中度失能失智老年人每人每月不少于30小时，具体享受服务时将政府提供的养老服务补助折算成工时，居家老年人可根据自己的需求进行点单。

（五）政府购买居家养老服务绩效日益重视：服务质量与考核评价挂钩

通过绩效评价，对政府购买居家养老服务实际效果进行评价，有助于监督第三方社会服务机构的服务质量，提高政府财政资金的使用效率。2013年发布的《关于政府向社会力量购买服务的指导意见》（国办发〔2013〕96号）就提出："加强政府向社会力量购买服务的绩效管理，严格绩效评价机制，建立健全由购买主体、服务对象及第三方组成的综合性评审机制，对购买服务项目数量、质量和资金使用绩效等进行考核评价，且评价结果向社会公布，并作为以后年度编制预算和选择承接主体的重要参考依据。"2016年《关于中央财政支持开展居家和社区养老服务改革试点工作的通知》（民函〔2016〕200号）进一步对绩效考核做了规定，提出要对七个重点支持领域进行绩效目标考核评估工作，并建立起一定的奖罚措施，根据评估结果好坏来决定是否满额拨付剩余的结算资金：对于评估结果特别好的地区给予资金奖励并增加未来年度该地区的试点地区数量，而对于评估结果较差、不合格的地区则减扣部分或全部补助资金,并取消当年甚至未来的试点资格。2022年,财政部发布了《关于做好2022年政府购买服务改革重点工作的通知》(财综〔2022〕51号),提出:"健全政府购买服务绩效管理链条,实施全过程绩效管理。新增重大政府购买服务项目要做好事前评估。加强需求管理,在充分开展需求调查的基础上合理确定购买服务需求,明确相关的服务内容、服务标准和技术保障,强化对购买服务需求和采购实施计划的完整性、合规性、合理性审查和风险管理。加强政府购买服务项目事中监控,强化绩效评价结果应用,处理好项目绩效评价与履约验收的关系。合理运用第三方绩效评价,不得借第三方绩效评价推卸应当直接由政府履行的职责。"对此,各地也积极探索多种绩效评价的方式,建立绩效评价体系,多采取过程和结果评价相结合,定量和定性相结合的原则,注重服务对象的满意度。

五、政府购买居家养老服务的行动政策分析

政府在居家养老服务中的责任除了直接提供服务之外,更多需要政府在制定相关政策、法律法规、规章以及标准等规范性文件上予以支持和引导。由政府自行承担的居家养老服务,离不开政府的保障;由社会力量承担的居家养老服务,更需要政府的保障,诸如鼓励社会资本进入居家养老服务领域、保障居家养老服务的质量等更是重点所在。政府主要采取以下行动政策来推动居家养老服务高质量发展。

(一)政府在居家养老服务项目规范性方面提供政策支持

政府主要通过相关标准的制定发布实现,主要包括《居家养老服务机构标准》《居家养老服务行为标准》和《居家养老服务人员标准》等。《居家养老服务机构标准》主要针对社区养老日托服务机构以及承接居家养老服务的社会组织和市场机构等的资质问题如服务场地、环境卫生、经营规模等,确保提供服务的机构有保障;《居家养老服务行为标准》主要针对服务形式、服务内容和服务流程的标准问题,确保居家养老服务的行为有保障;《居家养老服务人员标准》主要针对提供服务的人员资质问题,确保居家养老服务的人员有保障。政府部门通过设定门槛,可以推动完善居家养老服务的标准化、规范化建设,在此基础上建立服务监管的长效机制,保证居家养老服务的质量水平。

（二）政府在居家养老服务项目公平性方面提供政策支持

政府对于社会的责任要体现在向社会公众所提供的服务具有可及性，特别针对困难人群要体现服务的公平性。因此，对于居家养老服务公平性方面，政府有责任建立基本居家养老服务保障体系、长期护理的保险制度、居家养老服务困难人群的补贴制度以及居家养老保障金等，通过建立基本养老服务项目包，明确政府提供的居家养老服务项目和基本的养老资金，从人、财、物等方面满足居家老人基本的居家养老需求，而对于困难居家老人通过补贴扶助等方式让他们有人养、有人管、有人照料。

（三）政府在居家养老服务社会支持性方面提供政策保障

居家养老服务是一个全社会体系，需要家庭、社区、企事业单位、市场机构、政府部门以及各类人士等社会力量的共同支持，政府要支持建立以企业和机构为主体、社区为纽带、满足老年人各种服务需求的居家养老服务网络。政府可通过制定政策建立居家养老志愿服务体系，鼓励公益慈善组织支持居家养老服务，明确志愿服务在居家养老服务中的领域范围以及组织架构，为提供志愿服务的社会人士提供诸如志愿服务意外保险等的服务保障；政府可制定政策建立社会力量参与居家养老服务的工作协调和支持机制，支持社区建立健全居家养老服务网点。一方面通过政策杠杆鼓励社会资本进入居家养老服务市场，在税收、经营补贴等方面予以扶持培育居家养老服务机构，引入社会组织和家政、物业等企业，兴办或运营老年供餐、社区日间照料、老年活动中心等形式多样的养老服务项目，支持发展居家养老服务信息网络，同时完善政府向社会组织和市场机构购买居家养老服务制度，丰富居家养老服务的项目，提高居家养老服务的质量；另一方面在医养结合方面可以通过协调卫生健康、民政、医保等多部门的关系，在家庭、养老机构和医疗机构之间打通转诊、流动的壁垒，让居家养老的人群可以老有所养、老有所医；此外，政府要通过政策支持居家老龄产品的开发推广和老小区的改造，这对于空巢家庭显得更为重要，通过居家老龄产品在家庭中的应用，改善或改造家庭的设备设施，帮助不能自理或者不能完全自理的老人可以自理，帮助自理的老人提高自理能力，或者为老小区安装电梯方便居家老人上下楼,这些都有助于支持居家老人能获得更为优质、方便、高效的居家养老服务。

(四) 政府在居家养老服务成效监管方面提供政策支持

打造服务型政府,让更多的居家养老服务主体进入市场,可以在保障居家养老基本服务的基础上,提供更多多样化、专业化和个性化的居家养老服务,但是不管是政府直接提供,还是市场提供,都不能脱离政府的监管。因此,对于政府承担的居家养老基本服务,政府部门可以制定实施标准和考核体系予以监督,对于市场承担的居家养老服务,政府部门以通过政策合理配置引导市场资源,建立市场运营监管机制保障服务质量。此外,政府还应该建立居家养老服务纠纷处理机制、居家服务人员信用查询和规范上岗制度等,通过保障居家老人的合法权益,提高居家养老服务的满意度。

(五) 政府在居家养老服务人才培养方面提供政策支持

目前,我国居家养老照护人员多以四五十岁的农村进城务工妇女为主,她们普遍文化水平低、缺乏专业服务技能,存在无上岗职业资格证、培训经历少等问题,这些已严重影响到了居家服务质量。优秀的居家养老服务队伍是高水准的居家养老服务的保障,但是职业认可度低、职业待遇不高、工作条件和环境欠佳都直接影响到人才的求职意愿,虽然养老服务人才缺口大,但专业的人不愿意来,来的人岗位流失率也较高。政府应该通过制定政策协调人社、民政、教育、职业院校、行业等相关机构的关系,建立居家养老服务专业人才培养体系,对于进入居家养老服务一线的毕业学生给予一定的入职补贴,建立养老服务人才职称评聘制度,打通与其他相关行业的职称互认通道,吸引更多具有专业技能的毕业生进入居家养老服务领域。

六、养老服务新体系对政府购买居家养老服务政策的影响

从"居家为基础、社区为依托、机构为支撑"到"居家为基础、社区为依托、机构为补充、医养相结合"再到"居家社区机构相协调、医养康养相结合",养老服务体系根据老年人群需求的变化不断进行调整,从供给内容体现了生活照护到健康促进、康复保健、健康照护的拓展,从服务场所也

体现了居家社区机构一体化的服务贯通。因此,政府购买的居家养老服务不能是孤立的,无论在服务内容、服务人员还是服务流程上都应该适应现阶段老年人的实际需求,不能仅仅局限于居家老年人的生活照料,也不能让居家养老与机构养老、社区养老完全脱节。

(一)要强化医养结合型养老机构的支撑作用

在新的养老服务体系中,医养结合型养老机构的支撑作用不仅要体现在医疗服务能力的配置,还应根据自身优势拓展和延伸其服务功能,在政府购买居家养老服务工作中发挥更大的作用。一方面,医养结合型养老机构可以直接作为服务主体参与政府购买居家养老服务,向居家养老延伸辐射,为居家老人提供更具专业化的养老服务,形成诸如"家院互融"的一体化服务网络,提供助餐、助浴、助洁等形式多样的基本服务,以及康复、精神慰藉、临终关怀、家庭照护床位等专业化服务。另一方面,医养结合型养老机构可以与承担政府购买居家养老服务的企业、社会组织开展合作,逐步实现居家养老服务从"保基本、广覆盖"向"高标准、多元化"的发展,满足老年人个性化多层次需求,特别是健康照护方面的养老需求,为居家养老提供更多优质的服务项目。

(二)要发挥医疗机构的补充作用

在新的养老服务体系中强调了"医养康养相结合",这不仅是落实健康中国战略的具体举措,更体现了健康服务和养老服务深度结合,也是养老服务从生活服务领域向健康服务领域的全面拓展,医养康养服务内容将成为养老服务体系的重要支撑。政府购买居家养老服务的对象主要是居家老年人,由于老年人的生理机能处于下降期,慢性病、常见病多发,康养服务已成为老年人的迫切需求。构建新的养老服务体系,要求承接政府购买居家养老服务的企业和社会组织,与当地基层医疗卫生服务中心或区域内的综合医院建立合作关系,引导医疗资源进入家庭,为其提供家庭医生、家庭护理病床,以及就医咨询、疾病防治、康复保健、健康档案管理、健康教育等服务,进一步提高居家养老服务的质量。

(三)要增强居家养老和社区养老、机构养老的互通性

从目前的服务模式来看,居家养老、社区养老、机构养老是当前最为主要的养老服务模式,上海、成都等地也陆续提出了打造"9073""9064"等

养老服务格局,但是数字的规划不代表实际需求的孤立,"居家社区机构相协调"体现了老年人在服务场地方面的动态变化,例如自理老人可以居家养老,同时也可以接受社区养老服务,当出现生病甚至失能失智情况时可以进入机构,病情恢复可以再回到社区和家庭。因此,构建新的养老服务体系,要求政府购买的居家养老服务应兼顾到与机构养老服务、社区养老服务的衔接,在居家养老服务体系中要增加与社区、机构的联系,帮助老年人在不同情况下选择合适的养老方案。

(四)要强调家庭功能和社会参与的兼顾性

居家养老的最大优势是老年人不离开原来的生活环境,更能适应老年人的心理状况。政府购买居家养老服务不仅要帮助老年人把居家生活处理好,还需要帮助老年人走出家庭,积极参加社区的各种活动,这也是积极老龄化的要求。构建新的养老服务体系,要求承接政府购买居家养老服务的企业和社会组织帮助巩固居家养老的基础性地位,弥补家庭养老功能的不足,更要营造爱老、敬老的社会氛围,吸纳更多的社会资源参与到养老服务中来,组织更多的康乐活动,为老年人社会参与提供机会和条件,为居家老年人保持良好的精神状态、促进身心健康提供支持。

(五)要重视康养人才的引进和培训

居家养老服务的品质保障在于人才。长期以来,承接政府购买居家养老服务的主体大多是物业、家政等类型的企业,主要提供家庭保洁、助餐送餐、水电维修等此类基础性的家庭服务,由于缺少康养方面的专业人才,在提供健康照护、康复保健等服务方面力所不及,影响到康养服务项目的拓展,相关服务大多依赖于具备医疗服务能力的医疗机构,而且也缺乏对康养服务项目的监管。构建新的养老服务体系,要求承接居家养老服务的企业和社会组织改善人力资源配置,招聘专业化的康养服务专业人才,对现有的服务人员开展康养技术培训,通过与职业院校合作,深化产教融合,打造养老服务人才培养培训基地,研制标准化的康养服务规范,完善内部管理机制,为拓展康养服务项目提供智力支撑和人力支持。

第四节　居家老年人的权益保护

老年人是指 60 周岁以上的公民,随着经济社会发展,人的预期寿命不断提高,人口老龄化因此成为一个世界性的发展趋势。《中华人民共和国民法典》(以下简称《民法典》)规定了居家老年人的民事权利能力、民事行为能力和民事责任能力等。《中华人民共和国老年人权益保障法》则对老年人的赡养与抚养、社会保障、参与社会发展等以及侵害老年人权益的法律责任等,都作出了明确的规定,要求国家和社会应当采取措施,健全保障老年人权益的各项制度,逐步改善保障老年人生活、健康、安全以及参与社会发展的条件,实现老有所养、老有所医、老有所为、老有所学、老有所乐。

一、居家老年人的民事行为能力

老年人作为自然人,其民事行为能力的法律要求应符合《中华人民共和国民法典》的规定。老年人是否具有民事行为能力决定老年人是否能适当开展相应的民事活动。

二、老年人民事行为

老年人民事行为是指以老年人的意思表示为要素,以设立、变更、终止民事权利义务关系为目的的行为。有效的老年人民事法律行为应当具备下列条件:第一,行为人具有相应的民事行为能力;第二,意思表示真实;第三,不违反法律或者社会公共利益。

无效的老年人民事行为是指因欠缺民事行为的生效要件,自始、当然、确定不发生法律效力的民事行为。无效的原因主要有行为人不具有行为能力实施的民事行为;意思表示不自由且损害国家利益的民事行为;内容违法的民事行为。

可撤销的老年人民事行为是指虽然已经成立并生效,但因为意思表示不真实,可以因行为人撤销权的行使,使其自始不发生效力的民事行为。可撤销的民事行为在成立之初产生法律效力,只有在当事人行使撤销权并经过法定撤销程序被撤销后,其效力溯及该民事行为成立时无效。如果享有撤销权的人在法定期间内没有行使撤销权,该民事行为继续有效。可撤销的民事行为主要原因有存在重大误解的民事行为;显失公平的民事行为;受欺诈、胁迫和乘人之危而为的民事行为。

效力待定的老年人民事行为是指已经成立但效力处于不确定状态的民事行为。其效力的最后确定,取决于享有形成权的第三人如何行使其权利。如果确定有效,其效力溯及行为成立之时;确定无效的,自行为开始时即不生效。这一点区别于可撤销民事行为,因为可撤销民事行为在撤销前是有效的,而不是处于效力的或然状态效力待定的民事行为的主要原因是限制民事行为能力人实施的依法不能独立实施的多方民事行为、无权处分行为、无权代理行为等。

三、老年人的民事行为能力

老年人的民事行为能力,简单地说,是指老年人可以独立进行民事活动的能力或资格。民事行为能力的含义简称"行为能力",是指能够以自己的行为依法行使权利和承担义务,从而使法律关系发生、变更或消灭的资格。老年人民事行为能力为老年人享有民事权利、承担民事义务提供了现实性。根据公民不同年龄智力发育的不同状况或者公民的精神健康状况,将公民的民事行为能力分为完全民事行为能力、限制民事行为能力和无民事行为能力三种,老年人的民事行为能力也可以据此分类:

完全民事行为能力即老年人能够通过自己的独立的行为进行民事活动的能力。一般来说,公民达到一定的年龄后,完全能独立地进行各种民事活动,并对自己的行为后果有完全的辨别能力。老年人在年龄上已经完全达到完全民事行为能力要求。

限制民事行为能力又称不完全民事行为能力,指老年人在一定的范围内享有民事行为能力,超出该范围就不具备相应的民事行为能力。享有限制民事行为能力的老年人,一般是不能完全辨认自己行为的精神病人,这类精神病人对自己的行为后果有一定的辨别能力,但其辨别能力有限,不能完全辨认自己行为的精神病人应依法由人民法院认定其为限制民事行为能力人。限制民事行为能力人依法只能享有一些而不是全部的民事行为能力,即他们只能进行与其智力、精神健康状况相适应的民事活动。如何判断是否相适应,应当根据具体情况作具体分析,但以社会生活的一般标准来衡量它的范围只限于为满足日常生活需要的简单的民事法律行为,不包括重大的民事法律行为。所谓与精神健康状况相适应,因精神病人的情况较为复杂,必须对行为人和他所实施的行为做具体的分析才能认定。如偏执型精神病人仅对某一事物产生幻觉,对其他事物仍有识别和正常处理的能力;智力发育不健全,但尚可辨别一般事物的痴呆病人,也属于限制民事待定能力人,能够进行适合其智能状况的简单的民事法律行为,对不能完全辨认自己行为的精神病人进行的民事活动,是否与其精神健康状态相适应,也可以从其行为与本人生活相关联的程度,本人精神状态能否理解其行为,并预见相应的行为后果以及行为标的数额等方面的情况,综合起来予以认定。限制民事行为能力的老年人除可以进行日常生活需要的简单的民事法律行为外,还可以进行接受奖励、赠与、报酬等对本人有利的不损害他人权益的行为,他人不得以老年人只具有限制民事行为能力为由,主张上述行为无效,但与限制民事行为能力人的年龄、智力或精神健康状况不相适应的其他民事活动,必须通过他们的法定代理人代为进行,或征得法定代理人的同意,否则他们的行为属无效行为。

无民事行为能力即指不具有以自己的行为进行民事活动的能力。就老年人而言,无民事行为能力人主要是指完全不能辨认自己行为的痴呆老人,老年性严重精神衰弱的人是否也属于无民事行为能力人,不能一概而论,对老年性严重精神衰弱者进行民事行为的认定,必须十分慎重,要具体情况具体分析。

实践中,对精神病老年人的行为能力的认定,区分是无行为能力人还是限制民事行为能力人的关键在于如何确定该精神病人对自己行为的辨认程度,是"完全不能辨认"还是"不能完全辨认"。根据相关的司法解释,精神病人包括痴呆老人,如果没有判断能力和自我保护能力,不知其行为后果的,可以认定为是完全不能辨认自己行为的人,即无行为能力人。如果是对比较复杂的事物或者比较重大的行为缺乏判断能力和自我保护能力,并且不能预见其行为后果的老年人,则可以认定为是不能完全辨认自己行为的人,即限制行为能力人,这个解释为司法实践中衡量精神病老年人的辨认程度提供了标尺和依据。

四、老年人的民事权利能力

老年人的民事权利能力是指老年人依法取得享有民事权利、承担民事义务的资格。老年人作为自然人,其民事权利能力的法律要求应符合《中华人民共和国民法典》的规定。老年人是否具有民事权利能力决定老年人在民事活动中是否具有民事主体的资格。老年人的民事权利能力终于死亡,此时民事主体资格消灭。老年人死亡分为生理死亡与宣告死亡。

生理死亡是医学概念,指机体各器官生理功能逐渐减退直至衰竭,尤其全脑、心或肺功能因老化而发生的自然衰竭,致不能维持生活功能而死,又称老死或衰老死。根据长寿者自然寿命与成长期的时间比值(1∶5～1∶7)推测,人的最高自然寿命可达120～160年。但实际上生理性死亡是极少见的,绝大多数人均未达到上述年龄,最终还是因为这样或那样的疾病而死亡,属于病理性死亡。近年来,随着医学科学的发展,临终关怀周详,临床诊治和抢救复苏水平提高以及器官移植和人工器官的使用,尤其生产发展、生活改善、人的精神焕发和体质增强,人的寿命延长已是必然。宣告死亡是法律概念,是指自然人离开住所,下落不明达到法定期限,经利害关系人申请,由人民法院宣告其死亡的法律制度。与宣告失踪制度的设计目的相比,宣告死亡主要解决失踪人的整个民事法律关系的状态问题,而宣告失踪则主要解决失踪人的财产管理问题。故宣告死亡重在保护被宣告死亡人的利害关系人的利益,而宣告失踪则重在保护失踪人的利益。

老年人民事权利能力主要分为人身权、物权和债权等。

(一) 人身权

人身权指与民事主体的人身不可分离而无直接财产内容的民事权利,可以分为人格权和身份权两种。人格权是指民事主体所享有的人格尊严不受侵犯的一种民事权利。这种权利为民事主体人身所固有并为法律所承认,主要包括:生命权、健康权、姓名权、名称权、肖像权、名誉权。身份权是指民事主体因某一特定的身份而产生的权利,主要包括:荣誉权、署名权、婚姻自主权、监护权以及公民在家庭中的身份权。

（二）物权

物权包括财产所有权和财产共有权。财产所有权是指所有人依法对自己的财产享有占有、使用、收益和处分的权利。财产所有权的内容包括占有权、使用权、收益权和处分权。财产共有权是指两个以上的权利主体对同一项财产享有所有权。财产共有关系具有以下特征：共有关系的主体是两个以上。即所有权主体的非单一性，多个主体共有一物，该物只有一个所有权，由多人享有；共有关系的客体是同一项财产。各共有人的权利、义务所指向的对象只能是同一项财产，只有在两个以上权利主体对同一项财产都享有所有权的条件下，才产生共有关系。共有关系的内容包括双重的权利、义务关系，既存在共有人之间的对内关系，也存在共有人与第三人之间的对外关系。

（三）债权

债仅是指按照合同的约定或者依照法律的规定，在当事人之间产生的特定的权利和义务关系。享有权利的人是债权人，负有义务的人是债务人。

（四）知识产权

知识产权是指民事主体对其创造性的智力成果依法所享有的专有权利，包括：著作权、专利权、商标权。

（五）财产继承权

财产继承权是指依法将死者的个人财产转归有权接受此项财产的人所有的一种法律制度。

五、老年人的民事责任能力

民事责任能力的价值就是在于充当无行为能力或限制民事行为人及其监护人及受害人之间的利益分配器，而控制这个利益分配器的阀门就是责任能力的判断标准。老年人的民事责任能力制度之所以重要，主要在于责任能力在限制民事行为能力人或无民事行为能力的老年人造成他人损害的事件中，有利于对其本人、其监护人及受害人之间的利益进行调节。

老年人的民事责任能力即老年人对自己的过失行为承担民事责任

的法律资格。这一概念界定包含两层含义:其一,责任能力的适用对象是过失行为,这体现了过错责任主义,无过失责任及公平责任并不适用责任能力制度;其二,责任能力是老年人承担责任的法律资格,有责任能力就应承担民事责任,否则老年人则可免责。

我国法律对于判断老年人民事责任能力有无的标准并不是单一的,而是双重的:一为行为能力,二为财产状况。对老年人的行为能力标准加以分析,可以看出立法者对行为人利益的保护。民事行为能力制度的最终目的是保护行为人尤其是无民事行为能力及限制民事行为能力的老年人的合法权益,使其不在社会活动中受到损害。而老年人的民事责任能力制度以"行为能力的有无"为判断标准最直接的结果就是保护行为人,使其能够以"没有完全的行为能力"这一理由来对抗法律的否定性评价,体现的是对行为人的特别关注。同时法律又确立了财产标准,要求有财产能力的老年人对自己不法行为造成的损害后果独立承担责任,这里反映的是自己责任原则。让有能力的老年人对自己的行为负责,体现了法律对受害人和代替其承担责任的监护人予以保护的倾向。

六、老年人的监护

监护指为无民事行为能力和限制民事行为能力人设立保护人的制度。如果老年人是无民事行为能力或者限制民事行为能力的,也要遵循《民法典》里规定的监护制度。老年人的监护指为无民事行为能力和限制民事行为能力的老年人设立保护人的制度。

(一)老年人监护的原因

老年人的监护主要基于法定监护(由法律直接规定监护人)、指定监护(由有关单位或者法院指定监护人)、遗嘱监护(由无民事行为能力和限制民事行为能力的老年人的监护人在其设立的遗嘱中指定监护人)。

一般来说,对于无民事行为能力或限制民事行为能力的老人,有配偶的,配偶为其监护人,无配偶的,成年子女为监护人。对监护人有争议的,由老人所在居民委员会在有监护人资格的人中为其指定监护人,对指定不服的,可到法院起诉。

(二)老年人监护人的职责

监护的职责主要包括:保护被监护的老年人的身体健康和人身安全,防止老年人受到不法侵害;照顾被监护的老年人的生活;对被监护的老年人进行管理和教育;妥善管理和保护被监护的老年人的财产,对于被监护老年人财产的经营和处分,应尽善良管理人的注意;代理被监护的老年人进行民事活动;代理被监护的老年人进行诉讼,以维护其合法权益。监护人不履行监护职责或者侵害被监护的老年人合法权益的,给被监护的老年人造成财产损失的,应当承担赔偿责任。

如果因监护人管教不严,被监护的老年人造成他人损害的,由监护人承担民事责任,监护人尽了监护职责的,可以适当减轻其民事责任。监护人将部分或全部监护职责委托给他人期间,被监护的老年人有侵权行为的,应当由监护人承担民事责任。但是,被委托人未尽力履行监护职责确有过错的,被委托人负连带责任。如果监护人与被委托人就民事责任的承担有约定的,则应当按约定处理。

(三)老年人监护人的更换、撤换

老年人监护人的更换是指在监护人无力承担监护职责时,经其请求由有关单位或者法院更换他人为监护人。老年人监护人的撤换是指对不履行监护职责的监护人,经有关人员或单位申请,由法院撤销该监护人的监护资格,另行确定监护人。

七、老年人的权益

所谓权益是指公民受法律保护的权利和利益。居家老年人的权益主要包括了婚姻家庭的权利、获得社会保障的权利、社会优待的权利、获得宜居环境的权利和参与社会发展的权利等。

(一)婚姻家庭权

婚姻家庭权主要包括:家庭赡养与抚养的权利、居住权、婚姻自由权、财产所有权和继承权等。

1. 享受家庭赡养与抚养的权利

(1)基本的供养和照料。赡养人应当履行对老年人经济上供养、生活上照料和精神上慰藉的义务,照顾老年人的特殊需要。家庭成员应当关心老年人的精神需求，不得忽视、冷落老年人；与老年人分开居住的赡养人，应当经常看望或者问候老年人。

（2）特殊的供养与照料。赡养人应当使患病的老年人及时得到治疗和护理；对经济困难的老年人，应当提供医疗费用。对生活不能自理的老年人，赡养人应当承担照料责任；不能亲自照料的，可以按照老年人的意愿，委托他人或者养老机构照料。赡养人有义务耕种或者委托他人耕种老年人承包的田地，照管老年人的林木和牲畜等，收益归老年人所有。

（3）赡养与抚养的保障。用人单位应当按照有关规定保障赡养人探亲休假的权利。基层群众性自治组织、老年人组织或者赡养人所在单位监督赡养协议的履行。

2. 居住权

居住权是指老年人有权居住在条件良好的房屋及拥有或承租的住房的权利。包括了以下三层含义：

（1）赡养人应当妥善安排老年人的住房，不得强迫老年人居住或者迁居条件低劣的房屋。

（2）老年人自有的或者承租的住房，子女或者其他亲属不得侵占，不得擅自改变产权关系或者租赁关系。

（3）老年人自有的住房，赡养人有维修的义务。

3. 婚姻自由权

婚姻自由权是老年人有权按照自己的意愿决定和处理婚姻问题的权利。根据《老年人权益保障法》规定，老年人的婚姻自由受法律保护，子女或者其他亲属不得干涉老年人离婚、再婚及婚后的生活，且赡养人的赡养义务不因老年人的婚姻关系变化而消除。

4. 财产所有权

财产所有权是老年人作为财产所有人依法对自己的财产享有占有、使用、收益和处分的权利。根据《老年人权益保障法》规定，老年人对个人的财产，依法享有占有、使用、收益和处分的权利，子女或者其他亲属不得干涉，不得以骗取、盗取、强行索取等方式侵犯老年人的财产权益。

5. 继承权

继承权是老年人有依法继承父母、配偶、子女或者其他亲属遗产的权利。根据《老年人权益保障法》规定,老年人有依法继承父母、配偶、子女或者其他亲属遗产的权利,有接受赠与的权利。子女或者其他亲属不得侵占、抢夺、转移、隐匿或者损毁应当由老年人继承或者接受赠与的财产。但是老年人以遗嘱处分财产,应当为生活困难的老年配偶保留必要的份额;由兄、姊扶养的弟、妹成年后,有负担能力的,对年老无赡养人的兄、姊有扶养的义务。

(二)获得社会保障的权利

社会保障的权利主要包括:生活保障权、医疗保障权、享有社会服务的权利等。

1. 生活保障权

生活保障权是老年人有从国家和社会获得生活保障的权利。因此,"老有所养"是家庭、社会和国家的共同责任。《老年人权益保障法》规定,国家建立多层次的社会保障体系,逐步提高老年人保障水平,并从养老保险和社会救助两个方面对老年人的生活保障作出了规定。

2. 医疗保障权

医疗保障权是指老年人有从国家和社会获得医疗保险和医疗救助的权利,也就是说老年人除从家庭成员那里获得医疗照顾的权利外,也有从国家和社会获得医疗照顾的权利。根据《老年人权益保障法》规定,国家从医疗保险和医疗救助两个方面对老年人的医疗保障作出了规定。

3. 享有社会服务的权利

享有社会服务的权利是指老年人有从国家和社会获得生活照料服务的权利,也就是说老年人除从家庭成员那里获得生活照顾外,也可以从国家和社会获得生活照顾服务。根据《老年人权益保障法》规定,国家从养老服务体系、养老机构和养老产业三个方面对老年人的生活照顾作出了规定。

(三)社会优待的权利

社会优待的权利主要包括:生活保障优待的权利、诉讼优待的权利、医疗服务优待的权利和生活服务优待的权利。

1. 生活保障优待的权利

各级人民政府和有关部门应当为老年人办理养老金、房屋权属关系变更、户口迁移等涉及老年人重大人身和财产权益事项时提供帮助或优先办理。

2. 诉讼优待的权利

老年人因赡养费、扶养费、养老金、抚恤金、医疗费以及婚姻等纠纷提起诉讼的,人民法院应当依法及时立案、审理和执行。老年人因其合法权益受侵害提起诉讼交纳诉讼费确有困难的,可以缓交、减交或者免交;需要获得律师帮助但无力支付律师费用的,可以获得法律援助。

3. 医疗服务优待的权利

医疗机构应当为老年人就医提供方便,对老年人就医予以优先。有条件的地方,可以为老年人设立家庭病床,开展巡回医疗、护理和康复、免费体检等服务。

4. 生活服务优待的权利

提倡与老年人日常生活密切相关的服务行业为老年人提供优先、优惠服务。城市公共交通、公路、铁路、水路和航空客运,应当为老年人提供优待和照顾。博物馆、美术馆、科技馆、纪念馆、公共图书馆、文化馆、影剧院、体育场馆、公园、旅游景点等场所,应当对老年人免费或者优惠开放。

(四)获得宜居环境的权利

获得宜居环境的权利主要包括:无障碍设施建设和改造以及宜居环境宣传教育和保障等权利。

1. 无障碍设施建设和改造

国家制定无障碍设施建设标准,新建、改建和扩建道路、建筑物、交通设施、居住区等,应当符合国家无障碍设施建设标准。各级人民政府和有关部门应当按照国家无障碍设施建设标准,优先推进与老年人日常生活密切相关的公共服务设施的改造。

2. 宜居环境宣传教育和保障

各级人民政府和有关部门应当开展多种形式的老年宜居环境宣传教育,倡导全社会关心、支持、参与和监督老年宜居环境建设。国家支持高等学校、科研机构开展老年宜居环境科学研究,培养管理人才和专业技术人才。国家推动老年友好型城市和老年宜居社区建设。

（五）参与社会发展的权利

参与社会发展的权利主要包括:国家和社会尊重老年人参与社会发展、国家和社会为老年人参与社会发展创造条件、国家和社会鼓励老年人参与有意义活动的社会活动和文化教育等权利。

1. 国家和社会尊重老年人参与社会发展

国家和社会应当重视、珍惜老年人的知识、技能和经验,传承老年人的优良品德,发挥老年人的专长和作用,保障老年人参与经济、政治、文化和社会生活。

2. 国家和社会为老年人参与社会发展创造条件

老年人可以依法成立自我管理、自我服务、自我保护、自我教育的组织,根据法律、法规和章程开展活动。老年人参加劳动及其合法收入受法律保护。任何单位和个人不得安排老年人从事危害其身心健康的劳动或者危险作业。

3. 国家和社会鼓励老年人参与有意义活动的社会活动

国家为老年人参与社会发展创造条件。根据社会需要和可能,鼓励老年人在自愿和量力的情况下,从事对少年和儿童进行社会主义、爱国主义、集体主义和艰苦奋斗等优良传统教育等活动。

4. 文化教育

老年人有继续受教育的权利。国家发展老年教育,把老年教育纳入终身教育和社区教育体系,鼓励社会办好各类老年学校。国家和社会采取措施,开展适合老年人的群众性文化、体育、娱乐活动,丰富老年人的精神文化生活。

第六章

健康与照护：政府购买居家养老服务的行动提质

从我国的老龄化特征看，不仅人口规模大，发展速度快，而且持续时间长，发展不平衡，居家老年人的身体健康问题比较突出，医养结合无疑是社会刚性需求，不仅需要医疗服务保障，也需要健康管理以及预防保健等服务。这也体现居家养老服务的水平和品质，通过医疗服务的加持，促进养老服务的升级，除了政策保障，这些都需要由专业人才予以支持和实现。不过，面对日益增长的健康养老服务需求，医养结合还存在供给不足、服务质量不高、成本高、专业人才缺乏等问题，打破养老服务和医疗服务本身的管理体系隔阂、提高医养结合人才供给能力、加快推广长期照护保险、推广家庭护理床位等都是提高居家养老服务供给的有效保障。政府在居家医养结合人才培训、家庭医生服务等方面可以采取购买服务的形式。例如某些地区开展养老护理培训采取的是项目制的形式，由当地人力资源和社会保障部门采取购买服务方式，面向培训学校、职业院校开展招投标，具体项目运作由社会组织承担完成。

第一节 居家养老服务中的健康保障

当前，我国面临着人口老龄化加速和疾病谱变化、三医联动改革滞后、健康领域投入不足等问题仍然严峻等挑战，尤其是我国正经历着世界上规模最大同时速度也是最快的人口老龄化过程，高龄、失能、空巢老年人数量巨大,年龄增长带来的生理功能衰退,健康保障能力体现了政府对民生问题的社会治理水平。对此,我国高度重视社会民众的健康发展,积极回应人民群众的健康需求。2015年10月党的十八届五中全会提出了"推进健康中国建设"和"要探索建立长期护理保险制度"。2016年10月中共中央、国务院于印发的《健康中国2030规划纲要》中提出:"健全以基本医疗保障为主体、其他多种形式补充保险和商业健康保险为补充的多层次医疗保障体系。"2017年党的十九大报告将"实施健康中国战略"作为国家发展基本方略中的重要内容,将"健康中国"建设提升至国家战略地位,促使关注健康、促进健康成为国家、社会、个人及家庭的共同责任与行动。现阶段,面对健康需求和人口老龄化问题,开展长期照护是各地区在探索实践中达成的共识,各国和各地区也正在探索开展以长期照护保险为核心构建相应的健康保障体系。2022年党的二十大报告提出:"建立长期护理保险制度。"

一、老年人的健康保障

2016年8月,在全国卫生与健康大会上,习近平总书记提出:"没有全民健康,就没有全面小康,要把人民健康放在优先发展的战略地位。"要实现全民健康,必须要有全民的健康保障,要能为全民提供公平、可及、系统并且可持续、覆盖生命周期的健康服务。健康保障不仅是社会民生问题,也是重大的政治、经济和社会问题,不仅直接关乎民生福祉,而且关乎国家全局与长远发展、社会稳定和经济可持续发展,具有重大的战略意义。人口老龄化问题进一步强化了健康保障的重要地位,凸显了以长期照护为核心构建全方位全生命周期的健康保障体系的重要性。

根据《健康中国2030规划纲要》,树立了"大健康"的社会理念,以治疗疾病为中心向以人的健康为中心转变,提出了要关注全方位全生命周期以及覆盖全人群的健康服务,建立系统、连续、统一和一体化的健康保障体系。

自从进入人类社会,人类为了自己的健康就一直没有停止过和疾病作斗争。随着人类对自然知识的了解,在实践中不断摸索,对于疾病的认识也从迷信到逐渐有了科学的认识,特别是随着医学科学技术的发展,人类对于健康的认知也有了明显的改变,认为通过健康保健人人都可以获得健康,加之社会民主思想的不断推广,健康作为一项公民基本权利逐步被社会民众所接受并予以坚持,每个人不管身份、性别、民族、年龄等,在健康问题上都一律平等,是普遍拥有,因为权利是作为每一个人所具有的维持基本尊严的必要因素。所谓健康权利就是每个公民所普遍拥有的医疗保健和享受公共健康服务的一项基本权利,不能因为缺乏支付能力或者因为社会、文化、地域的差异而丧失这种权利。有学者认为:最低水平的健康保健是人们享有所有其他权利所必不可少的一项基本权利,包括了身体安全,获得食物、衣服、住房与健康医疗以及自由的权利[1]。健康保障必须基于身体安全和健康医疗的基础上。健康权利的思想对于促进现代医疗卫生制度的构建起到了积极作用。1978年,国际初级卫生保障大会上发布的《阿拉木图》宣言就提出"保障并增进世界所有人民的健康而立即行动。"由此可见,健康保障是建立在健康权利的基础上的,健康保障是随着现代社会的进步而逐步建立起来的。

1. 健康保障的概念

在《辞海》中"健康"的概念是:"人体各器官系统发育良好、功能正常、体质健壮、精力充沛并具有良好劳动效能的状态,通常用人体测量、体格检查和各种生理指标来衡量"。《简明不列颠百科全书》1987年中文版的定义是:"健康,是个体能长时期地适应环境的身体、情绪、精神及社交方面的能力。"一般来说,健康是指一个人在身体、精神和社会等方面都处于良好的状态,也是维护和保障人体生命健康而进行的一切个人和社会活动的总和。它包含以下三个方面的内容:一是使人体在出生前后便有一个比较强健的体质,主要脏器无疾病,身体形态发育良好,体形均匀,人体各系统具有良好的生理功能,有较强的身体活动能力和劳动能力,这是对健康最基本的要求;二是促使人体在生活和劳动过程中增强体质,能够适应环境变化、各种生理刺激以及致病因素对身体的作用,避免和抵御外部环境对人体的不良影响,并保持完满的精神状态和良好的社会适应能力;三是对业已患病的人体进行治疗,使之恢复健康。世界卫生组织认为:健康不仅是没有疾病,而是身体的、精神的健康和社会适应的良好

---

[1] 史军,王巍.公共健康保障中的政府责任[J].河北学刊,2010,1(1):19-23.

状态。对于民众而言,健康的影响因素包括了基因、医疗卫生服务、生活方式、生活环境、经济和社会等诸多方面。从个人及家庭而言,健康是人生命和幸福的基础,也是公民的基本权利;从社会及国家而言,健康是社会生产力的基础,也是国家富强、民族振兴的基石和标志;从全球人类而言,健康已经处于人类发展的突出位置,既是国家软实力的重要组成部分,也是全球可持续发展的核心与动力。所谓保障,是指作为社会成员之间的某种意义上的交互动态的有限支撑和支持,指用保护、保证等手段与起保护作用的事物构成的可持续发展支撑体系。比如基本生存、基本生活、基本医疗、就业、失业、阶段性的免费义务教育、基本养老、居住条件、安全、合情合理、正当正义的言论自由等,需要建立在全社会的文明和财富逐步增加和法治建设逐步完善来实现。

张研、张亮[1]等认为:从制度的角度,健康保障是指在政府的管理之下,以国家为主体,依据相应的法律和规定,通过国民收入再分配,以保障基金为依托,对居民在特定情况下给予物质或者资金支持,用以保障居民健康层面的基本权益。胡琳琳、胡鞍钢[2]等认为:健康保障有广义和狭义之分。狭义的健康保障主要是指医疗保险制度,即如何为医疗服务筹措资金和分配资金。广义的健康保障包括了两层含义:一是通过健康促进、疾病预防维护和提高健康水平;二是健康服务的筹资、分配、组织和提供,通过筹资和组织实现。构建健康保障体系的目标是为了向社会人群提供有经济保障的健康服务,最大限度减少疾病发生。在一定程度上,健康政策体现了健康保障水平,世界卫生组织(WHO)在《2008年世界卫生报告》中提出,健康政策包括了主要三个方面的内容:一是包括公共卫生、医疗服务、基本药物、卫生人力等方面的医疗卫生系统政策;二是通过健康促进解决社会健康问题的公共政策;三是与健康相关的社会经济政策。李玲[3]等人认为:健康保障就是政府将人民健康放在优先的战略地位,为实现全面健康保障目标,有效整合体制机制和可用的资源所采取

---

[1] 张研,张亮.健康中国背景下医疗保障制度向健康保障制度转型探索[J].中国卫生政策,2018,11(1):2-5.
[2] 胡琳琳,胡鞍钢.中国如何构建老年健康保障体系[J].南京大学学报:哲学、人文科学、社会科学,2008(6):22-29.
[3] 李玲.全民健康保障研究[J].社会保障评论,2019,1(1):53-59.

的政策组合。从社会角度,健康保障受到社会经济发展理念、经济发展现状、传统文化以及政治制度等方面影响。

2. 健康保障的发展特点

近年来,我国社会经济发展迅速,生活水平明显提高。人民群众对于美好生活的需求日益增长,健康保障更被赋予新的时代要求,在保障范围、保障人群、保障过程、保障制度等方面呈现出发展的新特点。

(1) 健康保障更加呈现全过程全生命周期全要素的覆盖网络。从生到死是每个人要经历的人生,这个人生必然伴随着健康问题。人体所遭受的健康损害,具有不可逆性、持续性和滞后性的特点,人生某一阶段发生的健康方面伤害,可能会影响到后续生命周期并带来具有持续性的人身损害,比如说中风导致瘫痪,也有可能成为后续影响生命的潜在危险因素。全生命周期覆盖,可以保障社会民众从出生到死亡都能获得社会健康服务的支持,可以降低不可逆健康损害的发生概率。因此,对于健康保障的要求,对于从出生到死亡都要予以关注,而且是一种持续性的保障服务。

(2) 健康保障更加强调以老年人等特殊人群为重点的保护力度。习近平总书记在全国卫生与健康大会讲话中提出:"要重视重点人群健康,保障妇幼健康,为老年人提供连续的健康管理服务和医疗服务。"特殊人群具备患病概率高、健康风险大等特点,要重点围绕老年人等特殊人群开展健康管理,完善基本医疗保障制度,提高重大疾病保障水平,完善长期护理保障制度,发展商业健康保险。重点对特殊人群加强健康保障,这也是体现了健康公平的要求,落实人人都能享受健康服务的基本保障。

(3) 健康保障要通过整合型健康服务提高保障水平。整合型健康服务的核心理念是以人的健康服务需求为导向,在健康促进、疾病预防、医疗、康复、长期护理和临终关怀等多个方面,为居家老年人提供适宜、连续的服务,主要包括:健康教育和健康促进、疾病预防、医疗、康复和长期护理服务等。通过整合型健康服务,可以让居家老年人获得更全面的健康服务,实现服务的全过程、服务项目的关联性、服务资源的更优化。

(4) 健康保障要依托医共体建设提高覆盖范围。以龙头医院联合基层医疗机构架构医共体,成员单位人财物全面整合,功能职责整体纳入,形成管理、服务、利益、责任和文化共同体。医共体改变县域医疗卫生组织形式和供给方式,县乡两级医疗机构实施集团化管理、一体化经营和连续式服务。街道社区卫生服务中心以满足当地老年人常见病、多发病诊治需要为标准,强化急救、全科医疗、康复和中医药等服务,提升基本医疗服务能力,居家老年人就医更便捷、健康保障覆盖范围进一步扩大,解决居家老年人"看病难、看病贵"的问题,最终提高了保障水平。

(5) 健康保障更加突出多方位系统性的制度体系构建。健康保障需要在人、财、物方面予以支持,在相关的制度配套上既要有医院法人体制的改革,也要完善相关政策资金的保障机制,在基本药物制度、医疗卫生体制改革、公共卫生服务体系构建等方面予以支持,完善长期照护保险、基本医疗制度等。所以,健康保障需要得到来自保险、财政、医药等多方位的政策支持,当然这个保障水平也要和当地的社会经济条件相适应。

二、居家老年人对于健康保障的需求

在2022年首届中国保险大会召开期间,中国老年学和老年医学学会老龄金融分会、清华大学银色经济与健康财富发展指数课题组、大家保险集团联合发布《中国城市养老服务需求报告2022》(以下简称《报告》)。《报告》调查样本覆盖全国19个省(区、市)77万城市居民,持续关注城市居民家庭与健康状况、养老认知与养老规划、养老服务需求、养老支付与养老财富储备状况,描摹我国城市居民养老服务需求图景。

《报告》显示,我国城市居民预期寿命达82.1岁,超出国民平均预期寿命3.9岁。超过一半的城市居民存在亚健康、慢性病、有过重大疾病或3年内做过手术等问题,2022年出现健康问题的居民比例同比上升12.1个百分点,城市居民健康水平有所下降。城市居民未来遇到的养老难题中,生活、情感与就医位列前三,自理、半失能、失能三种状态下看重的养老服务以医疗、康复和护理为主,尤其对专业化护理人员提供的护理服务有迫切需求,医护服务水平是城市居民选择养老机构的重要考虑因素。

三、居家老年人的健康保障体系

当前,我国社会老龄化已经进入加速阶段,总体呈现经济发达地区老龄化程度高于中西部地区,农村老龄化程度高于城市。无论需求内容,还是需求人群,老年人都是健康保健需求最大的人群,老龄人口的持续增加势必要对医疗卫生保健在内的健康服务体系产生巨大影响。有研究表明,60岁及以上老年人慢性病患病率和伤残率分别是总人口的3.2倍和3.6倍,平均住院时间为非老年人的1.5倍,老年人的慢性病占相当大的比例,呈现病程长、医药费用高、多种病症同时并存等特点[1]。也有研究表明,城市有81.9%、农村有87.2%的老年人患有各种慢性疾病,一半左右的老年人同时患有2种以上的慢性疾病[2]。随着我国老年人口持续增加,老年健康保障水平直接体现了政府的社会保障能力。当前,我国正处于人口发展的关键转折期,准确把握人口变化的趋势性特征,完善老年人健康保障体系,促进人口均衡发展,积极应对人口老龄化,促进人口和社会经济持续协调健康发展至关重要。老年健康保障主要包括资金的筹措和分配,也包括服务的组织和提供,筹资和组织是老年人能否最终获得的保障,两者相互依存、相互支持,具有延续性和关联性的特点。

(一)居家老年人健康保障的资金来源

目前,我国采取的是医疗保险制度,城镇职工和城镇居民基本医疗保险逐步完善,长期照护保险在多地也进入试点阶段,逐步改善退休或无工作的老年人群保障状况,逐步扩大保障的老年人群范围,筹资的方式采取了政府补贴和居民缴纳相补充的方式,考虑了家庭的经济负担,体现了养老的政府责任的落实,扩大了享受健康服务的受益老年人群。根据国家卫生健康委员会《2023年基本公共卫生服务工作重点》,国家基本公共卫生服务经费人均财政补助标准为89元,2023年新增的人均

---

[1] 胡琳琳,胡鞍钢.中国如何构建老年健康保障体系[J].南京大学学报(哲学,人文科学,社会科学),2008;(6):22-29.
[2] 吕桦,李盛,倪宗瓒.老年人群慢性病患病状况及对其日常生活能力的影响[J].安徽医科大学学报,2001,36(1):29-32.

5 元经费重点支持地方加强对老年人、儿童的基本公共卫生服务,要求"强化老年人等重点人群健康管理服务,各地要进一步摸清辖区 65 岁及以上常住老年人底数,建立并动态更新台账,广泛开展老年人健康管理服务宣传。要做实老年人健康体检,根据体检结果做好健康评估和分类指导,加强后续有针对性的健康指导、健康咨询、健康管理等服务,提升对高血压、2 型糖尿病等慢性病患者健康管理的服务质量。"据统计,2020—2022 年累计增加了人均 15 元基本公共卫生服务财政补助经费。此外,商业保险也是有益的补充,老年人通过向保险公司投保人身险等险种,来弥补医疗费用的不足。但是,由于老年人多处于退休状态,经济能力有限,支付能力不足,消费习惯的限制,都可能造成了在基本医疗保障范围之外的健康保障相对不足。

(二)老年人健康保障的组织体系

在传统的社会发展进程中,家庭一直是提供老年人健康照护和生活照顾的组织,但是随着现代社会经济发展,尤其是近年来低生育水平和大规模的人口流动造成家庭小型化趋势明显,家庭受限于居住场所、生活理念、工作负担等限制,造成养老的功能不断弱化,空巢独居家庭不断增加。调查发现,有老年人的核心家庭来提供的老年人在居住、生病照护和情感慰藉等方面供给最让老年人满意[1]。目前,我国的老年健康保障体系基本上是以医疗服务为主,保障资源主要来自医疗机构,但是医疗卫生资源的配置不合理、过度集中在大型公办医院,造成了养老机构的医疗资源严重不足,基层社区卫生资源严重短缺,而老年人存在行动不便就医难、慢性疾病多就医频率高、病情延续医药费用高等问题,对于老年人的生理特点和患病状况,要通过改变行动、合理膳食等方式对病情予以控制,起到预防和延缓作用。对老年人健康服务要从医疗服务转向健康管理,这就要进一步做好社区卫生服务,这也是世界卫生组织推荐的应对老龄化社会最经济且有效的医疗服务模式。通过优化卫生资源配置,提高基层医疗服务能力,控制医药费用。提高居民健康水平。同时,通过入户的家庭医生服务也可解决居家养老服务需求。当然,机构养

---

[1] 郭志刚,刘鹏.中国老年人生活满意度及其需求满足方式的因素分析——来自核心家庭构成的影响[J].中国农业大学学报:社会科学版,2007,24(3):71-80.

老也是主要养老模式之一,养老机构通过设置医护站点或者和医疗机构合作提高医疗服务能力,可以进一步扩大医疗服务保障覆盖面。

(三) 居家老年人健康保障体系的发展

我国是在"未富先老"的情况下进入老龄化社会,居家老年人健康保障体系建设要在为他们提供基本健康服务的基础上,在筹资方面根据经济社会发展水平逐步加大对居家老年人的医疗补贴,建设广覆盖、多层次的老年健康筹资体系。通过科学设计和推广配套保险制度,进一步合理分担居家老年人疾病经济负担。在组织模式上,要进一步加强基层社会卫生服务能力,在居家养老服务机构中实现医养结合服务全支持,家庭、社会、机构明确职责,强化合作,建立多方参与、负担得起的居家老年健康服务体系,要通过合理资源配置发挥基层医疗服务的基础性作用,更要推动社会化的养老机构发展医疗服务,延伸至居家开展医养结合服务,通过家庭医生解决居家养老的医疗服务需求,逐步恢复和重建家庭在老年健康照护方面的作用。

第二节 医养结合在居家养老服务中的发展

随着我国人口老龄化、高龄化加速发展,失能老人、失智老人等特殊老年群体人口规模不断增大,健康服务需求不断加大。2013年9月,国务院出台《关于加快发展养老服务业的若干意见》,正式将"积极推进医疗卫生与养老服务相结合"作为养老服务业发展的六大主要任务之一。同月,国务院出台《关于促进健康服务业发展的若干意见》,提出要将"健康理念"贯穿并融入养老服务,提高医疗卫生服务对养老服务的支撑[1]。2016年10月,《"健康中国"2030规划纲要》,其中重点阐述了"医养结合"模式,标志着我国养老机构开展医疗服务进入实践阶段。2017年,党的十九大报告也提出了"积极应对人口老龄化,推进医养结合,加快老龄事业和产业发展"的要求。2022年,《国务院办公厅关于促进养老托育服务

---

[1] 白忠良. 我国健康老龄化事业的 PEST 分析[J]. 中国卫生事业管理,2018(3):161-162.

健康发展的意见》(国办发〔2020〕52号)提出:"促进康养融合发展。支持面向老年人的健康管理、预防干预、养生保健、健身休闲、文化娱乐、居家养老等业态深度融合。"长期以来,养老机构的医养结合更受到关注,早在2014年10月31日,国家卫生与计划生育委员会办公厅发布了《养老机构医务室基本标准(试行)》及《养老机构护理站基本标准(试行)》,对"养医结合""养护结合"的机构设置进行规范[1];2015年11月,民政部等九部委发布《关于推进医疗卫生与养老服务相结合指导意见》等文件,提出:"要根据人口老龄化所带来的健康需求,养老机构都要具备医疗服务能力,通过医疗机构和养老机构之间在相关业务上加强合作,打通两类机构预约就诊通道,共同做好养老机构入住老年人的健康管理、慢病监测和康复护理等服务。"2016年4月8日,民政部、卫生与计划生育委员会[2]联合发文《关于做好医养结合服务机构许可工作的通知》;2016年4月11日,卫计委、民政部公布《医养结合重点任务分工方案》,共计36项,医养结合将逐步落地。2017年11月,《关于养老机构内部设置医疗机构取消行政审批实行备案管理的通知》提出,深化"放管服"改革,对在养老机构内设医疗机构简化行政审批程序,符合条件的只要予以备案管理。2019年,国务院办公厅出台的《关于推进养老服务发展的意见》(国办发〔2019〕5号)提出:"促进现有医疗卫生机构和养老机构合作,发挥互补优势。"但是,随着居家养老在养老服务体系中的作用日益突出,居家老年人对于健康照护的需求仍然存在并且也更加强烈,医养结合在服务地域上需要进一步拓展,这就需要居家养老服务的提供者需要提高医疗服务或健康服务的供给能力。

一、医养结合的内涵及相关概念

老年人在身体形态、功能与心理上均发生了一系列变化,器官功能逐步减退,易产生不良的消极心理变化,患病模式发生了较大变化。慢性病成为影响老年人身体健康的主要疾病,医疗卫生服务需要明显增加,

---

[1] 杨勇.城乡结合地区居家养老服务模式探究——以宁波市江北区庄桥街道为例[D].宁波:宁波大学,2016.
[2] 现为"卫生健康委员会",下同。

卫生服务利用率也较高,但由于经济社会能力较弱、活动受限以及心理问题等原因,造成了老年人医疗卫生服务需要也较高。同时,随着经济社会发展水平的不断提高,我国老年人口的死因也发生了明显变化,由原先的以呼吸系统疾病和传染病为主转变为以心脑血管疾病、恶性肿瘤和呼吸系统疾病为主要病因[1]。因此,随着人口老龄化伴随着健康问题的持续加重,医疗服务供给在养老服务领域更值得关注,"医"是基础,"养"是核心。

(一) 养老服务

养老服务是指为老年人提供必要的生活服务,满足其物质生活和精神生活的基本需求。按照服务模式划分,主要包括机构养老、社区养老和居家养老等。

(二) 医疗服务

医疗服务是医疗机构工作的载体与体现,是指医疗机构通过使用卫生资源向居民(包括健康人群、亚健康人群与患者)提供诊疗、护理、保健、康复、预防、健康教育和健康咨询等服务的过程,以及医疗机构在一定时间、地点通过药品、医疗器械、医疗用具、设备、场所等有形载体的综合应用,为居民提供健康服务。随着人们对防病治病理念的提升,对于健康需求的日益增长,现代医疗服务范围已经从医疗机构内扩大到医疗机构外,从原先的只限于诊疗的狭义医疗扩大到包括诊疗、预防、护理、康复、保健、健康教育、健康咨询等内容的综合医疗范畴。医疗服务是一种特殊的公共产品,医疗机构是产品的提供者,医务人员是产品的生产者,居民是产品的使用者,社会是产品的受益者[2]。

(三) 医养结合

医养结合从字面理解,就是医疗服务和养老服务的融合,其中"医"是指医疗服务,包括了身体健康检查、健康服务咨询、疾病诊断治疗和医疗护理服务、康复保健以及临终关怀等项目;"养"包括了生活照护服务、文化娱乐服务和精神慰藉服务等项目。但是,医疗与养老简单叠加,更容易

---

[1] 李鲁.社会医学[M].4版.北京:人民卫生出版社,2012.
[2] 曹荣桂.医院管理学概论分册[M].2版.北京:人民卫生出版社,2011.

偏向于对机构硬件的改造与重建,或是将"医"简单地视为"养"的一部分,从结合目的上来说,医养结合的内涵还应包括政策的衔接、制度的完善、理念的落实与服务的融合。

1. 医养结合需要有理念的支撑

积极老龄观、健康老龄化理念已经成为老龄化社会的共识,不仅体现在寿命的延长,而且更表现在生活质量的提高,其中"积极"并非仅指身体的活动能力或参加体力劳动的能力,还需要老年人不断参与社会、经济、文化、精神和公民事务中去,而"健康"则是包括了心理、智力等多方面的功能处于良好状态,从而能较好地适应社会生活。因此,除了正常服务供给之外,需要帮助老年人树立健康养老观念,把自己当作健康维护的第一负责人,培养健康生活的生活习惯,支持老年人通过参与各类社会活动,提高社会融入度,以提高晚年生活的质量。因此,医养结合就是积极老龄观、健康老龄化在养老服务中的有效实践。

2. 医养结合需要有政策的保障

在健康中国战略下,国家明确提出把健康融入所有政策,即在制定任何政策时都要有全民健康、全生命周期健康的视角。因此,在养老服务的政策制定中要始终有提高老年人健康素养的意识。同样,在积极应对人口老龄化的过程中,各项政策的制定也必须有积极老龄观的视角。在这样的背景下,医养结合并不仅仅是一项具体工作,而是未来较长时间里,相关部门在制定、出台政策时都要有的治理思维。

3. 医养结合的本质在于服务的融合

在现有各类公共服务体系不断发展、完善的基础上,将相关资源整合、服务融合,在这个过程中医疗机构、养老机构、企业、社区等主体充分发挥不同作用,共同形成一个完整的医养结合服务体系。因此,要在现有政策、制度的基础上,根据医养结合服务的需求,完善现有政策、标准、规范,出台新的制度,确保各类服务资源的对接融合。

(四)医养结合机构

医养结合机构是面向老年人提供医疗服务的各类组织。根据《关于印发医养结合机构服务指南(试行)的通知》(国卫办老龄发〔2019〕24号)的规定,医养结合机构是指兼具医疗卫生资质和养老服务能力的医疗机构或养老机构,主要包括养老机构设立或内设医疗机构以及医疗机构设立养老机构或开展养老服务两种形式。医养结合机构主要为入住机构的老年人提供养老、医疗、护理、康复、辅助与心理精神支持等服务。

各类医养结合机构应当提供的服务项目包括但不限于:基本服务(生活照料服务、膳食服务、清洁卫生服务、洗涤服务、文化娱乐服务)、护理服务、心理精神支持服务;可根据设立医疗机构的类型与资质有所侧重地提供本章所述的其他服务,如设立综合医院、中医医院的医养结合机构应当提供老年人常见病、多发病中西医诊疗、定期巡诊、危重症转诊、急诊救护等服务,设立安宁疗护中心的医养结合机构应当提供安宁疗护服务。医养结合机构除了在本机构内为老年人直接提供医疗服务之外,还可以根据情况为居家老年人提供家庭医生、家庭护理病床等上门服务,相关费用可以根据政策规定政府予以一定的补贴。例如宁波市自2011年起在全省率先开展家庭医生试点工作。到2021年底,全市共有家庭医生4 000余人,其中三星级家庭医生1 105名,四星级家庭医生322名,五星级家庭医生37名,全市付费签约居民共计171万人,其中10类重点人群140万人。实施签约服务以来,群众基层急诊率逐年增长并超过六成。家庭医生正逐步成长为群众健康维护、医疗资源调配、医药费用管理的"守门人"。从2022年起在全市社区卫生服务中心(乡镇卫生院)实施基本医疗保险长期住院费用按床日付费改革,基层医疗机构平均住院床日限额达到460元,标准为全省最高,稳定期慢性病患者复诊配药在基层医疗机构就诊可享受3个月以内长处方政策,慢性病用药与综合性医院用药实行匹配管理,有助于患有慢性病的居家老年人减轻就诊负担,提高了服务效能。

(五)家庭医生

家庭医生是保障居家老年人享受医疗服务的有效途径。所谓家庭医生就是以家庭医疗保健服务为主要任务,解决家庭日常健康问题和保健需求,提供预防、保健、治疗、康复、健康教育服务和指导,可以开展全面的、连续的、有效的、及时的和个性化医疗保健服务和照顾的新型医生,具有全面系统的预防、保健、医疗、康复知识,需要具有较强语言表达能力、人际沟通能力、工作协调能力。家庭医生签约服务原则上应当采取团队服务形式,主要由家庭医生、社区护士、公卫医师(含助理公卫医师)等组成,并有二级以上医院医师(含中医类别医师)提供技术支持和业务指导。居民或家庭自愿选择1个家庭医生团队签订服务协议,明确签约服务内容、方式、期限和双方的责任、权利、义务及其他有关事项。家庭医生团队为居民提供约定的签约服务,根据签约服务人数按年收取签约服务费,由医保基金、基本公共卫生服务经费和签约居民付费等方式共同分担。具体标准和分担比例由各地卫生健康、人力资源社会保障、财政、价格等部门根据签约服务内容、签约居民结构以及基本医保基金和公共卫生经费承受能力等因素协商确定。

根据国家卫健委《2023年基本公共卫生服务工作重点》,家庭医生(团队)要按照基本公共卫生服务规范为签约的重点人群和高血压、2型糖尿病等慢性病患者提供相应的健康管理服务,推进打通电子健康档案和家庭医生签约服务管理信息系统,加强基本公共卫生服务、家庭医生签约服务数据的实时更新和共享。

(六)家庭照护床位

家庭照护床位是一种依托有资质的养老服务机构,将专业照护服务延伸至老年人家中,使老年人在家中就能享受到如同住在养老院般的照护服务,可以根据老年人或家属的要求定制相关服务。家庭照护床位的核心是把专业照护服务送到家里,从而尽可能推迟老年人进入养老机构的时间,让老年人获得更多家人的陪伴,让老年人不出家门也能享受更加专业的照护。在与家庭照护床位配套的专业服务中,医疗服务往往是最关键的一项,虽然占比不大,但这部分专业需求往往决定了老年人生活的质量,起到"兜底"的作用。

二、医养结合的主要模式

目前,我国医养结合的服务模式主要包括了医疗卫生机构与养老机构签约合作、医疗卫生机构开展养老服务、养老机构依法开展医疗卫生服务、医疗卫生服务延伸至社区和家庭。通过医疗卫生与养老服务资源共享,使老年人获得专业规范、方便可及、综合连续的健康养老服务。

(一)医养结合的合作方式

实现医养结合就是要提高医疗资源的共享率。养老机构应主动与周边医疗卫生机构开展多种形式的协议合作；支持有条件的医疗卫生机构开展养老服务，转型为医养结合机构，同时也要鼓励养老机构依法开展医疗卫生服务，或引入医疗卫生机构设立医疗服务站点、开展嵌入式医疗卫生服务。对于居家养老服务而言，要鼓励有条件的医疗卫生机构或养老机构内设的医疗机构为有需求、符合条件的居家老年人提供居家医疗服务、家庭医生签约服务等。

（二）医养结合在居家养老领域的服务模式

在居家养老服务领域，各地的医养结合主要模式有："家庭养老（或有保姆）+家庭医生签约服务"型、"家庭养老+长期护理服务"型、"互联网+可穿戴设备+实体性服务机构"型等。

1. "家庭养老（或有保姆）+家庭医生签约服务"型模式

该模式能解决居家老年人的普通医疗服务需求，比较适合慢病监控，还包括了某些疾病预防和分诊。签约的居家老年人可以享受到本区域统一的家庭医生基本服务包服务，签约家庭医生服务原则上由在基层医疗机构执业、具有良好专业素质、人际沟通能力及一定年限临床诊疗工作经验的注册全科医生为签约第一责任人。通过组建以全科医生为主体，公共卫生医生和社区护士为骨干，选择配备若干健康管理师、康复治疗师、心理咨询师、医学营养师、社（义）工等共同参与。但是这些服务大多还需要居家老年人到社区卫生服务机构就诊，对于已经签约的人员如就医行动不便，经社区卫生服务机构评估符合条件的，可申请建立家庭病床。不少地区也有相应的配套政策，如宁波市开展契约式家庭医生制服务试点工作，经过3年的先期试点准备，市政府于2014年11月11日制定印发了《宁波市人民政府关于推行契约式家庭医生制服务实施意见》（甬政发〔2014〕101号）。家庭医生基本服务包服务涵盖基本医疗、基本公共卫生和个性化健康管理等十大类优惠服务内容，同时对困难群体家庭医生签约服务费个人承担部分实施全额补助。

2. "家庭养老+长期护理服务"型模式

该模式能定期通过康复护理服务对居家失能老人进行照护服务，主要由医养结合机构的医护人员承担服务，由于服务对象功能障碍，造成了服务难度增大，服务成本增加，尤其是服务人员要往返机构和老年人家庭之间,时间成本也较高,需要有较高的资金和充足的人力作为支持。

3."互联网+可穿戴设备+实体性服务机构"型模式

该模式能有效满足居家老人在医疗和生活照料等多方面的个性化需求,特别是能够解决居家老人在家中身体突发事件造成的风险。但这一模式前期投入较大(如信息管理平台、老人可穿戴设备),并且用户达到一定规模才能产生经济效益,特别是前期多需要政府提供相应支持才能运营成功,当然政府购买服务也是一种选择。

(三)医养结合在居家养老领域的发展前景

按照老年人的不同需求,提供立即性且选择多样性的医疗服务,在照顾老人健康的同时,也维护了老年人的尊严与自主权。在居家是绝大多数老年人首选的现实状况下,医养结合要加快在社区和家庭落地生根。随着医养结合产业发展,将进一步加快社区医疗进入家庭,对于年龄较大、行动不便的老年人,居家养老是最为经济、最为舒适的一种方式,因此在老年人重视养老、改变传统养老观念的前提下,家庭医疗市场潜力大,发展前景广阔,对于医养结合的发展提供了方向和指引。

从居家养老服务未来发展来看,医养结合更多需要依托社区内的医疗机构(卫生室)、护理站、养老机构等专业组织来完成,通过引入区域内的医疗资源为居家老年人提供不同层次、不同内容的健康服务或者医疗服务。这是主体,但是作为其他机构,如承担政府购买居家养老服务的物业或者家政公司,一方面可以组织医护专业人员提供医养结合服务,另一方面也可以选用具有医学专业背景的其他人员如健康管理师、公共营养师等承担健康宣教、健康咨询等服务。

三、推进居家养老领域医养结合的主要举措

面对我国"9073"(90%的老年人居家养老,7%的老年人依托社区支持养老,3%的老年人入住机构养老)的养老格局,医养结合被看作是"中国式"养老服务体系应对人口老龄化的重要支撑。鉴于提供医养结合服务的重点还是集中在居家和社区,政府在居家养老服务领域可以通过对基本公共卫生服务、家庭医生等方面承担财政经费以实现社会福利保障。

近年来我国推进医养结合的主要举措主要有以下几个方面。第一,实施国家基本公共卫生服务项目。每年为65岁以上的老年人提供免费健康管理和健康体检。2019年开始,医养结合服务被纳入基本公共卫生服务中。第二,把老年人作为重点人群,提供家庭医生签约服务,努力做到慢病有管理、疾病早发现、小病能处理、大病易转诊,为老年人提供基本的医疗和健康服务。第三,针对老年人迫切需要上门医疗服务的特点,有关部门印发了加强老年人居家医疗服务工作的通知,规范有关服务,提供上门巡诊、家庭病床、护理等老年人迫切需要的服务,特别是满足失能、重病、高龄的老年人刚性需求。第四,支持鼓励有条件的医疗卫生机构,特别是基层医疗卫生机构,开展养老服务,增设养老床位,提高老年人医养结合服务的可及性。第五,打造医养结合互联网平台,开展远程会诊和远程诊断、远程教育、远程康复指导,以及提供会诊和转诊通路,目前全国已有174家医养结合机构成为这一平台的第一批试点机构。第六,鼓励各类院校开办医养照护与管理、老年保健与管理、护理(老年护理)等医养结合相关专业,在护理、临床医学、康复治疗技术等专业开设医养结合课程,扩大培养规模,并且建立医养结合培训基地,面向行业从业人员开展医养结合专业培训,提升医养结合人才的供给能力。

四、医养结合的实践探索

在深度老龄化与快速城市化的双重推动下,我国老年人口规模不断扩大。目前,我国北京、上海等大城市在医养结合探索中效果显著,形成了各具特色的医养结合模式。自2016年6月开始,我国先后确定了90个市(区)为国家级医养结合试点城市,这些试点探寻医养结合实践模式,以探索适应我国城镇化发展要求的医养结合发展路径。

(一)上海:探索建立与其超大型城市相匹配的健康养老服务体系

上海作为率先步入老龄化社会的城市,正积极探索建立与其超大型城市相匹配的健康养老服务体系,把贴心的医养服务送到老人家门口。上海市将医养结合作为"健康上海2030"规划纲要,推进社区健康服务等。上海市社区嵌入养老服务,246家社区卫生服务中心、745个社区卫生服务站、1 179家村卫生室形成服务网络,有9 953名全科医生、3 164名乡村医生,全方位为老年居民提供基本健康服务。

1. 制定全市统一的老年照护需求评估标准

2018年,上海市人民政府印发了《上海市老年照护统一需求评估及服务管理办法》。同年,上海市卫生和计划生育委员会牵头发布《上海市老年照护统一需求评估标准(试行)》,确立了六类照护等级,按照每个街道不少于3名A类评估员(养老服务、医疗护理、社会工作类)和3名B类评估员(执业医师、助理执业医师)进行配比。

2. 整合养老服务资源,按需分类,对接供给

社区卫生服务中心根据老年人在居家、社区和机构养老的不同需求,或直接提供或以购买服务方式委托其他医疗机构提供其所需的卫生服务。截至2018年,社区卫生服务中心与社区托养机构已实现签约服务全覆盖。

3. 建设长者照护之家为失能失智老年人提供服务

社区"长者照护之家"主要收住照护等级为3~4级的老年人。其中,介护预防为高龄自理老人提供失能、失智预防教育;居家安养为轻、中度失能老人提供专业照护;短期寄养为大病出院无法立即回家老人的家庭成员提供1~2周的日间喘息照料服务;长期托养为中、重度失能老人提供机构内长期照护。

(二)北京:打造医疗—康复—护理全方位服务链条

目前,北京市共有医养结合机构185家,养老机构医疗服务覆盖率达100%。2020年,北京市遴选8家机构作为国家老龄健康医养结合远程协同服务试点,为医养结合机构入住老人在线提供远程医疗、慢病管理、复诊送药、照护指导等服务。北京市通过合理规划资源布局,打造了医疗—康复—护理全方位服务链条。

1. 充分发挥社区养老服务驿站的优势

社区作为就近提供医疗服务的平台向社区周边老年人辐射,形成"三边四级"的养老服务体系。截至2018年年底,北京市526家养老机构中已有超过95%的机构可以提供不同形式的医疗健康护理服务。

2. 着力开展连续医疗服务,加强老年友善医院建设

2019年,北京市二级以上综合医院中老年友善医院的比例已达50%。同时,北京市鼓励二级以上医疗机构为老年人挂号、就医等服务提供绿色通道。

3. 努力提升居家养老及医护服务能力

面向医养结合机构工作人员开展居家医疗护理技术以及照料技能培训,提升为老年人上门照护服务的能力,尤其是针对城乡特困失能老年人、独居老年人以及计划生育特殊家庭的失能老年人提供诸如家庭病床及上门巡诊服务。

(三)深圳:注重社康中心与托养机构合作

深圳市注重社康中心与托养机构合作,建设资源共享、优势互补的医养模式。其特色主要体现在医养结合的合作方式上。

1. 社康中心制定了完善的管理制度和行为规范

以深圳市福田区益田社康中心与社区颐康之家的合作为例。社康中心包括:机构内家庭病床的管理以及社康中心巡诊随访、上门服务指南、转诊转介服务指引等,社康中心内医生团队的轮岗值班制度可以保证每月有一名家庭医生脱岗完成辖区内1 500多名65岁以上居家老年人的免费健康体检任务。

2. "四位一体"养老服务

社区颐康之家还为辖区内老年人提供日间照料、餐饮供应、心理慰藉、康复护理以及娱乐休闲等多样化的养老服务,这也是深圳市首家集日托、托养、居家养老、医养结合"四位一体"的养老服务综合体。

3. 构建新型的"家庭医生+全科护士+健康管理师"团队

社康中心同颐康之家通过签订协议为其中的专业护理人员和志愿者提供保健、护理及康复技能培训,同时引入健康管理师,构建新型的"家庭医生+全科护士+健康管理师"家庭医生服务团队,共同承担家庭医生的服务职责,不断完善老年人的慢病管理模式。

(四)广州:促进"医养社"资源有效整合

广东省提出建设中医药健康服务合作区,积极发展社会办中医,促进中医药与养老相结合。广东省未来将建设1至2个中医药医养结合的试点城市,开展中医医疗机构与养老机构的合作,促进医养融合对接,支持养老机构开办中医医院,并依托现有公益性养老服务设施和资源,在街道社区建设居家养老中医药服务平台。对此,广州市的医养结合充分发挥了医疗机构、养老机构和社区服务组织的整合效应,积极探索具有中医特色的居家康护服务模式。

1. 养老机构与社会服务组织合作

养老机构充分利用广州市的优质医疗资源,与各级医疗机构和医药类大中专院校志愿者团队合作,定期邀请他们开展义诊、咨询和康复服务等活动。养老机构内大都设置社工部,为完全自理老人组织文化活动,辅助护工为失能老人提供综合康复服务及长者临终关怀服务,还为老年人提供情绪支援服务和特殊认知训练等医疗辅助服务。

2. 形成"医院—社区—居家"三位一体的中医特色居家康护服务模式

2016年以来,广东省中医院率先开展中医特色医养结合居家养老服务的探索。截至2018年,其已研发了数十种中医药健康居家养老服务包,涵盖中风或偏瘫后功能康复、压疮护理、关节置换术后运动康复、各种管道护理、进食(吞咽)护理等老年人常见的健康促进问题,形成了系统化、标准化的居家养老康复护理服务内容、标准和流程,使老年人足不出户即能解决部分健康保障问题。

(五)重庆:做实家庭医生签约服务

重庆市提出居家老人可根据自身需求与家庭医生服务团队签订个性化服务协议,购买个性化医疗服务。重庆市精神卫生中心已将老年精神医学及康复医学纳入重点诊疗发展项目,从生理、心理两方面增加投入,探索出一条医养结合新路径。青杠老年护养中心由重庆医科大学附属第一医院全资兴建,是全国第一家由大型公立医院主办并已正式运行的养老机构。在提供养老服务的基础上,利用重庆医科大学附属医院的医疗、护理、康复、教育培训等优势资源,实现了资源有效整合,形成集养老、医疗、护理、康复、职业培训一体化的医养融合示范典型。

（六）苏州：探索"互联网＋养老"

苏州市在全国率先探索和打造了"虚拟养老院"居家养老服务模式，依托自主研发的信息化系统平台，组建职业化养老服务队伍，为辖区数万名老人提供居家养老服务，并配套制定和发布了《虚拟养老院服务管理标准》。苏州市还出台了区域性养老服务中心建设意见，确定了最低保障床位和最高收费标准，确保对弱势群体的兜底保障。此外，引入社会化养老服务团队，提供高质量的医疗护理服务。截至2019年6月，苏州市已有76个街道在辖区内启动区域性养老服务中心建设工作，占街道总数的81.7%。

（七）湖南：机构融合型、社区嵌入型、居家服务型三种医养结合模式

2016年至2019年期间，湖南省相继出台了《湖南省人民政府办公厅关于推进医疗卫生与养老服务相结合的实施意见》《养老机构医养结合服务规范》《关于做好医养结合机构审批登记工作的实施意见》等政策法规，推进医疗和养护的深度融合，简化机构登记流程，并鼓励社会力量参与进来。

在机构融合型模式中，湖南省积极推进养老机构内设医疗机构，与综合性医院、老年病医院合作设立医务室、门诊部，提供日常医疗服务。同时，推动医疗机构拓展养老功能，支持二级以上综合医院重点设立老年病科，向康复、护理和养老服务延伸，引导二级及以下医院转型，发展为收治高龄、重病、失能半失能老年人的医养结合机构。

在社区嵌入型和居家服务型模式中，基层医疗卫生机构落实为65周岁及以上老年人免费体检，进行健康管理。社区基层医疗卫生机构还会组建家庭医生团队，为老年人提供上门巡诊、家庭病床、康复护理等家庭医生签约服务。同时，湖南省还积极引导社会力量管理运营社区医养结合机构和设施，让社会力量成为提供社区医养服务的主体。

（八）杭州：创新"1＋1＋X"医养结合机制

2016年，杭州被列为首批国家级医养结合试点单位，鼓励在养老机构内设置医疗机构、医疗机构内设置养老机构，或是养老机构和医疗机构合作提供医疗养老的无缝衔接式服务。经过数年培育发展，目前全市已有72家医养结合机构。杭州市创新"1＋1＋X"医养结合机制，打造辖

区内医养结合联合体。其特色主要体现在两个方面：

首先，支持养老机构提供医疗服务。创新"1+1+X"医养融合机制，由1家公立医院+1家社区卫生服务中心+X家辖区内养老机构组成医养结合联合体。对于没有医疗条件的养老机构，采取与周围医疗单位开展合作的方式提供医疗服务，逐步建立养老机构、医疗机构、社区卫生机构以及康复机构之间的转诊和业务合作，共同服务辖区内老年人。

其次，推进社区居家健康养老。在全国率先开展"医养护一体化签约服务"，促进老年人通过签订合同的方式，足不出户在家门口就能享受健康指导、上门随诊、视频远程就诊、双向转诊等便捷的医护服务。

（九）青岛：借助长期护理保险制度，保障医养结合

青岛市借助长期护理保险制度，保障医养结合顺利推行。青岛市将二、三级医疗机构的"专业护理"、老年护理院等机构养老的"机构护理"和社区家庭病床的"家庭护理"统一合并为长期护理保险制度。其长期护理保险制度实质上是其基本医疗保险制度的延伸，资金的筹集来自城镇医疗保险基金个人账户与统筹账户，市财政部门再按照标准每年从公益福利彩票基金中提取2000万元至长期护理保险基金。

长期护理保险覆盖所有参加城镇基本医疗保险的居民。患者发生的医疗护理费不设起付线，"院护""家护"中发生的符合规定的医疗护理费由长期护理保险基金支付96%、患者自付4%；"专护"的费用由长期护理保险基金支付90%、个人自付10%。对于具备医疗资质的养老机构，长期护理保险实行日定额包干结算。另外，参保人在享有长期护理保险待遇时，不能同时享受基本医疗保险中的住院、普通门诊以及门诊大病等需城镇基本医疗保险基金支付的相关待遇。2018年以来，青岛市长期护理保险资金支出达4.3亿元，累计约有6万名失能、失智的老年人享受相关待遇。

截至2021年底，我国65岁及以上人口超2亿人，占总人口14.2%，预计到2025年，65岁及以上的人口将达到2.21亿人，失能失智人群将进一步增加，这意味着在养老服务领域医养结合的需求还将进一步加大。党的十八大以来，我国深入实施健康中国战略，医养结合工作不断取得新进展，医养结合机构数量和服务质量明显提升。国家卫生健康委员会公布的数据显示，截至2021年底，全国设有国家老年疾病临床医学研究中心6个;设有老年医学科的二级及以上综合性医院4 685个,建成老年友善医疗机构的综合性医院5 290个、基层医疗卫生机构15 431个,设有临终关怀(安宁疗护)科的医疗卫生机构1 027个,全国医疗卫生机构与养老服务机构建立签约合作关系的达7.8万对;两证齐全(指具备医疗机构执业许可或备案,并进行养老机构备案)的医养结合机构达到6 492家。

五、居家养老服务体系中发展医养结合的主要问题分析

发展医养结合其根本动因是需求侧的推动,是基于人口老龄化的社会背景下,老年人对医养结合的客观需求,然而伴随人口老龄化和疾病谱的转变,老年人"养"和"医"需求的迭加趋势越来越明显,需求总量的快速增长以及对质量要求的不断升级,倒逼供给侧为老年人提供综合性和连续性的生活照料、康复、护理以及疾病诊疗等服务。目前,在政策的推动下医养结合发展迅速,但是在居家养老服务领域仍然存在不少的问题需要解决。

(一)医疗服务和养老服务结合后的费用支付问题

医养结合的核心在于将医疗和养老结合在一起,而两者结合之后产生的费用等问题亟须政策规范和支持。报销比例如何合理确定,特别是什么时候算"医",什么时候算"养",难以界定,符合"医"的标准,就可以使用医疗保险资金报销,要是不符合"医"的标准就算"养",而"养"的部分怎么解决等等,仍是当下面临的一个主要问题,尤其是在居家养老服务领域,执业地点改变,服务场所改变,尤其是家庭中提供的医疗服务,费用支付等还需要民政、医保、卫生健康等多部门的协调。

(二)医养结合专业人员水平参差不齐,专业人员匮乏

目前,我国从事居家养老服务的人员工资待遇较差,下岗再就业及务工人员成为养老护理队伍的主力军。他们大多没有接受系统专业的培训,无法为老年人提供专业护理和安全保障。而老年人的养老护理也不仅仅是起居照料,诊疗、康复及心理慰藉都需要专业的医护人员。就目前而言,一方面院校相关医养结合专业人才供给能力不足,招生难、就业难的问题突出,在教学过程也存在脱节问题,如只关注临床知识传授,缺乏对老年人的特殊护理及人文关怀教育,专门老年人医护人员无法满足

需要,也造成了人才培养和岗位能力要求存在脱节的情况。另一方面现有的从业人员在养老行业待遇不高、职业地位不高、职业空间有限,也导致了难留人、难发展人的情况[1]。

(三)医养结合服务发展存在不平衡

我国优质的医疗资源主要集中在大城市,而且以市区为主,相对而言在中小城市、农村、乡镇医疗资源相对薄弱,居家养老服务也存在城乡之间的差异;同时,居家养老服务领域偏"护"少"医"缺"康"的情况还是比较突出,促进医疗、康复、养老、护理等资源的全面整合,推动面向居家老年人的"医康养护"一体化发展,最终实现便捷、连续、有效的医养结合新模式,成为我国在医疗领域推进供给侧改革工作的重中之重。

(四)居家养老领域"医进养"存在难度大的情况

目前承担政府购买居家养老服务的机构普遍医疗服务能力不足,根源在于医疗服务专业性高,服务成本高,专业医护人员主要在医院执业,而不愿意到居家养老服务机构就业,仅仅依靠政府补贴资金很难直接保证医疗服务供给。而长期照护保险政策尚在试点阶段,老年人能力的评定标准还有待完善,报销比例也需要进一步合理等问题还需要进一步探讨[2]。

(五)居家养老中医疗服务供给途径相对单一,服务内容相对简单

目前,居家养老服务供给中有政府财政资金支持的医疗服务主要是可以面向老年人的家庭医院、家庭护理床位,更为多见的则是居家养老服务机构、社区街道等和医疗机构合作,为居家老年人提供健康宣教、义诊咨询等服务。

六、居家养老服务体系中发展医养结合的思考

推进医养结合,是优化老年健康和养老服务供给的重要举措,是积极应对人口老龄化、增强老年人获得感和满意度的重要途径。党的二十大报告指出,群众在医疗、托育、养老等方面仍面临不少难题,要"实施积

---

[1] 朱晓卓.供给侧视角下影响养老机构医疗服务供给的因素及对策[J].医学与法学,2019,11(4):76-79.
[2] 史毅.推动医养结合事业发展积极应对人口老龄化[N].中国妇女报,2023-2-9.

极应对人口老龄化国家战略,发展养老事业和养老产业,优化孤寡老人服务,推动实现全体老年人享有基本养老服务。"对于我国老龄化程度不断加深、失能老年人规模不断增加而言,如何积极构建完备、有效、可持续的制度体系,减轻老龄化对经济的冲击,保障老年人的生活质量,降低家庭老年人照料负担,是需要解决的重要问题。尤其是居家作为老年人养老的首选,他们的健康状况仍然是值得关注的,更需要通过事前干预提升老年人健康水平、减少老年人失能失智风险,对于存在各类疾病的居家老年人,也需要通过医养结合保障他们的健康服务需求,这也是在健康老龄化的框架下,在新时期贯彻落实积极应对人口老龄化国家战略的重要选择。

(一)要增加居家医疗服务供给能力

首先,支持有条件的医疗卫生机构通过家庭病床、上门巡诊、家庭医生签约服务等方式,为居家失能失智、慢性病、高龄、残疾等行动不便或确有困难的老年人提供个性化、多层次的居家医疗服务,推动医疗卫生机构将上门医疗服务向养老机构拓展。支持护理院(护理中心)、康复医院(康复医疗中心)、安宁疗护中心等接续性医疗机构将医疗服务延伸至居家。推进"互联网+医疗健康""互联网+护理服务""互联网+康复服务",创新居家医疗服务方式。其次,完善居家医药价格政策。公立医疗卫生机构开展上门医疗服务,采取"医疗服务价格+上门服务费"的收费方式。提供的医疗服务、药品和医用耗材适用本医疗卫生机构执行的医药价格政策。上门服务费由公立医疗卫生机构综合考虑服务半径、人力成本、交通成本、供求关系和服务对象承受能力等因素自主确定。已通过家庭医生签约、长期护理保险等提供经费保障的服务项目,不得重复收费。

(二)要提高医养结合服务在居家养老领域中的可及性

我国大部分老年人选择居家养老,有慢病、高龄、失能、半失能等行动不便、需要照料的老人,也集中在社区。现阶段,应重点提高居家和社区医养结合服务质量。一方面,要鼓励社区卫生服务机构、乡镇卫生院、养老服务机构等在社区(乡镇)设立医养结合服务设施,推动医疗卫生机构将服务延伸至社区和家庭,将上门医疗服务向养老机构拓展;另一方面,可通过"互联网+医疗健康""互联网+护理服务"等创新方式,让老年人不出社区(乡镇)即能享受服务。

（三）要在居家养老领域逐步引入医养结合服务体系

第一,依托社区卫生服务中心、乡镇卫生院开展老年医疗服务的居家养老医养结合发展,依托现有的医疗机构建设和发展医疗养老,面向居家老年人提供服务。第二,要建立包括卫生健康、民政、医保等主要部门在内的多部门联动合作机制,确保业务精准对接、服务有效融合、监管权威有力。第三,加快建立长期护理保险制度,拓宽筹资渠道,鼓励发展与基本医保相衔接的商业健康保险,满足居家老年人的健康保障需求。第四,要完善医养结合服务市场引导与扶持政策,要充分发挥市场作用,进一步放开市场,通过政府购买、公建民营、服务外包等多种形式,鼓励社会力量投入医养结合服务市场,并且在规划、土地、税费优惠等方面,结合目前已有政策,进一步整合与完善优惠扶持政策。第五,要进一步完善对医养结合服务的监督管理机制,进一步明确和统一相关服务内容、服务供给主体以及服务需求评估、服务质量评价、服务监督管理的相关标准与规范,不断提高医养结合服务的服务质量与管理水平。

（四）要在居家养老领域中逐步完善医养结合服务支付体系

需要尽快建立老年人长期护理保险制度和面向特殊困难群体护理救助制度,细化当地政府对医养结合机构的扶持政策,并建立监督机制,确保面向居家老年人的医养结合服务能享受到国家的扶持政策。同时,整合用于社区的预防保健经费、医疗保险用于支付家庭病床的居家老年人医疗项目经费,形成统一的支付体系,利用已有的医疗卫生系统的大数据,进行居家老年人医疗卫生费用的使用情况分析,合理控制居家老年人医疗卫生费用的支出和照护服务的项目内容。

（五）要在居家养老领域扩大政府购买医养结合服务的内容

发挥地方和基层组织的创新力量,整合资源,重点推进医养服务资源在社区、居家层面的融合,逐步扩大政府购买服务的范围,将医养结合服务有效融合到居家养老服务之中,科学合理地形成居家服务和医疗服务融合互补的体系,以满足更多居家老年人个性化、专业化的需求,也在家庭层面构建预防和保障居家老年人身心健康的保障网络。

（六）要加强政府在居家养老领域开展医养结合服务的主导性

在现有健康数据的基础上，加快构建政府主导的覆盖全居民的健康云，整合居家老年人个人健康数据，建立完善健康档案，推动个人健康信息资源共享，开展老年人能力评估和服务需求评估工作，以老年健康档案为基础，制定符合国情的老年健康分类标准及不同等级的护理标准与规范，能够为居家老年人提供医养机构服务提供技术保障和信息支持。

（七）要鼓励引导医务人员从事医养结合服务

根据公立医疗卫生机构开展医养结合服务情况，合理核定绩效工资总量，在公立医疗机构内部绩效分配时，对完成居家医疗服务、医养结合签约等服务较好的医务人员应给予适当倾斜。基层卫生健康人才招聘、使用和培养等要向提供医养结合机构倾斜。支持医务人员特别是退休返聘且临床经验丰富的护士到提供医养结合机构执业，支持到居家养老服务机构开展服务。医养结合机构中的医务人员享有与其他医疗机构同等的职称评定、专业技术人员继续教育等待遇。要打破职业和行业的限制，特别是要进一步放开医护人员多点执业的限制，在符合行业监管原则和保证服务安全、服务质量的基础上，进一步创新相关机制，创造有利于医疗、养老从业人员便利服务、有效对接的制度环境。

（八）要稳步扩大居家医养结合人才培养规模

将医养结合人才队伍建设分别纳入卫生健康和养老服务发展规划，加快推进医疗卫生与养老服务紧缺人才培养。鼓励普通高校、职业院校增设健康和养老相关专业和课程，与医养结合机构签订合作协议，为教师实践和学生实习提供医养结合服务岗位，加强医养结合临床教学工作，培养和提高学生临床实践能力、综合素质。发挥有关职业技能等级证书作用，拓宽院校培养与机构培训相结合的人才培养培训路径。开展应急救助和照护技能培训，继续加强全科医生、康复治疗师、养老护理员等专业人才的教育、培训与就业支持体系，在宣传引导、学费减免、就业扶持、职业发展等方面进一步优化政策，扩大医养结合方面的专业人才储备，组建失能照护服务队伍，以支持居家养老服务需求。

第三节 长期照护在居家养老服务中的发展

从广义社会福利的概念内涵出发,保障身心健康是福利最重要的内容之一。从全球范围来看,多国设置"健康与福利部",将促进健康与增进公众福利紧密联系起来,并在社会福利与社会政策的理论研究与实践领域重点关注健康福利议题。身心健康和美好生活也已成为我国国民的共同追求。在实施健康中国战略和积极应对人口老龄化国家战略的过程中,医养结合作为一项以提高老年人健康水平与生活福利水平为主要目标的创新之举,受到全社会的关注。面对健康需求和人口老龄化问题,开展长期照护是各地区在探索实践中达成的共识,但也是全世界面临的难题,各国和各地区也在探索可行方式解决这一问题。

一、长期照护制度

(一) 长期照护的概念

长期照护又称长期照顾,世界卫生组织认为长期照护是指非专业照料者和专业照料者进行的照护活动,以保证自我照护能力不完全的人的生活质量、最高程度的独立生活能力和人格尊严。美国学者 Rosalie A. Kane 与 Rober L. Kane 认为,是针对丧失或者未曾拥有日常生活功能者,长期性地提供医疗、个人生活照顾与社会服务等措施,其所服务之领域广及社会照顾和医疗照护层面。在日常实践中,长期照护也常被特指老年人长期照护,是指完全或者部分失能、失智的老年人,配合其功能或者自我照顾能力,提供不同程度的照顾措施,使其保持自尊、自主及独立性或者享有品质生活,既包括普通的日常生活照顾,也包括专业的医疗护理服务。也就是说,对身体功能障碍缺乏自我照顾能力的人,提供健康照顾、个人照顾及社会服务。

(二) 长期照护的主要特征

长期照护和现行的监护制度、医保制度以及赡养制度有明显的不同,是将生活服务和医疗服务整合于一体而服务于老年人的模式,主要有以下特征[1]：

1. 长期照护具有长期性的特点

由于长期照护主要针对患有身体疾病的老年人提供生活照顾、家政服务、文体娱乐、疾病诊治等日常生活和医疗服务，通常来说长期照护所服务的老年人一般不可能解决所有问题，不可能恢复到正常人的身体或精神状态，这就决定了长期照护服务需要相当长的时间甚至是直到老年人去世为止。

2. 长期照护具有照护性的特点

长期照护具有集人身与财产、身体与精神、家庭与社会、私密与公开等复杂性、多元化、综合性的情况，以生活照顾和医疗照护集中化，对于身体或者精神存在障碍的老年人来说，他们的生活自理能力存在丧失和部分丧失的情况，照护该类人群并不是说要完全解决他们所患的疾病，更多的还是需要营养支持、康复保健、情感陪护甚至临终关怀，这些照护行为都是为了满足老年人的实际需求。

3. 长期照护具有持续性的特点

和医疗服务不同，长期照护所依靠的除了医疗机构之外，还有家庭到社区、从机构到医院，只要老年人生活或者居住的地方，都可以提供日间照护、康复保健、喘息服务以及医疗护理等系列的照护，不是间接需求，而是伴随老年人身体状况提供全天候、不间断的照护。

4. 长期照护具有社会性的特点

长期照护是伴随着经济社会发展、家庭功能变化、政府社会职能强化等情况下而产生的。在现代社会，政府需要承担养老责任，在"养儿防老"的家庭代际传承与照护模式被破坏的情况下更要加以强化，政府通过公权力介入老年人的生活领域，解决因为自由市场体制所产生的老年生活风险，解决了家庭养老功能弱化的现实问题。

（三）长期照护制度的实践

随着老年人生理机能的衰退，其生活自理能力逐渐变差。在这一老化过程中，如何提供服务保证老年人的生活质量与个人尊严，是老龄政

---

[1] 李志强.我国老年人长期照护保险立法研究[J].兰州学刊,2015(4):100-112.

策的一个重点,也是健康与福利整合的核心。为此,国际上很多国家纷纷建立长期照护制度,其制度核心包括长期照护服务与长期照护保险。在长期照护服务方面,这些国家一般将非治疗性的护理、康复服务从医疗服务中分离出来,与基本生活照料服务组合,单独形成一个社会服务体系,从而减轻人口老龄化导致的医疗费用上涨压力;在长期照护保险方面,采取国家立法形式,明确长期照护的福利供给与输送体系,保障公民社会权利。如美国从2011年开始,专设了一个医疗与照顾协调机构,并引入全人全责理念,试点老人全包式照顾项目,项目从最初的1个试点,发展到2016年32个州的118个项目点。实践证明,将医疗服务和生活照料进行整合,既避免了高龄失能者对传统医疗的过度依赖和可能带来的浪费,又解决了原来单一生活照料模式的弊端。

根据福利体制理论,不同国家实行的长期照护制度可以按给付原则分为普惠型、缴费型、选择型三大类。给付原则为普惠型的典型代表是荷兰。作为世界上第一个建立强制性长期照护保险制度的国家,荷兰实行普遍的全面保障。其最初从医疗保险基金中提取一部分作为长期照护保险基金,后来将长期照护保险基金从医疗保险基金中分离,使之独立出来。给付原则为缴费型的典型代表是德国。其长期照护保险同样作为一个独立险种,由国家统一管理保险基金,为有中重度照护需要的老年人提供服务,筹资方式为国家、单位、个人共同缴费。日本、韩国也采用这种模式。给付原则为选择型的典型代表是英国和美国,但二者略有差异。英国长期照护保险注重需求审核和家庭情况调查,将政府税收选择性地给付至弱势家庭,具有社会救助的性质;美国长期照护保险则主要采取商业保险的形式进行给付,少量由州政府的医疗补助进行选择性给付。

(四)促进医养康养相结合与长期照护制度发展

2021年《政府工作报告》提出:"促进医养康养相结合,稳步推进长期护理保险制度试点。"这为我国长期照护制度发展指明了方向。从老龄健康福利的视角来看,医养康养融合是医养结合的努力方向。医养结合的重点不仅要将医疗、健康、养老等服务进行服务形式上的衔接,还应在厘清医疗、健康、养老不同服务及其政策的目标定位与功能划分的基础上,兼顾老年群体的共性需求和个性需求,充分考虑疾病与健康状况的动态变化,为不同类型的老年人有针对性地提供不同服务项目,不仅要满足老年人口的医疗护理需求,更要重视满足其医养康养需求。随着我国长期照护制度发展逐渐成熟,可逐步扩大长期照护服务与保险的目标覆盖人群,从重度失能人员到中度以上失能人员再到全体老年人口,逐步提高长期照护服务质量与保障水平,从而建设有中国特色的适度普惠长期照护制度。

二、居家失能失智老年人及家庭的长期照护需求

针对居家生活的失能失智群体提供持续的照料护理支持和生活协助,也即长期照料服务,这也是居家养老服务的核心。世界卫生组织(WHO)在2015年全球健康老龄化与世界老龄人口的报告中指出导致失能的因素包含内在能力与外在环境两方面,内在能力取决于个体特征和基因遗传,外在环境包括基础设施、无障碍设计及社区居家服务、照料、支持等,通过改善此类外在环境能更好地支撑老人生活。社区居家养老服务,就是针对内在能力有缺损的老年人或者说不具备完全自我照料的人,提供必要的功能代偿和辅助服务,以提高老人的生活自主性、独立性。"不具备完全自我照料能力"实际上包含两个方面的内容:一是基本生活自理,即作为人的基本能力,比如进食、排泄、行动等;二是所谓的工具性生活自理能力,比如洗衣做饭、管理钱财、购物等。目前政府主导构建的居家养老服务,主要就是要满足这两方面能力缺失老年群体的照料服务需求,对其进行能力代偿与补充。这就需要将对于居家失能失智老年人的照护纳入政府购买居家养老服务之中。

从世界上各养老先进国对家庭照料者的支撑来看,主要包括以下方面:一是经济支持,减免税款、长期照护险、照护补贴等;二是服务方面,需要大量可负担的服务组织和机构;三是环境方面,基本公共服务设施的完备以及适老化、就近医疗、交通等;四是时间成本,实行护理假等,事实上,不少地区出台了政策但无法实施,其原因在于谁来承担费用;五是信息、技能和心理方面,信息共享、技能指导和培训、心理调适等社会支持。家庭照料者社会支持体系目的在于建设协助照料者兼顾工作与照顾的整套制度,包括对于企业而言,号召社会建立友善的家庭支持环境,促使邻居、同事及周边的支持资源能够协助和支持照料者,避免其陷入极端的困境中。对此,也应发挥三次分配的作用,鼓励和引导慈善公益事业向

家庭照料者进行拓展、延伸，为其提供相应支撑。有学者指出，目前我国家庭政策已从隐性家庭主义向显性家庭主义过渡，我国的家庭照料者支持政策和举措，也已经在萌芽和发展，上海、北京等不少地方都已经通过政府购买服务，来为家庭照料者赋能和减压疏导。

三、长期照护保险对居家养老服务的支持

长期照护保险是以保障老年人群体的生活照料、医疗护理服务需要为主要内容的保险制度，通过保险，建立社会养老的经济分担机制，整合优化各类照护资源，提高被照护人的生活质量和人格尊严，也缓解了目前患病老年人长期压床导致病床周转率低、养老护理资源不足、家庭养老负担重等问题。

（一）长期照护保险的发展背景

长期以来的计划生育政策，导致了我国的家庭结构呈现"4-2-1"的特点，家庭照护老年人的压力无论从时间上、经济上还是精力上都是比较大的，加上还有相当数量的空巢失独老人、失能或失智老人，进一步增加了社会照护的压力。根据国家卫健委发布的《2018年我国卫生健康事业发展统计公报》，我国居民人均预期寿命[1]由2017年的76.7岁提高到2018年的77.0岁，长寿并不意味着健康，目前我国老龄人口中有超过4 000万的失能失智老人。第四次国家卫生服务调查报告显示，我国近50%的老年人患有各种慢性病，65岁以上老人耗费了近30%的医疗总费用，老年人消耗的医疗费是全部人口平均消耗卫生资源的1.9倍。由此不难看出老龄化程度加深必然伴随着健康需求的增加。为了应对人口老龄化，提高失能、失智老年人的生活质量，党的十八届五中全会和"十三五"规划纲要就明确提出，要探索建立长期护理保险制度。长期照护保险是在医疗保险的基础上发展起来，例如韩国和德国的长期照护保险，虽然是一个独立的险种，但是主要依据医疗保险确定参保范围，明确筹资来源，并由医保机构一并进行管理，有助于提高资源利用，减少医保和长

---

[1] 人均预期寿命是指在一定死亡水平下，预期每个人出生时平均可存活的年数。人均预期寿命是度量人口健康状况最重要的指标，也是衡量一个国家或地区经济社会发展水平及医疗卫生服务水平的综合指标。

期照护保险矛盾冲突。

(二)国内开展长期照护保险的政策情况

根据《关于开展长期护理保险制度试点的指导意见》的文件要求,各试点城市结合当地的社会经济、人口状况等特点,率先开展落实相关配套政策,实施相应的具体条例和细则。青岛、长春、南通等城市均已经出台相应的政策文件(表6-1),在保障方位、资金筹措、保障对象等方面基本依据《关于开展长期护理保险制度试点的指导意见》,具有一定共性,也有部分城市在此之前已出台过类似的文件[1]。实践证明,将医疗服务和生活照料进行整合,既避免了高龄失能者对传统医疗的过度依赖和可能带来的浪费,又解决了原来单一生活照料模式的弊端。2016年6月,国家人力资源和社会保障部出台《关于开展长期护理保险制度试点的指导意见》,正式开启长期护理保险制度化建设征程,历经三年多探索,已在河北省承德市、黑龙江省齐齐哈尔市、江苏省苏州市和南通市、浙江省宁波市、山东省青岛市等15个试点城市和河北、北京等多个省市的非试点地区展开,覆盖人口超过4 800万。

表6-1 部分城市颁布长期照护保险政策的情况

城市	文件名称	颁布时间
青岛市	《关于建立长期医疗护理保险制度的意见(试行)》 《青岛市长期医疗护理保险管理办法》	2012.06 2014.12
长春市	《关于建立失能人员医疗照护保险制度的意见》	2015.02
南通市	《关于建立基本照护保险制度的意见(试行)》	2015.10
承德市	《关于建立城镇职工长期护理保险制度的实施意见(试行)》	2016.11
上饶市	《关于开展长期护理保险工作试点工作方案》	2016.12
荆门市	《荆门市长期护理保险办法(试行)》	2016.12
上海市	《上海市长期护理保险试点办法》	2016.12
安庆市	《关于安庆市城镇职工长期护理保险试点的实施意见》	2017.01
成都市	《成都市长期照护保险制度试点方案》	2017.02

---

[1] 杨菊华,王苏苏,杜声红.中国长期照护保险制度的地区比较与思考[J].中国卫生政策,2018,11(4):1-7.

续表

城市	文件名称	颁布时间
石河子市	《关于建立长期护理保险制度的意见(试行)》	2017.03
苏州市	《关于开展长期护理保险试点的实施意见》	2017.06
齐齐哈尔市	《齐齐哈尔市长期护理保险实施方案(试行)》	2017.07
广州市	《广州市长期护理保险试行办法》	2017.07

(三)长期照护保险的保障对象

试点城市在设计长期照护保险制度的时候,都将医疗保险作为基础,将保障对象的界定基本对接了《关于开展长期护理保险制度试点的指导意见》的要求,原则上主要覆盖职工基本医疗保险参保人群,以参加职工基本医疗保险的人员为主,但是也有长春、南通、石河子等地将城镇居民基本医疗保险的人员纳入,青岛、苏州等地还将参保人员进一步扩大为城乡居民医疗保险的参保人员。从待遇支付来看,各试点地区的方案存在较大的差别,例如上海市规定60周岁及以上且已经办理相关手续的参保人员可享受长期照护保险待遇,但是也有部分地区未对投保人的年龄做限制,只要根据《日常生活活动能力评定量表》(Barthel指数评定量表)评定低于40分且符合保险条款,无论不能自理是因年老或者疾病、伤残、意外事故造成的,均可以申请长期照护保险待遇,有的城市还将灵活就业人员纳入其中(表6-2)。

表6-2 部分城市颁布长期照护保险的保障对象界定情况

城市	长期照护保险参保对象
青岛市	城镇职工基本医疗保险、城乡居民医疗保险参保人员
长春市	城镇职工基本医疗保险、城乡居民医疗保险参保人员
南通市	市区(崇川区、港闸区、市经济技术开发区)范围内的职工基本医疗保险和居民基本医疗保险的参保人员
承德市	市本级城镇职工基本医疗保险的所有参保人员
上饶市	城镇职工基本医疗保险参保人员
荆门市	城镇职工基本医疗保险、城乡居民医疗保险参保人员
上海市	本市职工基本医疗保险、60周岁及以上的城乡居民基本医疗保险的参保人员

续表

城市	长期照护保险参保对象
安庆市	本市城镇职工基本医疗保险参保人员
成都市	城镇职工基本医疗保险参保人员
石河子市	本市城镇职工基本医疗保险、本地户籍居民基本医疗保险的参保人员
苏州市	市职工基本医疗保险、城乡居民医疗保险参保人员
齐齐哈尔市	市本级(不含梅里斯区)参加城镇职工基本医疗保险的人员(含灵活就业人员)
广州市	本市职工社会医疗保险参保人员

(四)长期照护保险的筹资来源

各地的长期照护保险制度都采取统筹基金账户与个人账户相结合的方式,筹资模式主要采取个人缴纳、财政补助、医保统筹基金余额划转相结合。但是主要资金来源还是存在一定差别,可分为五类:一是主要来源于医保统筹基金划转,个人和用人单位暂不缴费,如青岛、长春等地;二是主要来源于医保统筹基金划转和个人缴费,如安庆等地;三是主要来源于医保统筹基金划转、单位缴费和个人缴费,如上饶等;四是主要来源于医保统筹基金划转、财政补助和个人缴费,如南通、苏州等地(表6-3)。此外,苏州等地目前暂免征缴个人缴费。

表6-3 部分城市颁布长期照护保险的资金给付情况

城市	长期照护保险资金筹措来源
青岛市	医保统筹基金划转
长春市	医保统筹基金划转
南通市	个人缴费、医保统筹基金划转、政府财政补助
承德市	个人缴费、医保统筹基金划转、政府财政补助
上饶市	个人缴费、医保统筹基金划转、单位缴费
荆门市	个人缴费、医保统筹基金划转、政府财政补助
上海市	职工医保:个人缴费、单位缴费 居民医保:个人缴费、政府财政补助
安庆市	个人缴费、医保统筹基金划转

续表

城市	长期照护保险资金筹措来源
成都市	个人缴费、医保统筹基金划转、单位缴费、政府财政补助
石河子市	个人缴费、医保统筹基金划转、政府财政补助
苏州市	个人缴费、医保统筹基金划转、政府财政补助
齐齐哈尔市	个人缴费、医保统筹基金划转
广州市	医保统筹基金划转

(五)长期照护保险的评定和保障方式

长期照护保险主要是解决失能人员的健康服务问题,这些失能人员以老年人为主,但也有的城市也包括了60岁以下的人。各地在制定长期照护保险政策的时候都是以参保人员的失能评定作为是否符合保险范围的必要条件。总体来看,对于参保人员的失能判定,主要依据有两种:一种是按照《日常生活活动能力评定量表》进行测评打分;另一种是由定点的医疗机构开具的证明。此外,一般还需要有不少于6个月的治疗经历,确保需要进行长期照护保险的参保人员信息准确,其身体状况确实需要进行保险保障。由于社会老龄化程度、区域经济社会发展等情况限制,相应的补偿标准也有所不同,在试点城市大多采取的是保障方式还是以提供服务为主,采取比例报销或者定额包干的形式进行补偿。

(六)长期照护保险的申报流程

以苏州市为例,参加苏州市区社会基本医疗保险,具备社会基本医疗保险待遇资格且参加长期护理保险的参保人员因年老、疾病、伤残等导致失能,生活不能自理,经过一段时间治疗病情稳定后,需要长期护理的,经失能评定和资格认定,可享受长期护理保险待遇。申请长期照护保险的申报流程如下:

① 参保人员自主选择定点护理服务机构,提出代办申请,递交申请材料;

② 定点护理服务机构向商业保险机构提出评估申请;

③ 商业保险机构经审核通过后,受理失能等级评估申请,安排专业评估机构上门评估;

④ 评估结论作出后,经复核、公示均无异议的,商业保险机构和专业

评估机构共同出具评估结论书并送达至参保人员；

⑤ 失能等级评估达到中度或重度的参保人员，其长护险待遇自失能等级评估结论书做出次日起享受。

（七）长期照护保险的保障金额

各试点城市主要根据参保人员年龄、缴费时间、失能程度/护理等级、护理服务类型作为评定依据，在保障水平上，基本符合《关于开展长期护理保险制度试点的指导意见》提出的"对规范范围内的长期照护费用，长期照护基金支付水平总体上应控制在70%左右"的要求，一般在50%~90%之间浮动（表6-4）。

表6-4 部分城市颁布长期照护保险的保障金额给付标准情况

城市	职工医保	居民医保	医疗机构	养老机构	居家护理
青岛市	90%	80%和40%[1]	每人每日170元	每人每日65元	每人每日50元
长春市	90%	80%			
南通市			报60%+医保住院待遇	50%	每人每月1 200元
承德市			每床每日定额60元	每床每日50元	规定范围内的费用报70%
荆门市			每人每日150元	每人每日100元，报75%	每人每日100元，报85%，每人每日40元
上海市			按照医保	85%	90%
安庆市			报60%+医保住院待遇	50%	上门服务的月限额为750元，居家非协议护理服务每人每日15元
成都市			70%	70%	75%

---

[1]《青岛市长期医疗护理保险管理办法》规定，一档缴费成年居民、少年儿童和大学生接受医疗专护、护理院医疗护理、社区巡护服务期间发生的符合规定的医疗护理费，报销比例为80%；二档缴费成年居民接受社区巡护服务期间发生的符合规定的医疗护理费，报销比例为40%。

续表

城市	职工医保	居民医保	医疗机构	养老机构	居家护理
石河子市			70%（额度750元/月）	70%（额度750元/月）	70%（额度750元/月）
苏州市			医保住院待遇	重度失能人员定额标准为每人每日26元；中度失能人员定额标准为每人每日20元	重度失能人员定额标准为每人每日30元；中度失能人员定额标准为每人每日25元
齐齐哈尔市			定额每人每日30元,报60%	定额每人每日25元,报55%	每人每日定额20元,报50%
广州市			75%（医疗护理费用的最高支付限额为每人每月1000元）	75%（基本生活照料费用每人每日不高于120元,其中床位费每人每日不高于35元）	75%（基本生活照料费用每人每日不高于115元）

（八）长期照护保险的保障服务内容

根据评定结果,参保人员可以选择的照护方式包括了医疗机构医疗护理、养老机构和护理院的照护服务、居家照护等多种形式,具体形式根据参保人员失能评定结果和选择的照护形式,尽管存在名称不同的情况,但是基本还是以居家照护和医疗机构护理为主（表6-5）。此外,青岛等地还有社区巡护的说法,主要采取的还是护理服务机构派医护人员到参保人员家里提供上门护理服务。

表6-5 部分城市长期照护保险的服务内容情况

城市	长期照护保险的服务内容
青岛市	居家医疗护理、医疗专护、护理医院医疗护理、社区巡护
南通市	居家照护、机构照护
承德市	医疗机构护理、养老机构护理
上饶市	居家护理、机构护理
荆门市	居家护理、养老机构护理、医院护理

续表

城市	长期照护保险的服务内容
上海市	社区居家护理、养老机构照护、住院医疗护理
苏州市	社区居家护理、养老机构护理、医疗机构护理
齐齐哈尔市	居家护理、养老护理服务机构护理、医养护理服务机构护理
广州市	居家护理、机构护理

对于照护时长，各地也有所区别，如荆门市居家护理服务分为全日制和非全日制。全日制护理市是护理人员对参保人员提供长达24小时的连续护理服务，非全日制护理由护理人员对参保人员提供每日不低于2小时的护理服务，每名护理人员的服务对象不超过3人。在养老机构、社会福利院等定点护理服务机构，为入住本机构的参保人员提供每日24小时的连续护理服务，在基本医疗保险定点医疗机构或者医养结合定点护理服务机构，则设置医疗专护病房，为入住本机构的参保人提供每日24小时的护理服务。有的城市也对服务项目做了界定，例如南通市长期照护保险政策规定照护服务包括但不限于清洁照料、睡眠照料、饮食照料、排泄照料、卧位与安全照料、病情观察、心理安慰、康复照护等项目，广州市也颁发了《长期护理保险基本生活照料服务项目》和《长期护理保险医疗护理服务项目》。前者主要有环境与安全、生活护理、对非禁食失能人员协助进食/水、口服给药、卧位护理、排泄护理、心理慰藉、失智护理等8项服务，后者则包括吸痰护理、口腔护理、糖尿病足护理、平衡功能训练、作业疗法、截瘫肢体综合训练等30项服务。

三、长期照护和政府购买居家养老服务的衔接

根据《中华人民共和国国民经济与社会发展第十四个五年规划和2035年远景目标纲要》中提出"构建居家社区机构相协调、医养康养相结合的养老服务体系""加强老年健康服务，深入推进医养康养结合"，对于半自理、不能自理的老年人应该是政府关注和保障的重点人群，通过医养结合机构照护他们无疑是最好的选择。但是由于家庭的原因让这些老年人可能还会留在家中，而且居家老年人本身就存在发生失能失智的可能，将长期照护纳入政府购买居家养老服务中，就是要把这些服务能

送进老年人的"家"里,真正体现养老服务跟着老年人走。

首先,要形成医保、民政、街道社区和卫生健康等部门的合力。长期照护涉及医保、卫生健康等部门,而政府购买居家养老服务主要由民政、街道社区等来落实,体系之间的差异,造成服务的重点并不相同,居家老年人的功能评估、健康照护更需要专业的医护人员参与,但是现有购买居家养老服务的主体往往都不具有这样的能力或是能力不足。因此,要统筹设计居家养老服务项目体系,要充分利用现有的医疗卫生资源,也要打破补助资金上的壁垒。

其次,要培养能承担居家健康照护、具有融合特征的人才队伍。人是承担照护服务的关键,要通过长期照护和政府购买居家养老服务的衔接,进一步完善服务链上的岗位分工,一方面医护专业人员要加强养老服务方面的训练,另一方面养老专业人员要加强在康养方面的培训。因此,相关人员就要打破领域的界限,做好融合。

最后,要以"尊重老年人"为中心开展服务,要让家庭能接受。家庭的需求是开展长期照护和政府购买居家养老服务衔接的关键,家庭环境决定了老年人的优势主导地位,无论提供的是何种服务都要帮助居家老年人参与和融入,尊重老年人的价值。在照护的过程当中,切忌过度照护,要让老人的功能能够继续发挥,还有正向的鼓励和认可。

长期照护和政府购买居家养老服务的衔接,核心还是在于医养结合,将其纳入政府购买居家养老服务范围还涉及政策落实、人才培养、服务方式、资金补贴等多个方面的要求,转变过程中也面临着一些关键性难题,只有妥善地将问题逐个攻破才能够真正将医养结合的优势发挥到最极致,从而从根本上优化居家老年人的养老环境,推动社会向更加和谐的方向发展。

第七章

绩效和发展：政府购买居家养老服务的行动思考

为了解决国家公共服务供给难题，欧美国家从 20 世纪 70 年代开始探索通过市场竞争，由合同委托的方式让社会组织承担本应是政府直接供给的公共服务。经过长时间的经验积累，西方国家在教育、卫生、法律、养老等公共领域已形成了相对完备的公共服务供给体系，这也为我国政府提高公共服务供给水平提供了重要的可借鉴的经验[1]。面对日益严重的人口老龄化问题，原本依赖于政府供给的养老服务必须寻求更多的社会支持，以消化日益增长且多样化发展的养老服务需求。实践证明，推行政府向社会力量购买养老服务对于推动政府养老职能转变，整合利用养老社会资源，增强公众参与养老服务意识，增加养老服务供给，提高养老服务水平和效率，都具有重要意义，实现了花最少的钱为老年人办最实在的事、办最需要的事、办最有效的事。政府作为购买方，为了保证服务质量，也需要对购买的居家养老服务进行质量监控，达到"物有所值"是首先需要保障的就需对项目实施的效果以及其是否能实现既定目标进行客观的绩效评价，同时也要对现有制度进行反思，以推动政策持续提高行动能力。

---

[1] 陈贞贞.政府购买养老服务绩效评价理论与方法——基于西宁市的实践应用[D].西宁:青海大学,2021.

第一节　政府购买居家养老服务的绩效评价

当前,各地推行政府购买居家养老服务都配套了相应的优惠政策和补贴机制,通过政府购买服务的形式,让更多的社会组织参与居家养老服务供给。但是服务绩效关系到政府资金的拨付和使用,也关系到服务对象的满意度。

一、绩效评价

在我国公共养老服务体系中政府购买居家养老服务扮演着非常重要的角色,其中该体系中最大利益获得者就是居家老年人[1]。但是,目前我国居家养老服务体系所发挥的功能和作用与居家老年人的现实需求还存在着较大的差距,核心问题在于供给和需求不相适应。绩效评价就是为了充分了解政策施行的有效性,以为不断提高服务对象的满意度提供参考。

(一) 概念

"绩效"一词最初主要运用于管理学的研究,从管理学角度来说,是组织为实现其目标而展现在不同层面上的有效输出。绩效具有一定的时间范围,是组织及其成员在一定时期内取得的成果的综合体现,只有针对综合体现组织目标的完成状况,对组织的战略、计划等实施状况进行控制和评价,是开展绩效管理的主要手段。从财务角度来看,绩效的主要构成是成本、效益及其货币和非货币形式。评价则是通过对项目进行比较分析从而做出全面判断的过程,即为实现特定的目的,通过运用专门的评价方法、在相对统一的评价标准基础上采用恰当的评价指标对事物做出科学价值判断的过程。

20世纪初,政府部门开始引入绩效评价的概念。将政府部门的工作与结果考核联系在一起,通过绩效考核结果对其工作进行综合评价有助

---

[1]　储亚萍,等.政府购买居家养老服务满意度的影响因素研究——基于国内四市的调查[J].东北大学学报,2017,19(4):385-398.

于在工作中不断提高管理水平。政府绩效评价作为复合概念,主要从评价主体、评价对象、评价方式、评价过程、评价结果等多个视角对其进行阐释,以提高政府绩效为最终目的,需对政府购买服务的过程和效果做出科学、规范的评价。因此,政府绩效评价以公共服务的供给效率、效果、公众满意度等为着力点,从而构建科学的政府绩效评价体系。

(二)绩效的价值标准

在政府购买居家养老服务的过程中,社会组织和其他相关企业提供服务,老年人享受服务,接受服务的居家老人是最终消费者,也是最重要的利益相关者,老年人对所享受服务的质量的评价,将直接关系到政府购买该项养老服务是否有效,是否实现了政府购买服务的目的。政府委托社会组织来承担居家养老服务,并不是只是付钱就完成任务了,除了对服务过程的监控外,更要对服务产生的效果进行评价。对于绩效的监控主要考虑以下方面:

1. 经济

对于政府购买居家养老服务而言,经济价值标准是要以最低的成本,创造既定数量与质量的服务。政府购买居家养老服务都有资金的投入,但是基于公益性考虑,限制了服务次数和对象要求,以基本性服务为主,承担居家养老服务的社会组织基本处于保本经营。从盈利角度,第三方直接盈利不可能太多,政府投入的资金也是基本服务的价格。因此,政府购买居家养老服务需要带动更多的社会组织和企业参与到居家养老服务工作中。

2. 效率

效率是政府在既定时间内的预算投入所产生的效果。在政府购买居家服务的过程中,效率主要体现服务资源配置能否保障服务的可及性、便捷性,以满足大多数居家老年人的最大利益。

3. 效益

相对于效率,效益更加强调结果的有效性。政府购买居家养老服务的效益主要包括了经济效益和社会效益。经济效益主要是指通过社会组织和其他机构通过购买居家养老服务所获的经济补偿,从而满足社会组织和其他机构的生存需要。社会效益则反映了政府实施购买居家养老服务的工作目标、服务供给能否代表广大人民群众的利益。如果服务供给能满足大多数老年人,社会就会认可其社会效益是正值;反之,则认为其社会效益是低下的,甚至是负效益的,这也反映了"顾客导向"的服务型政府的理念。

4. 公平

人人都会变老,获得基本的养老服务是作为公民应享有的权利。政府购买居家养老服务就是要以普惠性为保障,保证老年人能人人享有基本的养老服务。

(三) 绩效评价指标

政府购买的居家养老服务属于公共服务的范畴,有学者指出,可以依据质量判断公共服务是否达到有效供给,具体通过服务接受者对公共服务的享用感受体现[1]对评价政府购买公共服务项目的效果具有重要影响。因此,可以利用满意度指标体现服务质量[2]。1982年,英国财政部颁布《财务管理新方案》,明确提出从"经济、效率、效果"(3E)3个维度评价公共部门的项目、服务。之后,政府绩效评价开始引入全面质量管理(TQM)、顾客满意度等方法。美国卫生研究服务中心在 MDS(多维标度分析)的基础上提出 24 条质量评估指标体系。Haywood Farmer(1988)通过享受服务者视角分析指出,应基于"基础设施、过程与结果、专业人员行为、社交能力"等维度分析评价服务质量[3]。Wakefield(2001)将服务分为有形服务和无形服务,将社会服务质量定义为服务接受者对社会服务的期望值和感知值之间的差距[4]。Donabedia(2002)基于"结构质量、过程质量、结果质量"3个维度评估社会服务质量[5]。总体而言,西方国家的政府购买养老服务绩效评价方法主要有 3E 评价体系、标杆管理法、顾

---

[1] Beesley M. Privatization: principles, problems and priorities[J]. LloydsBank Review,2003,22(7):8-10.
[2] Harry P. Performance measurement[J]. Performance& Management Review,2002,36(3):158-162.
[3] Farmer H J. A conceptual model of service quality[J]. International Journal of Operations and Production Management,1988,8(6):19-29.
[4] Wakeflekd R L. Service Quality[J]. The CPA Journal,2001,71(8):58-60.
[5] Donabedian A. An Introduction to Quality Assurance in Health Care[M]. New York:Oxford University Press,2002.

客满意度、平衡计分卡等[1]。

政府购买居家养老服务绩效评价指标方面。章晓懿、梅强(2012)依据"4E"(公平性、经济性、效率性和效果性)评价法,从投入、过程、结果3个环节出发,构建社区居家养老服务绩效评估体系[2]。包国宪、刘红芹(2012)认为政府购买居家养老服务的绩效评价应包含效率和服务质量维度,从"有形性""可靠性""响应性""信任感"和"人性化"5个维度构建评价模型[3]。吉鹏和李放(2013)基于DEA模型,从"投入"与"产出"两个维度构建政府绩效评价体系[4]。李文军(2016)基于程序逻辑模式(Program Logic Model)[5],以"服务投入""服务过程""服务产出""服务满意度"4个维度构建政府购买社区居家养老服务绩效评价体系[6]。吉鹏、李放(2017)结合养老服务购买过程,构建包含"养老服务的前摄性评价-养老服务的效率评价-养老服务的满意度评价"2个维度的政府购买养老服务绩效评价模型[7]。王辰、丁社教(2018)认为评价政府购买居家养老服务绩效应以质量评价为主、公众满意度为辅,构建涵盖"服务机构-政府参与—客户感知"3个维度的政府购买居家养老服务质量评价体系[8]。马骁(2019)认为政府购买居家养老服务绩效评价体系应包括结构-过程-结果3个维度[9]。宁靓(2020)利用绩效棱柱模型分析评价山

---

[1] 张扬.重庆市T区政府购买居家养老服务绩效评价研究[D].重庆:西南大学.2022.
[2] 魏中龙,王小艺,孙剑文,等.政府购买服务效率评价研究[J].广东商学院学报,2010(5):21-26.
[3] 章晓懿,梅强.社区居家养老服务绩效评估指标体系研究[J]统计与决策,2012(24):73-75.
[4] 吉鹏,李放.政府购买居家养老服务的绩效评价:实践探索与指标体系建构[J].理论与改革,2013(3):104-107.
[5] 程序逻辑模式诞生于20世纪70年代的美国威斯康星州大学,是一种协助活动推行者以逻辑分析其活动资源投放及其成效要求是否平衡的模式。
[6] 李文军.基于程序逻辑模式的社区居家养老服务绩效评估研究——以上海市为例[J].广东行政学院学报,2016,28(4):31-40.
[7] 吉鹏,李放.政府购买养老服务绩效内涵界定与评价模型构建[J].广西社会科学,2017(11):130-135.
[8] 王成,丁社教.政府购买居家养老服务质量评价——多维内涵、指标构建与实例应用[J].人口与经济,2018(4):12-20.
[9] 马骁.政府购买居家养老服务质量评估体系研究[J].人民论坛,2019(20):86-87.

东省政府购买居家养老服务的实践,构建政府购买居家养老服务绩效评价体系,选取山东省3个市进行实证研究[1]。徐金燕(2020)从购买外部环境、政府管理能力、社会组织承接能力、市场竞争程度4个方面构建政府购买社区养老服务运行绩效的影响因素结构模型,运用结构方程模型(SEM)对所构建模型进行实证检验[2]。李籽宜、赵庆波(2021)从效率与满意度两方面评价政府购买社区居家养老服务绩效,构建政府投入、实际产出、期望质量、公平程度、可靠性5个维度的政府购买社区居家养老服务绩效评价体系[3]。

二、政府购买居家养老服务绩效评价原则

原则是在处理某些事情的时候必须遵循的准则。政府购买居家养老服务绩效评价,要结合实际情况,依据相关原则,选取合适的评价方法,设立具体评价指标,做出科学评价。

(一)定性和定量结合原则

定量研究的根本目标在于把握事实和获得知识,包括了归纳推理和演绎推理。其中归纳推理是从观察到的资料出发,加以概括,从而解释事物之间的联系,是由经验上升为理论的过程;演绎推理是从某个普遍法则出发,将其运用到具体事例,是在应用中检验理论的过程。定量评价主要是构建数学模型,对相应居家养老服务指标展开分析,得出指标的数值结果,这也是大多数地区开展居家养老服务绩效评价选择的重要方法,会涉及资金使用效率、服务满意度等。从程序上看,定量研究要通过研究准备,确定研究课题,再选择理论,通过对理论的演绎提出研究假设,将课题具体化,确定研究方法和研究计划,然后再通过资料收集,对事实进行归纳、概括或检验假设研究,通过分析、抽象和综合得到研究结论。定性研究则相反,不是对可以量化的指标进行分析,而是需要从复杂的

---

[1] 宁靓,李纪琛.政府购买社区居家养老服务的绩效棱柱模型评价研究[J].中国海洋大学学报(社会科学版),2020(6):88-96.
[2] 徐金燕.政府购买社区养老服务运行绩效影响因素的实证研究——以长沙市为例[J].湖南社会科学,2020(2):157-165.
[3] 李籽宜,赵庆波.政府购买社区居家养老服务的绩效问题研究[J].现代商贸工业,2021,42(11):91-92.

资料中,由表及里、由浅入深、去伪存真,提炼某个概念、事物间的关系乃至于理论,核心在于资料收集、整理与分析的动态互动。就居家养老服务而言,可以设计"购买居家养老服务和产品的数量""居家养老服务设施的资金投入"等能够被量化的指标。但是对于质量方面,需要服务对象满意度来衡量,这涉及居家老年人的主观感受,不同的服务接受者有着不同的体验和感受,用具体的数值标准开展测量较为困难,因而需要设计定性指标衡量老年人对居家养老服务供给质量的满意度。总体而言,将定性和定量两种评价方法相结合,对于客观全面评价政府购买居家养老服务绩效评价指标体系具有积极意义。

(二) 过程和结果相结合原则

政府购买居家养老服务包含了事前、事中和事后 3 个动态过程,需要对政府购买居家养老服务整个过程评价分析和监督,包括评价政府购买居家养老服务资金投入和产出效果,也包括评价居家养老服务承接主体提供的服务和产品是否满足了老年人需要,评价是否达到了购买前设定的目标,更要评价最终结果如何。过程评价主要评价政府购买居家养老服务的具体行为,例如通过评价及时解决服务供给过程中所产生的问题等,确保居家养老服务供给各环节过程的质量。结果评价是事后评价,就是对购买的居家养老服务项目或产品是否有效的评价。将过程和结果结合起来,更能有效衡量政府购买居家养老服务整个过程,更全面地发现居家养老服务过程中存在的问题,并及时采取解决方案。

(三) 期望值和现实性相结合原则

对于居家养老服务的接受者而言,对于养老服务的需求是随着社会经济的发展而不断提高,居家老年人对于服务期望值也是个动态变化的过程。但是,基于区域社会经济条件、供给能力等多方面因素的影响,实际提供的居家养老服务和期望值之间必然也存在一定的差异,这种差异即是区域性,也是个体性。因此,政府购买居家养老服务绩效指标上,既要考虑到现实因素的影响,也要考虑到未来需求变化。因此,居家养老服务绩效评估需在社会可负担的限度内进行,要充分考虑特定时期的社会、文化、专业技术等情况。

（四）通俗性和科学性相结合原则

政府购买居家养老服务绩效评价需要通过对居家养老提供者、受益者进行调查和资料收集，考虑到调查对象的情况，比如老年人理解能力不强等因素，绩效评价指标应含义明晰、通俗易懂，结合购买服务的实践而确定，重点设计客观指标，增加必要的主观指标，将宏观公共服务评价指标与微观居家养老服务评价指标结合。在研究方法、研究程序上必须按照科学、规范的要求进行，对于同一类的购买项目或产品，尽量使用统一单位，便于计算分析，对于可以量化的数值，要有相应的数据分析过程。按照数据的可及性获取、处理和分析数据，指标的选取需与评估的目的和用途相适应，质量评估需侧重过程评估。如果评估用于对服务对象的生活和健康质量产生的影响，那么结果质量应作为最主要的评价维度。

（五）政府和第三方相结合原则

政府对于购买居家养老服务的主体通过制定标准、评价居家养老服务提供者的等级，以确定其参加招投标的资质，在标准体系中可以融入政府需要评价的观测点。政府依据相关政策文件、标准规则对于居家养老服务的主体、过程、结果等进行监督评价。为了保证评价的客观性以及减轻政府监督任务等方面的考虑，现在政府部门也会把相关评价工作委托给第三方，由第三方出具居家养老服务评价报告，作为政府监督评价的重要依据。通过政府和第三方相结合评价，既履行了政府职责，更让评价结合客观公正。

三、政府购买居家养老服务的绩效评价内容

对政府购买居家养老服务绩效进行评价，是评价居家养老服务项目可行性、有效性的有效方式，评价关键在于服务对象的满意度，评价的内容不仅要包括购买居家养老服务的"量"，还包括购买居家养老服务的"质"。对政府购买、对居家养老服务要从由结构、过程和结果3个维度进行评价，重点需要关注的是效率和质量两个问题。

（一）政府购买居家养老服务的绩效评价体系

政府购买居家养老服务需要由结构、过程和结果3个维度构成，因此

在这 3 个维度的组合下展开评价能够获取较为完整的"服务质量"信息。

1. 政府购买居家养老服务的结构

政府在采购居家养老服务时一般是从宏观的角度去要求居家养老服务提供者的资质要求和需要提供的服务内容。在具体提供服务的时候居家养老服务提供者还是需要根据自身的专业优势、结合居家老年人实际需要提供服务项目。居家养老服务的结构包括了服务发生的场所环境和服务提供方的特征，要通过服务场所是否具有便捷性、舒适性、隐私性等特征，服务提供者使用的设备、仪器等是否具有充足性与可及性，人力资源的数量和资质是否满足服务需要等因素来判断服务的好坏。但就现实情况来看，政府购买居家养老服务并不是一个完全市场化的行为，有些承接居家养老服务的社会组织与政府间有着密切的联系，这些组织对政府有着较强的资源依赖性，而且服务能力直接受到政府投入资金的影响，服务行为不可避免地受到政府的干预，政府实际上也一定程度上承担了部分责任。

2. 政府购买居家养老服务的过程

一个连续完整的居家养老服务过程包括：服务申请、接单、需求评估、确定服务内容和收费、安排服务人员、上门提供服务、服务转介或结案等环节，是居家养老服务提供者与服务对象之间的互动交流行为。服务主体的服务生产行为包括技术性服务和人际性服务两个方面[1]。居家养老服务技术服务就是居家养老服务提供者运用专业的技术手段为居家老年人提供照护、送餐、家政等服务；居家养老服务人际性服务，是指居家养老服务提供者通过与服务对象之间的社会和心理互动，获得开展服务所需的信息以为其提供恰当、合适的服务。前者更侧重于客观性指标，包括服务项目、人员资质、服务设施等，可以通过行业服务标准予以约束，后者侧重于主观性指标，包括保密、沟通、诚信等价值标准。

3. 政府购买居家养老服务的结果

居家养老服务完成后，服务对象即居家老年人对于服务行为呈现出的反应与后果特征，服务过程对服务对象是否产生了有益的影响，包括

---

[1] 马骁.政府购买居家养老服务质量评估体系研究[J].人民论坛，2019(7)：86-87.

服务对象知识和行为的改进、服务对象对服务的满意度、服务接受者当前和未来的生活状况等。对于结果的判断,更多是对于基于居家养老服务行为所产生的变化,是否达成了既定目标,也包括对于资金使用、资源配置、人员调配等方面的消耗评价。

(二) 政府购买居家养老服务的效率评价

效率是指在给定投入和技术等条件下,最有效地使用资源以满足设定的愿望和需要的评价方式,核心在于资源配置,对是资源投入与产出的比值。因此,政府购买居家养老服务效率则是政府购买居家养老服务投入的资源与居家养老服务产出的比值,可以反映居家养老服务供给产生的效果与消耗的居家养老服务资源投入的关系,包括了服务资源的不浪费、服务成本最低化以及产出数量和类型符合公众需求等内容。效率评价的方法是开展政府绩效评价活动的重要手段,合适的评价方法与评价结果有着密切关系。评价方法由传统的主观评价逐渐转变为定量评价,主要有平衡计分卡法、成本收益分析法和数据包络分析法等。

1. 平衡计分卡法

传统的财务会计模式只能衡量过去发生的事情(落后的结果因素),但无法评估组织前瞻性的投资(领先的驱动因素)。在工业时代,注重财务指标的管理方法还是有效的。但在信息社会里,传统的业绩管理方法并不全面,组织必须通过在客户、供应商、员工、组织流程、技术和革新等方面的投资,获得持续发展的动力。正是基于这样的认识,平衡计分卡方法认为,组织应从 4 个角度审视自身业绩,即学习与成长、业务流程、顾客、财务。其中,平衡计分卡所包含的 5 项平衡,包括:财务指标和非财务指标的平衡、企业的长期目标和短期目标的平衡、结果性指标与动因性指标之间的平衡、企业组织内部群体与外部群体的平衡、领先指标与滞后指标之间的平衡。居家养老服务效率的投入是人力、物力、财力等公共资源的供给,产出为居家养老服务和产品的数量与质量,是具体的投入与产出之间的比值,而平衡计分卡主要用于宏观整体的公共服务效率评价,不适用于政府购买居家养老服务效率的衡量和评价。

2. 成本收益分析法

成本收益分析法是指以货币单位为基础对投入与产出进行估算和

衡量的方法。它是一种预先作出的计划方案。在市场经济条件下，任何一个经济主体在进行经济活动时，都要考虑具体经济行为在经济价值上的得失，以便对投入与产出关系有一个尽可能科学的估计。成本收益分析法的前提是追求效用的最大化。从事经济活动的主体，从追求利润最大化出发，总要力求用最小的成本获取最大的收益。在经济活动中，人们之所以要进行成本收益分析，就是要以最少的投入获得最大的收益。成本收益分析程序包括：澄清有关的成本和收益、计算成本和收益、比较项目寿命期间出现的成本和收益及选择项目。政府购买居家养老服务的效率属于整体性效率，包含多个成本投入和产生收益，部分投入与产出难以用精确的货币值量化，因而不适用于成本收益分析法。

3. 数据包络分析法

数据包络分析法（Data Envelopment Analysis，DEA）是运筹学、管理科学与数理经济学交叉研究的一个新领域。它是根据多项投入指标和多项产出指标，利用线性规划的方法，对具有可比性的同类型单位进行相对有效性评价的一种数量分析方法，已广泛应用于不同行业及部门，并且在处理多指标投入和多指标产出方面具有明显优势。数据包络分析法作为线性规划模型，其优势主要体现在：第一，对于各指标之间权重无过多要求，无需事先确立投入产出函数。没有事先确立各指标间的权重可以避免主观因素的影响，使各决策单元的效率更客观。并且该方法对投入和产出的各项指标没有做出过多性质方面的要求，有效防止计量模型对相关性要求的问题。第二，数据包络分析法衡量各决策单元的效率不受单位影响，因为该方法避开了计算每项公共服务项目的成本，无需转变为相同的单位进行计算[1]。第三，数据包络分析法不同于层次分析法、平衡计分卡法等其他绩效评价方法，DEA 可以用于评价多投入、多产出的决策单元，以及评价无法运用利润最大法计算的决策单元，使用 DEA 评价方法可以对政府部门购买居家养老服务的多单位投入和多单位产出之间进行有效性评价，满足政府部门追求多样性目标的价值理念。

---

[1] Banker R, Charnes A, Cooper W W. Some Models for Estimating Technical And Scale Inefficiencies in Data Envelopment Analysis[J]. Management Science, 1984(30): 1078-1092.

（三）政府购买居家养老服务的质量评价

质量在社会经济发展中地位日趋重要，关系到服务对象的权益和相关组织的生存和发展。质量的重要性不仅体现在质量是产品和服务的核心竞争力，还表现在质量具有非常重要的社会属性，其核心就是"满足需求"，这些"需求"必须转化为有指标的特性，作为评价、检验和考核的依据。在居家养老服务中，居家老年人作为服务对象，其需求也是多样化的，这也意味着对于质量的评价具有主观性。因此，居家养老服务质量标准应当与整个服务供给系统的资源和技术水平相适应。根据服务结构、过程和结果三者相关关系的假设，实现较高结果质量的前提是改进结构和过程质量，然后以提高结构质量为主，确立与技术水平和服务内容难度相一致的过程质量标准，以及与项目社会目标相适应的结果质量标准。因此，对于政府购买居家养老服务的质量评价，应以了解服务对象的满意度为出发点，服务结构和服务过程的评估都应围绕这个出发点。但是，由于政府购买居家养老服务一般都是提供基础性的生活照料、家政服务等，属于"保基本、兜底线"，重点服务对象是生活困难的居家老年人，政策的问题导向而弱化了需求导向，这就导致了质量评价更是有一过性或短期的特点，不需要考虑到长期产出，以本次或本阶段的服务质量为评价对象。

第二节 政府购买居家养老服务的政策评价

政策是国家政权机关、政党组织和其他社会政治集团为了实现自己所代表的阶级、阶层的利益与意志，以权威形式标准化地规定在一定的历史时期内，应该达到的奋斗目标、遵循的行动原则、完成的明确任务、实行的工作方式、采取的一般步骤和具体措施。政府将购买居家养老的行为通过政策予以固化，既是积极应对人口老龄化的主动应对，更是保障了居家养老服务供给能力。政府购买居家养老服务主要特征是政府以合同形式，与企业或第三部门建立伙伴关系，由企业负责管理和提供服务，然后政府通过购买的方式将服务的使用权和所有权赋予符合居家养老服务条件的受益老人[1]。通过绩效评价,可以全面了解政府购买居家养老服务政策的实施情况,并为后续政策调整提供依据和参考。笔者曾经对宁波市政府购买居家养老服务政策实施情况进行了调研,下面就以宁波市为范本进行介绍。

一、宁波市人口老龄化情况和特点

宁波,简称甬,副省级市、计划单列市,有制订地方性法规权限的较大的市,首批沿海开放城市,中国海滨城市,中国大陆综合竞争力前15强城市,长三角五大区域中心之一,长三角南翼经济中心,浙江省经济中心,现代化国际港口城市,国家历史文化名城,连续4次蝉联全国文明城市,中国著名的院士之乡。

截至2022年末,全市60岁及以上常住人口186.1万人,同比增长11.4万人,占总人口比重达19.3%,较上年上升1个百分点,其中65岁及以上人口占总人口14.1%,已达到深度老龄化。随着1962—1972年第二次生育高峰人口群体逐步迈入60岁及以上阶段,未来宁波人口老龄化将进入快速发展轨道。同时,2021年宁波居民期望寿命82.40岁,较2011年增长2.03岁,80岁及以上高龄老年人22.63万人,同比增长1.66%,占60岁以上人口的13.91%。同时,人口寿命延长、失能半失能比例上升,对养老资源的专业化、精准化、精细化发展提出更多需求和更高要求。根据全国第七次人口普查数据,宁波老年人口抚养比(26.01%)高于省会城市杭州(16.9%)、郑州(12.8%)、广州(11.4%)和一线城市深圳(5.4%),老年人口抚养负担加重。2021年全市户籍人口家庭户户均人口为2.54人,同比增长0.26个百分点;常住老年人口抚养比为26.34%,同比增长0.33个百分点,空巢独居老人规模扩大,年轻子女陪伴父母时间相对减少,家庭养老功能日趋弱化,居家养老服务社会化和市场化发展迅速,政府通过购买居家养老服务进一步激发市场活力,让更多的社会资本进入到居家养老服务领域,带动服务优质化、多样化提升,探索"家门口幸福养老"宁波范本模式。

---

[1] 刘红芹,包国宪.政府购买居家养老的管理机制研究[J].理论与改革,2012(1):89-92.

二、政府购买居家养老服务政策情况

宁波市地处我国东南沿海,经济比较发达,较早进入了人口老龄化社会。对此,宁波市人民政府以及宁波市民政局、老龄办先后颁布了不少相关政策性文件,作为开展养老服务工作的政策依据,如《关于深化完善社会养老服务体系建设的意见》(甬政发〔2012〕85号)、《宁波市社会养老服务体系建设三年行动计划》(甬政办发〔2012〕187号)和《宁波市生命健康产业三年行动计划(2013—2015年)》等一系列政策文件,对社会养老服务工作提出明确要求和工作目标。2017年为积极应对宁波市人口老龄化,有效破解居家老人的"老有所养"问题,宁波市人民政府发布的《关于宁波市居家和社区养老服务改革试点工作的实施意见》(甬政发〔2017〕69号)中明确提出:"培育'家院互融'的新型社区养老服务形态及组织。鼓励养老机构通过开放或开辟服务场所、与居家养老服务中心(站)合作等方式,参与提供居家养老服务。"为解决快速发展的人口老龄化而导致的高龄独居、失能化等老年人日常照料问题,2018年10月,宁波市在全省率先出台了《宁波市居家养老服务条例》(以下简称《条例》),提出要全面实施保障型和适度普惠型相结合的居家养老购买服务制度。截至2019年12月,全市各县(市)区陆续实施了居家养老政府购买服务项目,基本实现了居家养老服务供给区域全覆盖。

三、政府购买居家养老服务的政策实施情况

近年来,宁波市委、市政府把促进为老服务优质共享作为着力的重点,全力打造"甬有颐养"幸福民生品牌。宁波市让颐养有保障,持续提高各类社会保障水平,城乡居民养老保险基础养老金居全省首位,长期护理保险制度实现地域、人群、护理方式全覆盖;让颐养有服务,构建全托护理、日间照料、上门服务三位一体基本养老服务网络,强化全周期老年健康支撑体系,每千名老年人拥有社会养老床位数、医疗康复护理床位数均位居全省前列;让颐养有环境,大力弘扬尊老敬老的传统美德,实施老年人优待制度,推进老年友好单元建设,帮助老年人跨越"数字鸿沟"。在居家养老服务领域,通过进一步推进政府购买居家养老服务,聚焦困难老人,强化保底保障,聚焦失能老人,强化长期护理长效,聚焦健康老人,

强化普及普惠。

（一）供给项目：能满足居家老年人日常生活所需

宁波市政府购买居家养老服务根据服务提供者的自身能力、居家老年人需求，基本形成了以生活服务类为主体、健康医护服务为提升、精神慰藉服务为补充的供给项目体系，通过市场化运作能够满足居家老年人的基本所需，全市居家养老上门服务内容涉及生活照料、健康护理、精神慰藉3大类26小类。据调查，98%的居家老年人均接受过生活照料服务。

（二）供给来源：能提供居家养老多元服务渠道

宁波市政府购买居家养老服务的供给服务的主体也日趋多元化，在供给链上居于不同的地位，发挥不同的作用，基本形成了"政府主导、社区整合、社会组织参与、机构承接"的多元主体供给格局。服务的主体首先包括政府，例如政府买单、政府补贴、政府建设居家养老服务中心，规范资金投入，建立监管评价体系等；由于居家养老服务的特殊性，社会组织在这一服务领域发挥了重要的作用，是服务的重要提供者，敬老协会、老年协会也积极参与老年服务，将日常服务与重大的服务活动项目相结合，服务开展得有声有色；社区的一些老年义工，通过免费理发和免费测量血压等方式，提供一些比较专业的为老服务；老年人自发组成的高血压俱乐部、糖尿病俱乐部，这些服务方式中提供者和享受服务的都是老人自身，既有助于治疗和预防老年疾病，又能加强老年人之间的精神沟通；街道社区依托居家养老服务中心，整合资源，直接了解居家老年人的养老需求，联系区域内服务企业和机构，组织社会志愿者，提供相关服务；居家养老服务提供的企业和机构直接为居家老年人提供服务，或者和区域内的医疗机构建立合作关系，引入家庭医生，开展健康管理服务。民政部门还通过打造"城乡15分钟老年助餐服务圈"，完善了以老年食堂、老年助餐点、单位食堂为补充的"3+2"的助餐网络，建成老年食堂605个，服务辐射1477个社区（村），惠及2.5万居家老年人。

（三）供给流程：能形成规范的居家养老服务闭环

按照招投标程序，政府择优选择合适的承担服务机构，包括了养老机构、社会组织和家政服务公司等，并在区域配套设置居家养老服务服务站点,列出服务清单,由符合条件的居家老年人提出服务需求,居家养老服务机构安排相关专业人员提供上门服务。在服务结束后,通过服务对象的反馈、政府部门的监督检查,根据服务评价指标开展服务评价,并将评价结果反馈至机构,通过考核机制,对于承接服务的机构进行考核奖惩,这样就形成了服务的闭环,确保服务质量。

(四)供给绩效:能形成居家养老服务质量的保障

首先,通过招投标,按照市场化的思路,引进企业竞争机制,严格把控承担居家养老服务的资质,明确购买主体和承接主体双方的责权细则,落实合同管理,强化契约约束,促使承接居家养老服务的企业重视自身的服务资质,以保障服务质量。其次,建立居家养老服务的标准体系和流程规范,通过制定《居家养老服务机构等级规范》,按照专业技术人员配置、服务流程规范性、服务项目提供保障、管理制度等等,对居家养老服务机构进行过程性、业绩性评价,并进行等级评定,以保障服务质量。最后,建立服务评价考核机制,各县(市)区有的建立了由村、社区日常监督及镇、街道每季考评,有的建立了区评估小组综合考核及第三方满意度测评相结合的监督考核机制。据抽样调查,宁波市居家老年人对服务的满意度达到83%。

四、政府购买居家养老服务政策实施存在的问题分析

目前,政府购买居家养老服务已经成为各地保障居家养老服务供给的有效途径和办法,但是,通过调研发现,该项政策仍然在供给机构、供给服务、供给人员等方面存在一定不足或是缺陷。

(一)供给机构:居家养老服务提供者市场竞争性不高

一般来说居家养老服务提供者有养老机构、社会组织和家政服务企业等,来源复杂、各有特色、各有专长,不同区域的居家养老服务需求也存在差异性,这种差异也会因为老年人的特点不同而更为突出。从调研情况来看,很少看到同一社区两家居家养老服务机构可以提供完全同质的服务并展开竞争的案例,提供者的竞争不是"市场内的竞争",而是"为市场的竞争",居家养老服务机构重视能够通过招标获得市场,即市场的准入,而非在市场中不断提高服务品质以获得更多的市场份额,造成在服

务中怠于创新。此外,在制度设计中更侧重于招标程序的执行到位,但是往往缺乏有竞争力的企业参加竞标,往往是"一家独大",造成居家养老服务市场的垄断。

(二)供给内容:老年人参与政府购买居家养老服务项目设计参与深度不够

目前,政府购买居家养老服务是由居家养老服务机构来具体提供,政府只是按照标准为居家老人按月提供费用补贴,并不是直接规定服务项目和服务内容,具体服务项目的开展更多地要依赖于居家养老服务机构的服务能力,包括机构性质、技术人员、希望的盈利等多方面的因素。因此,本应该更为重视的本区域居家老年人的服务需求就容易被忽略,老年人在服务内容的制订中参与度较低,常处于被动状态,只能根据本区域居家养老服务机构提供的"服务菜单"进行有范围地"点餐",老年人本身个性化的需求很难全部得到满足。调研中发现,老年人身体状况原因对于健康服务需求常得不到满足,老年人的日常支出中占比例最多的是医药费用,几乎占去老年人30%以上的支出费用,78%的老年人有健康服务的需求。这和健康医疗方面的服务因人员要求高、设备要求高、成本要求高、居家养老机构能力不足不无关系。在调研中也发现,有不少老年人对"无偿享受、低偿享受、有偿享受"服务政策认识不够,老年人的消费观念(自费不愿意、免费有门槛)也让老年人在获取居家养老服务的时候顾虑重重。

(三)供给监管:政府对购买居家养老服务的管控机制有待健全

监督考核机制较多依赖于基层村(社区)的跟踪检查,缺乏独立性、自主性和专业性的评估,由于缺少完整的制度设计和服务操作规范、标准和流程,导致服务目标考核、服务监管、纠纷处理等方面缺乏执行依据,系统、科学、严谨要求有待提高。具体来说有以下方面:首先,服务标准管控方面,因为居家养老服务项目涉及内容众多,绝大部分都没有服务标准,造成了服务水平参差不一,机构管控服务目标不清晰。其次,监管措施管控方面,政府购买居家养老服务政策的制定者,对于政策执行情况更多依靠政府相关部门组织的监督,因此服务质量管控只能定期开展,而且政府部门对于自己制订的政策进行监督,评价体系又是政府相关部门制订,难免有既是裁判员又是规则制定者的嫌疑,政府管控政策执行效果不够。再次,资金投入管控管理方面,政府购买居家养老服务的资金来源比较单一,由于更重视社会效应,而缺少对服务项目的资金使用评价,投入动态成本核算机制尚未建立。市场化要求居家养老服务机构必须追求经济利益,但是根据承接服务的机构反映政府购买居家养老项目多半属于微利甚至亏本运作,如果没有占领市场考虑或者开发其他营利性较高的项目,那么会打击居家养老服务机构的积极性,造成政府购买居家养老服务效果不佳,甚至不能持续长久,由此造成机构易忽视服务质量的管控。最后,政策体系管控方面,政府购买居家养老服务的政策和相关社区服务、就业政策、社会救助、养老保险和职业培训等政策的配套联系不够,对于居家老年人养老质量全面性考虑不够,对于统筹协调、控制成本、提高综合效益作用不够显著,由此造成政府对于整体服务效果的管控能力欠缺。

(四)供给人员:政府购买居家养老服务的人员能力不够

在实际的居家养老服务提供过程中,高素质、高学历、高技能的服务人才明显匮乏,不具备提供医护相关的专业类服务能力,使得压疮预防护理、鼻饲管护理、导尿管护理等医疗护理类服务项目形同虚设。部分被服务对象希望居家养老服务员能提供包括拆洗脱排油烟机、爬高擦玻璃窗等服务,这类项目工作强度大、专业化要求高,一般的居家养老服务员无法做到。政府购买居家养老服务更侧重于找到合适的居家养老服务机构,但是服务是需要通过人来落实的,政府很难通过人员的管控手段如持证上岗、职业培训等保障服务人员的基本要求。同时,由于职业社会认可度的原因,高素质、高技能、高学历的居家养老服务人才匮乏,现有的服务人员职业稳定性差,造成服务对象对于频繁更换的服务人员会产生疑虑,这也加剧了政府购买居家养老服务的供给能力偏弱。在调研中发现,目前居家养老服务人员多以40多岁、50多岁的妇女为主,她们普遍文化水平低、缺乏专业服务技能,存在无上岗职业资格证、培训经历少、人员流动大以及对于本地风俗文化语言不适应等问题,已影响到了居家养老服务的整体质量。

（五）供给价格：政府购买的价格和市场实际价格存在一定的差距

由于政府购买居家养老服务的兜底性、公益性的要求，服务区域性的特点以及竞标需要，居家养老服务机构普遍招投标购买价格偏低。以宁波市为例，社会购买居家养老服务的补贴为25元/小时，服务机构扣除应缴纳的各类费用后服务员到手的薪酬是16～18元/小时，家政服务市场价是30～40元/小时，医院护工的薪酬是200～300元/天，价格和心理落差导致服务员工作积极性低，存在着进门便要求老年人签单、服务过程拖延、服务时间不足等现象。同时，服务人员总体数量缺乏，相对较低的薪酬和极大的工作强度致使服务质量不高，老年人投诉较多，甚至要求换人，导致服务人员流失，服务断档。

（六）供给对象：存在接受居家养老服务意愿不强的情况

有些可以免费和部分免费享受居家养老服务的老年人，认为政府购买的居家服务的质量不高、接受服务意愿不强等原因，以及存在省钱等心态，提出居家养老服务机构将服务费用折现，造成企业也可减少投入也能保障一定收入的可能，以规避政府购买的居家养老服务项目价格偏低的问题，这也造成政府购买居家养老服务的资金未能实现预定的目标，偏离了政策制定的初衷。

第三节 提高政府购买居家养老服务供给能力的建议

人口老龄化已经成为我国发展长期遭遇的严峻挑战，由此带来的社会变革也是深刻的。越来越多的老年人在现代化的生活方式下，已经不可能脱离社会而独自养老，从家庭养老到居家养老，市场化的养老服务供给将成为解决家庭养老的重要途径。但是，居家养老服务微利性甚至是公益性的特点，致使单纯的依赖市场去解决居家养老的实际需求，很容易导致成为追逐利益的实际效果，而让更多的老年人无法获得市场的服务支持。在社会老龄化的背景下，居家养老服务已成为社会的必要需求。当前，我国养老服务市场正处于体制转型期，市场化进程初期的我国老龄产业更是离不开政府的推动、扶持和指导，要通过政策引导吸引更多的企业进入居家养老服务市场,丰富居家养老服务供给来源,促进居家养老服务市场的逐步成熟,通过增强供给能力来解决人口老龄化带来的日益增长的居家养老服务需求问题。

一、优化规范,进一步完善政府购买居家养老服务的政策供给

政府相关部门要推动立法,将政府购买居家养老服务制度化。政策上在税收、补贴等方面加大吸引社会资本进入居家养老服务市场,丰富居家养老服务机构的类型;增加居家养老服务的市场供给选择,为扩大购买服务的范围提供条件;完善居家养老服务机构准入标准和服务标准,开展居家养老服务机构等级评估,根据不同的等级确定居家养老服务机构提供服务的资质,按照等级合理定价,按照区域经济条件逐步提高市级统一购买服务经费标准,增加承接居家养老服务机构的积极性,稳定养老服务队伍,提高服务质量;引入有资质的第三方机构开展考核验收;吸引高素质、高水平、高技能人才从事居家养老服务;建立居家养老服务信用评价体系,推行持证上门服务,将有违法犯罪的人员列入黑名单,禁止不能通过心理评估、健康检查的人员从事居家养老服务;推动形成多元化和多渠道的资金筹集机制,建立政府购买居家养老服务的资金使用评估机制,准确把握资金使用效率,为政府合理科学地投入使用资金提供参考。此外,还要优化统筹社会政策,将政府购买居家养老服务政策和社区服务、创业就业、社会救助、养老保障、职业培训和养老服务人员队伍建设以及长期照护保险等政策进一步对接,增强政府的统筹规划能力,提高政府保障居家养老服务的全面性。

二、扶持培育,进一步强化政府购买居家养老服务的机构供给

社区要挖掘区域内已有社会资源,支持向居家养老服务机构转型,扩大服务竞争范围,支持和鼓励更多专业优质的居家养老服务机构进入政府招标采购的范围,增加居家老年人的服务选择,形成市场内的竞争氛围;针对服务项目、服务素质和服务技能等方面进行专题讲座,提高机构负责人对居家养老服务相关政策的认识;向居家养老服务机构介绍最近服务发展方向,推介先进服务技术,支持开发新的服务项目,以新供给带动新需求,在市场环境下建立居家养老服务营利保障机制,居家养

服务机构服务工作向专业化、持续化、优质化不断提升。

三、立足需求，优化政府购买居家养老服务的服务项目供给

政府、社区和居家养老服务机构要建立老年人—家庭—社区—居家养老服务机构—政府为核心的居家养老服务需求调查机制，优化居家养老服务的市场供给，开展老年人居家养老服务需求评估，明确居家老年人需要什么，区分哪些是家庭和社区能够解决的，哪些必须通过居家养老服务机构实现。老年人及家庭要参与调研座谈和服务项目设计，充分发表意见，及时调整和制定居家养老政府购买服务指导性目录，逐步增加补偿性和有偿性的服务项目，为每位老年人制定适合自身需求的服务清单。根据老年人健康需求，鼓励和动员专业服务机构，特别是养老机构、医疗康复机构、心理行业协会、基层医疗卫生服务机构以及医养结合型养老机构等参与到居家养老服务中，重点深化医疗护理、健康教育等专业服务项目的开展，科学合理设计健康服务和心理慰藉等项目。居家养老服务机构要重视互联网＋，开发居家养老服务App，建立并完善居家养老服务对象的信息档案，实现对服务对象的动态管理，精准服务，进一步提高政府购买居家养老服务的服务效率。此外，居家养老服务机构要以规范化、标准化保障基本服务水平，以口碑提高服务信任感，通过衍生优质专业的附加服务满足老年人个性化需求，打造居家养老服务品牌。

四、彰显专业，加强居家养老服务队伍的人才供给

首先，各地要在居家养老服务领域健全专业化教育培训机制，鼓励高等学校、职业学校举办养老服务相关专业，逐步扩大人才培养规模，通过多部门联合开展居家养老服务人员的技能培训、学历提升等职业培训，服务企业要建立岗前培训制度，重点要针对地方风俗和方言、服务项目、服务素质和服务技能等方面组织业务培训。其次，政府部门可通过政策引导和资金补助，落实岗位津贴、专业人才奖励性补贴、入职奖补等政策，完善养老护理行业竞争激励机制。通过开展养老护理员技能竞赛、评选和表彰先进优秀养老护理员等措施，激发工作团队的工作热情和积极性。再次，多渠道拓展居家养老服务专业化队伍，鼓励低龄老年人、社会工作者、医务工作人员加入志愿者队伍中去，在缓解居

家养老服务压力的同时能够提升服务人员的专业化程度。最后,居家养老服务机构要重视服务人员职业能力,不断提高服务人员的职业待遇,设计合理科学的薪酬分配制度,重视职业保护,提供职业培训和学习提升的机会。

五、加强监管,保障居家养老服务的品质供给

首先,由政府层面统一制定和落实本区域居家养老服务管理制度、行业服务标准、养老护理等岗位专业标准和操作流程,完善购买主体和承接主体双方的责权细则。其次,各地要建立合理的居家养老监督评估机制,制定居家养老服务质量评估体系,可以建立以专家学者、社会公众、从事养老行业相关人员等组成的专业独立的第三方监督评估队伍,增强监督评估的权威性。除了第三方评估外,也要通过多重手段进行科学评估,如电话、入户走访、互联网等多种渠道增加公众尤其是老人表达意见与建议的机会。最后,用好居家养老服务评估结果,和居家养老机构的信用等级评定、招标资质、等级机构认定等直接挂钩,并和资金补贴相联系,提高居家养老服务机构对服务质量的重视度。

六、加强宣传,提供转变居家养老观念的社会供给

各级政府应加大宣传居家养老的现实优势,通过媒体、网络、广播等各种宣传工具进行政策宣传,也可以在村(社区)老年电大、老年协会上定期宣传,引导广大老年人转变养老观念,接受居家养老服务模式。各县(市)区应做好对老服务对象的安抚工作,安排社工、村干部或养老工作人员定期正面引导,安抚服务对象积极调整好享受新政策的心态。同时,在社会上加大对居家养老服务工作的舆论宣传力度,争取社会各界力量的支持和参与,为居家养老服务工作创造良好的社会氛围。

实践证明,推行政府向社会力量购买养老服务对于推动政府养老职能转变,整合利用养老社会资源,增强公众参与养老服务意识,增加养老服务供给,提高养老服务水平和效率,都具有重要意义,实现了花最少的钱为老年人办最实在的事、办最需要的事、办最有效的事。针对居家养老服务问题,只有政府介入,推动养老服务事业的发展,才能弥补和纠正单纯市场机制存在的内在缺陷问题,即"市场失灵"问题;才能逐渐克服养老

资源严重不足而不能实现资源充分有效配置问题;才能保障老年人合法权益,解决基本的居家养老服务问题,确保老年事业的公益性和基础性。

第四节 政府购买居家养老服务的未来发展

当前,我国正处于人口老龄化加速发展与现代化建设稳步推进相叠加的新发展阶段。中国式现代化不仅是人口规模巨大的现代化,而且也是老龄人口规模巨大的现代化。一方面,低龄老年人在老龄总人口占比保持高位,人力资源保持较好的活跃状态,也具有较好的经济实力,自我老化态度认知表现得更为积极,有意愿也有能力继续参与社会活动、贡献和服务家庭生活,构成积极应对人口老龄化的人力和人才基础,为中国式现代化建设提供强劲动力。另一方面,快速的老龄化进程和未富先老、未备先老等特征十分突出,由此造成对全要素生产力以及照护、医疗、社会保障与救助等形成潜在挑战,制约人口高质量发展和以人口高质量发展支撑中国式现代化[1]。通过政府购买居家养老,进一步扩大居家养老服务供给的有效方式。从当前人口发展趋势来看,人口老龄化有可能会持续加深。由于"家"环境影响,对于养老方式的选择必然是居家为主流,大多数人在未来更会倾向于居家养老,和传统的家庭养老方式不同,居家养老更需要获得更多市场化、专业化的服务供给,让居家老年人有更多的安全感、获得感和幸福感。因此,政府购买居家养老服务必须考虑服务的便捷性、供给的有效性以及服务人员的保障性等多种因素,这也是未来需要重点予以关注的环节,要形成创新的思维,探索更加符合时代特征的养老服务实践,本节就"家政进社区""标准体系建设""互联网+""享老模式"为政府购买居家养老服务提供发展思路,政府在购买居家养老服务要结合时代特点和行业发展的未来进行更多的设计,以符合现代老年人的多样化需求。

---

[1] 杨菊华.人口老龄化与中国式现代化的关系[J].中国特色社会主义研究,2023(3):23-28.

一、家政进社区：提高居家养老服务便捷性和有效性

2022年12月，国家发改委等11部门联合下发了《关于推动家政进社区的指导意见》（发改社会〔2022〕1786号），提出要"融合创新居家养老服务供给"。根据第七次全国人口普查数据显示，我国人口老龄化程度在不断加深，其中失能失智的老年人近4 000万人，老年人的健康状况值得关注，同时家庭户平均规模降至2.62人，家庭小型化加速家庭空巢化，家庭照护能力呈现逐步减弱的趋势。据各地经验情况来看，机构养老虽然能更好地解决养老服务的专业性问题，但是90%以上老年人基于生活习惯、传统观念等因素更愿意选择居家养老。家务是家庭活动的基础和保障，老年人由于身体等方面原因家务没人干、干不了，势必需要以社区为载体让更多家政服务能进家庭，满足老年人的日常生活所需。社区是社会的最基本单元，是服务群众的第一线和最前沿，集聚着大量为民便民服务场所，提高社区家政服务能力，提升家政服务可及性，打通家政服务"最后一公里"，对于老年人来说，提供了生活便利，也为老年人的居家生活提供了基本保障。

1. 家政进社区就是要整合居家养老的服务资源

社区是生活在同一地理区域内、具有共同意识和共同利益的社会群体在一定区域内能有序进行人流、物流、信息流、能量流、资本流等优化配置，提升居民生活质量的时空平台。老年人作为社区内的弱势群体，需要由社区照顾。社区服务网点是家政进社区的重要基础和载体，家政企业通过与社区载体融合共享，嵌入居家养老服务中心、老年助餐点等现有社区公共服务设施，形成正式养老照料资源网络，以实现由社区照顾这一功能。社区是家政服务的"神经末梢"，在社区设立家政服务网站，要突出企业的主体作用，着力打通家政进社区的供应链，是家政服务供给资源在社区的整合优化，既需要家政和物业、养老等行业有效融合，也需要物业、养老机构的业务向家政服务领域拓展。例如家院互融模式，就是养老机构利用专业的养老服务资源向社区居家辐射延伸，通过提供家庭养老服务，优化配置人力、物力和财力资源，实现了优质机构养老资源与社区、家庭的共享共用，提高了服务效能。

2. 家政进社区就是要创新居家养老的供给方式

社区为家政企业提供了居家养老服务平台,为家政公司扩大服务市场具有很大的帮助。但是,如果家政公司在每个社区内都设置家政服务实体站点,安排场地和专职人员,无疑成本很高,对于大多小本经营的家政企业来说增加了入不敷出的运营风险。因此,家政企业要通过和社区、物业合作,充分利用社区内的现有场地资源,创新服务模式,主动打造家政服务新业态、新模式,以"互联网＋家政"进入社区,通过打造家政服务社区信息供需平台,由龙头家政企业以合伙人加盟形式,吸纳高校毕业生开办线上或线下的"社区家政小店",为居家老年人提供家政服务菜单,建立居家老年人服务的电子信息档案,满足个性化、专业化的居家养老服务需求,提高服务居家老年人的便捷性和有效性。

3. 家政进社区就是要优化居家养老的服务内容

当前,家政服务公司提供服务同样化的情况相对普遍,多集中于低端的基本生活保障类项目如家庭保洁、水电维修、送餐助餐等,限于企业性质、技术人员、运营模式等多方面因素,为老年人提供健康照护类的服务供给能力相对偏弱。对此,一方面家政进社区需要首先调研社区内老年人对于家政服务的需求,了解老年人的生活情况。另一方面要做优居家老年人保障性家政服务,例如送餐助餐,老年人在家做饭难、难做饭,对于居家老年人来说解决了基本生活问题,尤其是空巢老年人需求更为强烈,这就要鼓励家政企业依法开办社区长者饭堂,支持家政企业取得餐饮配送服务资质;要做特色专业性家政服务,和家庭照护床位、家庭医生、长期照护等服务结合起来,与健康管理公司、各类医疗机构和养老机构开展合作,为提供专业的养老照护服务、就医转诊服务、健康管理服务等提供保障;要做长家政进社区服务链,支持具备条件的家政企业承接适老化改造项目,推动优质特色产品进社区,商谈团购价格,为社区老年居民筛选优质辅具产品、保健用品和日常生活用品。

4. 家政进社区就是要保障居家养老的服务质量

家庭自我照护能力减弱,就是需要市场化、专业化的家政服务来解决居家养老服务需求,从这个意义上来说家政进社区提供的服务既要能解决居家养老现实问题,更要确保入户服务的质量。对此,家政企业要制定和落实居家养老服务标准,利用社区共享办公、培训空间,定期开展讲座、培训等活动,引进和培养养老服务专业技术人员。行业主管部门、街道社区要建立居家养老服务的质量监控体系,开展服务满意度调查,对家政企业和服务人员实施信用评价。

5. 家政进社区就是要建立居家养老的保障体系

家政企业要主动承接政府购买居家养老服务项目,争取资金支持,以公建民营等形式支持家政企业承接运营社区内嵌入式养老机构;支持家政企业在社区设置老年服务网点,其租赁场地不受用房性质限制,水电等费用缴纳沿用居民价格,共享共用社区公共服务设施的,适当减免租赁费用;将家政融入未来社区或现代社区建设,支持家政企业在社区信息平台上对接社区老年居民家政服务需求,鼓励家政企业发放家政服务体验券,为社区内老年群体提供免费或者价格优惠的家政服务;鼓励有条件的社区为家政服务人员就近居住、统一存取居家养老服务相关工具提供便利条件。

综上,政府购买居家养老服务同"家政进社区"结合,通过加快培育一批能承担居家养老服务的家政企业,推动"家政＋养老"的产业融合,在资源配置、人员共享等方面提高对居家老年人的服务供给能力。

二、"互联网＋":推动居家养老数字化转型

居家养老是以家庭为核心,整合资源,为居住在家的老年人提供以解决日常生活困难为主的社会化服务。居家作为是老年人养老的首选,是养老服务新体系的基础。但是,限于老年人的生活习惯、服务供给能力、服务场所等问题,居家养老的发展远比机构养老和社区养老难度大,大多还存在供需不对称。推进居家养老数字化转型,不仅对加强居家养老服务供给有重要意义,而且还将为居家养老服务转型升级和实现高质量发展注入新动力。2023 年的政府工作报告中也提出,"推进智能化服务要适应老年人、残疾人需求,并做到不让智能工具给他们日常生活造成障碍"。

早在 2012 年,全国老龄办就提出"智能化养老"的理念,鼓励支持开展智慧养老的实践探索。2015 年,国务院印发《关于积极推进"互联网＋"行动的指导意见》,明确提出要"促进智慧健康养老产业发展"。2016 年两

会期间,李克强总理就曾表示:"千万不要小看家政服务、社会养老,这些都是朝阳产业!过去也有保姆,政府也办敬老院,但没有成为一种业态。现在出现标准化服务,结合'互联网+',变成一种新型服务业。这是大产业,属于经济新动能。"在科技革命、大数据广泛应用的社会背景下,居家养老和互联网的有效融合势在必行。

通过互联网,居家养老数字化可以大幅提升服务效率。传统的居家养老服务主要依靠劳动力投入和人力资本积累,技术进步缓慢,效率不高。居家养老数字化,让数据成为核心生产要素加入服务活动中,带动服务业边际效率改善和全要素生产率提升,加快了居家养老服务高质量发展进程。

1. 居家养老数字化可以推动服务方式变革

传统的居家养老服务模式,主要依赖于电话预约、上门服务,客户对象具有不确定性,更多是等待性服务。数字化将线下服务线上化,大大拓展了网络用户数量,使服务集聚的海量数据呈几何级增长,从而吸引更多老年用户参与,进而形成传统服务方式难以形成的规模效应,形成稳定的居家养老消费群体。

2. 居家养老数字化可以促进产业规模发展

传统的居家养老服务供应商主要是家政、物业等公司,居家养老服务站点数量不够多、站点体量不够大或是站点距离过大,都有可能影响到企业在居家养老服务领域规模化发展。数字化将现实的居家养老服务站点资源进行了线上整合,提高养老服务的社会覆盖率,增加服务的可及性,智能居家养老服务产品广泛应用,提高服务体验感,提升老人的晚年生活质量,让老人充分享受互联网带来的便捷和舒适。提高了服务效能,也降低了服务的人力成本,成为支撑中小微居家养老服务企业生存和发展的重要力量,进而促进了产业的规模化发展。

3. 居家养老数字化提高了服务的有效性

依托互联网,居家养老服务供应者通过大数据分析可以精准了解居家养老服务需求,供需有效对接;数字化的线上服务平台,可以开展服务项目预约、服务人员选择、服务效果评价,建立服务反馈机制,形成服务过程的闭环。

4. 居家养老数字化可以整合更多的社会资源

传统的居家养老服务更多地从政府获得的政策性补助与关怀为主，例如政府购买居家养老服务，随着老年人养老服务需求的不断发展、居家养老服务的微利性，完全依靠政府政策或是行政力量很难具有可持续性。数字化将居家养老服务从单一来源拓展到更为广泛的社会资源，集中社会力量参与居家养老服务活动，形成资源互补，为持续提升居家养老服务质量提供有力支撑，也有利于形成"为老、敬老、爱老"的社会氛围。

"互联网＋"居家养老服务是多个领域跨界、融合创新的过程和结果，根本的驱动力是技术革命和养老理念的变革，本质是互联网和智慧技术向居家养老服务产业渗透引发的裂变和重构。推动居家养老数字化转型，首先需要解决在服务提供者和居家老年人之间的"数字鸿沟"问题。

1. 加强居家养老服务产业链视角的顶层设计

有关政府部门应加强规划和引导，针对居家养老数字化转型要求，提升政策的精准度，推动建立数据规范和服务标准，搭建服务信息化平台，打通上下游居家养老服务数据通道，形成居家养老数字化产业链生态，为居家养老数字化转型提供支持和保障。

2. 解决居家老年人的信息化使用能力障碍

我国社会老龄化程度不断加深，已经成为今后较长一段时期我国的基本国情。同时，随着信息技术的快速发展，当大多数人可以享受科技创新带来的智慧生活便利之时，相当一部分老年人为"码"所困，不会甚至不敢"触网"。让智能技术发展与老龄化社会相协调，让老年人共享社会治理成果，首先要找出阻碍老年人跨越数字鸿沟的障碍。国务院办公厅印发的《关于切实解决老年人运用智能技术困难的实施方案》聚焦老年人日常生活涉及的出行、就医、消费、文娱、办事等7类高频事项和服务场景，回应了许多社会关切。作为居家养老服务直接受益者，可以从智能手机App系统改造、互联网技术教育等方式使其具备信息化运用能力。

3. 创新"互联网＋"居家养老服务方式

实行"互联网＋"助医，开展网上挂号、互联网护理服务、配备老年智能健康手环，构建居家医疗新模式；实行"互联网＋"家政，建立互联网预约机制，提供助餐、保洁、搬家、照护等服务，构建居家家政服务新模式；实行"互联网＋"助学,通过线上课堂、网络教学,构建老年大学新模式。以数字化服务改变居家养老服务的生活方式,让老有所养、老有所乐、老有所学等提高获得感,提升便捷性,更体现个性化要求。

综上,将"互联网＋"融入居家养老,构建居家养老新模式,对于顺应科技时代发展要求、推动行业转型、打造幸福健康的老年生活具有积极意义,也是落实积极应对人口老龄化国家战略的具体方案。但也需要看到的是,养老服务是核心、是"皮",互联网是"毛",信息化技术发展日新月异,数字化改革持续推进,而居家养老服务还需要脚踏实地,以服务取胜,这是根基所在。通过"互联网＋",就是要让居家养老更有联动性、互动性,以加快居家养老社会化、市场化进程,让居家养老服务资源更优化,让居家养老服务更优质,让居家老年人的生活更有幸福感。因此,政府购买居家养老服务,可以通过加快培育"互联网＋"居家养老的企业,支持居家养老服务机构建设互联网平台,引入数字化管理模式,发展"互联网＋"的新业态,以康养为主线,拓宽居家老年人获取服务的有效路径,也有助于居家养老服务产业链做长做粗,繁荣居家养老服务市场。

三、标准化:提升居家养老服务供给质量

根据 2022 年我国国民经济年度报告,我国 60 岁及以上人口 28 004 万人,占全国人口的 19.8%;65 岁及以上人口 20 978 万人,占全国人口的 14.9%,已经接近中度老龄化社会。老年人口基数持续攀高,个性化、多样化和专业化的居家养老服务需求日益增加,提高居家养老服务供给已经成为满足人民日益增长的美好生活需要内容之一。2023 年,中共中央、国务院印发了《质量强国建设纲要》,要求面对新形势新要求,必须把推动发展的立足点转到提高质量和效益上来,提出:"加强居家养老服务质量标准与评价体系建设,扩大日间照料、失能照护、助餐助行等居家养老服务有效供给,积极发展互助性居家养老服务。"质量是居家养老服务的重要保障,离不开居家养老服务标准化建设,以居家养老服务标准化提质量、增效益是当前高质量发展居家养老服务事业的必然要求,有助于提高老年人晚年生活的幸福感、获得感和安全感。

我国居家养老服务事业是在"未富先老、未备先老"的情况下发展起来的,城乡差距明显,区域经济状况和老龄程度差异较大,机构养老、社区

养老和居家养老多种模式并存,服务供给多样化,供给能力和水平也不平衡。随着政府购买居家养老服务、推动社会力量进入居家养老服务领域等措施的实施,我国居家养老服务市场化进程加快,形成了居家养老服务多元供给的发展格局,在丰富居家养老服务供给的同时,也带来了居家养老服务质量控制难题,毕竟不同的服务主体在服务人员、服务项目等诸多方面还是有很大差异,服务对象对服务效果的评价标准也因个人、区域、性别等因素影响而有所差别。

人口老龄化带来的社会问题仅仅依靠个人和家庭是无法解决的,政府在服务资源上的有限性、政府职能的转变、社会治理体系的发展,都推动了居家养老服务市场化发展,但并不意味着将提供居家养老服务的责任全部转移给社会,仍然需要政府对于属于公共服务领域的养老事业予以全局性的把控,包括制定居家养老服务发展规划、建设居家养老服务公共设施,也包括面向普惠性居家养老服务构建标准体系并开展服务评价。同时,居家养老服务市场化发展,越来越多的社会组织、企业以及养老机构进入居家养老服务供给领域,运营效益的要求也让其必须重视居家养老服务供给的标准化,打造居家养老服务品牌,占领居家养老服务市场。2023年2月2日,国家市场监管总局(标准委)、民政部、商务部就联合印发了《养老和家政服务标准化专项行动方案》,围绕有效满足老年人多样化、多层次居家养老服务需求,对于我国居家养老服务标准化建设提出了总体发展规划。因此,标准化无论对于政府普惠性居家养老服务、还是市场化的居家养老服务,都具有非常重要的现实价值。

1. 要建立多层次多类型的居家养老服务标准体系

我国的居家养老服务供给模式多样,具有居家养老、社会化养老、机构养老、商业化养老等多类型的特点,也有健康保健、失能照护等不同居家养老服务内容,城市与农村、城乡接合等不同区域特色,也造成居家养老服务具有多层次性。标准具有准入性的特性,并不是最高的要求,而是基础性的要求。因此,居家养老服务标准既要考虑到覆盖的广度,要根据不同居家养老服务项目、服务保障条件等来制定,也要具有层次的多维度,由不同的标准制定主体如政府主管部门、行业协会、企业等来完成,以此形成国家标准、地方标准、行业标准、团体标准和企业标准相互补充相互支持的标准体系,当然标准的层次性意味着层级越高、标准要求越低,也就是说国家标准应该是其他类型标准制定的依据,其他标准应高于国家标准,特别是具有强制性的国家标准。

2. 要建立动态化和引领性兼顾的居家养老服务标准体系

居家养老服务标准要依据不同层次的标准所覆盖的区域社会经济发展水平、居家养老服务需求等诸多情况,但这些情况并不是静态的,随着社会经济的发展、人均寿命的增长、生活水平的提高、服务个性化专业化的要求,居家养老服务标准要呈现动态变化,以不断适应不断提高的居家养老服务需求变化,以保证居家养老服务的社会满意度。尽管居家养老服务标准具有基准的特点,但是同样可以引领居家养老服务行业发展方向,政府以标准研制推动居家养老服务重点领域的规范化发展,地方标准、企业标准可以对居家养老服务领域的新服务、新项目进行创新性研制,由此让标准符合行业发展趋势要求,引领居家养老服务行业规范化发展,让居家养老服务市场井然有序,居家养老服务行为有据可为。

3. 要落实居家养老服务标准的贯彻保障机制

居家养老服务标准体系构建必须坚持政府主导,对接"居家社区机构相协调、医养康养相结合"的居家养老服务体系,明确居家养老服务标准的研制方向和重点领域,推动基础通用、行业急需、支撑保障类居家养老服务标准研制,加快居家和社区养老、长期照护、智慧养老等紧贴人民群众生活实际的标准研制,涉及到强制性标准例如养老机构安全标准等,要和相关行业监管举措实现有效衔接,成为行业监管的有效抓手或是处理相关服务纠纷的有效依据。当前,居家养老服务标准化受到各级政府、行业企业的高度重视,各类标准也如雨后春笋大量出现,在标准缺失的同时有标准但不执行或者执行效果不佳的情况也同样值得关注,要将标准转化为居家养老服务供给主体提质发展的内生动力,除了强制性标准要严格执行之外,更需要行业企业有主动执行标准的意识,将标准落实进企业的内部管理制度。从未来的发展方向上看,除了建立行业标准和服务标准,还应当将行业的监管提升到重要的位置,支持企业发展,避免产生行业乱象,政府部门应将标准作为居家养老服务评价、等级企业评审、企业信用评价等方面的重要依据,完善标准实施信息反馈机制,引导居家养老服务供给主体能按照标准开展工作。当然,标准的有效落实也离不开社会与消费者的监督。

4. 要构建居家养老服务人才培养培训的标准体系

居家养老服务从业人员是落实标准的关键,也是服务质量的关键,但是从业人员的资格认证尚没有统一标准,年龄、学历、水平参差不齐,还有不少从业人员还是按照"生活经验"来工作,更是增加了服务风险。因此,从培养到就业,居家养老服务人员都应按照标准来打造,要建立居家养老服务相关专业教学标准、课程标准、岗位培训标准、实践教学标准等标准化体系,将各类标准全面融入人才培养培训的全过程,同时配套按照标准开发的培训教学资源,以保证培养培训出来的居家养老服务人员有按照标准服务的意识和能力。

5. 要打造以标准为基础的居家养老服务市场品牌

标准化水平的高低决定了居家养老服务企业的服务能力,在居家养老服务市场日益放开的背景下,企业要能在市场上占据优势必须走品牌化发展的道路。行业企业以标准为基础,优化居家养老服务标准供给结构、向消费者明示服务标准、完善标准实施信息反馈机制,促进居家养老服务领域国内国际标准衔接,打造具有标准化特点的居家养老服务品牌,也有助于企业做大做强,提质居家养老服务市场。

综上,高质量的居家养老服务供给,需要有高质量居家养老服务标准体系作为支撑。我国居家养老服务业发展尚在起步阶段,服务模式、服务项目、服务内容等都在不断优化完善之中,标准体系建设尚需"精耕细作",更需要政府在实施居家养老服务政策中,主导并大力扶持行业的标准化建设,既要考虑到服务准入的强制性要求,更要让行业企业发挥主观能动性,以提高供给质量为主攻方向,大胆探索、鼓励创新,以标准提升服务质量、引领产业转型升级,以满足老年人日益增长的美好生活需要。政府购买居家养老服务过程通过配套服务的标准体系,才能保障服务的高质量。只有以高质量的标准化体系支撑的居家养老服务业,才能获得社会和老年人的认可和肯定,成为落实积极应对人口老龄化国家战略的重要支撑。

四、老有所养：亟须职业教育要加强人才供给能力

我国是世界上老年人口最多的国家，自 2000 年进入老龄化社会以来，即将从轻度老龄化迈向中度老龄化时代。至 2019 年末全国 60 岁及以上人口为 25 388 万人，占总人口的 18.1%，其中 65 岁及以上人口为 17 603 万人，占总人口的 12.6%。老龄化程度加快，老年群体的健康意识和消费理念逐步升级，健康照护、智能技术等新手段新模式新产品不断涌现，推动养老服务朝着精细化、专业化、科学化的方向发展，客观上对相关从业人员的素质和技能提出了更高要求。但是养老服务人才供给一直是个难题，专业设置和招生规模不足、人才培养和职业岗位脱节、行业需求和社会认可存在较大差异、职业发展空间有限等直接影响到职业院校办学的积极性。面对行业急需，职业教育亟待破冰，提高养老服务人才要素供给能力，已成为亟待破解的现实问题。

近年来，我国在加强养老服务人才供给方面做出了许多探索。教育部认定了 65 个专业点为全国首批养老服务类示范专业点，要求高职扩招重点面向养老服务类专业倾斜。2019 年，教育部办公厅等七部门发布了《关于教育支持社会服务产业发展提高紧缺人才培养培训质量的意见》（教职成厅〔2019〕3 号），贯彻中共中央、国务院关于推进养老服务发展等的决策部署，提出到 2022 年，教育支持社会服务产业发展的能力有效增强，为社会服务产业紧缺领域培养和输送一大批层次结构合理、类型齐全、具有较高职业素养和专业能力的高素质人才。2019 年 10 月，国家人力资源和社会保障部等多部门组织实施"康养职业技能培训计划"，计划至 2022 年，培养培训各类康养服务人员 500 万人次以上，在全国建成 10 个以上国家级（康养）高技能人才培训基地。国务院办公厅《关于促进养老托育服务健康发展的意见》（国办发〔2020〕52 号），提出加强老年医学、老年护理等学科专业建设。一系列务实新要求、新举措，为加快补齐养老和托育人才数量和素质短板注入新的动能。

在数字化变革的背景下，新技术、新模式、新理念在养老领域得到广泛运用，人工智能、互联网等多领域加快了和养老服务领域的融合，养老产业链正在不断变长变粗，职业院校要形成动态调整优化专业设置的机制，增设老年保健与管理、老年护理等相关专业，在家政、康复等专业设置

养老的专业方向，以养老相关专业为核心，高水平打造专业群，构建政府部门、行业企业和院校的协同育人模式，鼓励成立养老行业产教共同体，引导养老领域的社会资本参与院校办学，主动对接健康照护师、老年人能力评估师等养老领域的新职业，分析岗位能力，引入养老照护、失智老年人照护等教育部职业等级证书，通过课证融合，练就学生的专业服务技能，提高学生的就业能力，同时按照岗位能力要求，打造养老"职业培训包"和"工学一体化"培训模式，将在职人员培训和高职扩招、成人教育有效结合，加快教育链和产业链融合。

伴随着社会人口老龄化日趋严重，我国失能、半失能和失智老年人口数量大幅增加，当前已经超过了4 000万，老年人的医疗卫生服务需求和生活照料需求叠加的趋势越来越显著，医养结合服务需求日益强劲。长期以来，重照护轻康养，养老服务行业在医疗服务能力上一直有所欠缺，缺的不仅在医养结合人才，还有医养照护的技术标准。"医"不足显然是目前养老服务人才数量和质量上存在的最大短板，通过借鉴日本、德国等国家的介护标准，职业院校的人才培养可以引领行业的发展趋势，为行业提供高端人才。

当然，不可忽视的是养老服务行业有社会认知问题，一直存在职业社会认可度低的问题，招生难和就业不难、培养不难和职业认可难这两对矛盾亟待破解。职业院校在办学中一方面要加强学生的职业教育，同时必须认识到要想学生能接受养老服务相关职业，必须教师先认同，要主动吸收有行业经历的专家入校授课，定期安排专业教师到行业锻炼，要能对养老行业有深入全面的了解和认识，具备娴熟的服务技术和教育能力，更要对职业有热爱感，并且能把这种热爱传递给学生，引导学生接受专业、乐于从事养老服务。

党的十九届五中全会审议通过了《中共中央关于制定国民经济和社会发展第十四个五年规划和二〇三五年远景目标的建议》，首次明确提出实施积极应对人口老龄化国家战略，这是关乎国家长远发展与人民世代福祉的战略举措，也为我国解决社会老龄化问题提出了行动宣言。夯实养老服务人才之基，离不开职业教育，加强专业人才供给，既是职教强国的重要任务，也是积极应对人口老龄化国家战略的重要支撑，有助于实现政府所提出来的"老有所养"的社会承诺。因此，政府在推广和实施居家养老服务的时候,要充分认识到人才是服务质量保障的关键所在,要重视加强医养康养相关人才的培养培训,配套建立相应的职业鉴定、就业创业、继续教育等方面的政策。

五、积极老龄观:居家养老要向居家享老转变

随着社会的发展,老年人需要的服务越来越多样,这样的需求就外化成了养老服务。对于居家老年人而言,大多数生活能够自理,具备参与各类社会活动的能力,他们对于服务的需求并不在于满足于基本的生活。以往所说的家庭的经济供养、生活照料和精神慰藉三大功能基本由家庭成员来完成,但是在现代社会,很多老年人并不是和家庭子女居住在一起,他们可以通过自己的养老金甚至力所能及的工作保证自己的生活支出。自理能力也决定他们具备自己照护自己的能力,也可以通过与社会交往(如朋友交流、社会活动)来满足自身的精神需求,他们更需要的是一种享受晚年生活的状态。在现代化的社会中,自我意识会愈发强烈,老年人并不希望将自己的照护责任委托给他人,在失能失智的情况下养老只能是无奈之举,"享老"应该成为大多数尤其是自理老年人的主动选择,是一种积极老龄观的体现。

人口是国家发展的基础性、全局性、长期性和战略性要素。人口变动是数量、结构、素质、迁移和分布等所有人口要素的联动变化,对经济社会体系会产生全面、长远、深刻的影响。2022年5月5日,二十届中央财经委员会第一次会议强调加快建设以实体经济为支撑的现代化产业体系,以人口高质量发展支撑中国式现代化。现代化的本质是人的现代化,全面提高人的素质是现代化的重要内容,也是现代化建设最基本、最重要的支撑。长期以来,社会对于人口的评价,更多的是关注其在财富创造和战争中的作用。因此,年轻人口被重视,而老龄人口则容易被看作负担,可以简称为"消极的老龄化"时代。20世纪中期以后,随着经济发展和人们健康水平以及寿命的提高,人们对老龄化的看法逐渐从消极向积极转变。作为老龄人口最多的发展中国家,"未富先老,未备先老"是我国和其他发展中国家在老龄化中面临的共同问题。在现代化社会中,我们更需要认识到,随着越来越多的人教育水平的提高,寿命越长以及健康状况越好,老年人相比以前可以对社会做更大的贡献。通过引导他们积极参

与社会及其发展,他们宝贵的经验及能力就会得到很好的利用。任何想要工作并且能够工作的老年人都应拥有工作的机会,所有人都应该享有终身学习的机会。通过创建支持性网络和营造相关环境,加强两代人之间的团结,打击虐待、暴力、不尊重、歧视老年人的行为。通过提供充分的、负担能力之内的医疗保健,包括预防性卫生措施等,可以帮助老年人在尽可能长时间内保持独立生活,为积极老龄化创造条件。2021年11月发布的《中共中央 国务院关于加强新时代老龄工作的意见》就指出:"实施积极应对人口老龄化国家战略,把积极老龄观、健康老龄化理念融入经济社会发展全过程,加快建立健全相关政策体系和制度框架,大力弘扬中华民族孝亲敬老传统美德,促进老年人养老服务、健康服务、社会保障、社会参与、权益保障等统筹发展,推动老龄事业高质量发展,走出一条中国特色积极应对人口老龄化道路。"

1. 智慧化为居家老年人积极养老创造了条件

智慧养老是以技术创新为驱动力的。它通过将人工智能、物联网这样一些信息技术和传统的健康养老深度融合,形成新兴的产业形态,同时也帮助越来越多的居家老年人能够更加幸福满足地享受老年生活,这也能够激发新的消费增长点,催生出新的消费领域,促进消费结构的升级,最终为养老产业供给侧结构性改革提供一个重要的推动力及更好的老年生活、更好的老年服务,把养老变成一种"享老",使居家老年人足不出户就可以享受到更好的生活。

2. 健康条件为居家老年人积极养老提供了保障

医疗条件的不断提高,生活条件的不断改善,对于居家老年人来说,健康的身体是积极养老的重要保障,要提升广大老年人的获得感、幸福感、安全感,就要把"老有所为"同"老有所养"结合起来,完善就业、志愿服务、社区治理等政策措施,充分发挥低龄老年人作用。在学校、医院等单位和社区家政服务、公共场所服务管理等领域,探索适合老年人灵活就业的模式。鼓励各地建立老年人才信息库,为有劳动意愿的老年人提供职业介绍、职业技能培训和创新创业指导服务。深入开展"银龄行动",加快建设适应新时代老龄工作需要的专业技术、社会服务、经营管理、科学研究人才和志愿者队伍,引导老年人以志愿服务形式积极参与基层民主监督、移风易俗、民事调解、文教卫生等活动。

3. 家庭功能恢复为居家老年人积极养老提出了要求

现代社会中,工作节奏的加快迫使家庭很难有时间和精力去照护孩子,传统的家庭生活方式还是需要老年人为年轻家庭提供必要的支持,越来越多的年轻家庭在生儿育女后反而和父母的关系更为紧密。因此,通过发挥老年人在家庭教育、家风传承等方面的积极作用,让居家老年人承担隔代养育的工作,丰富他们日常家庭中家务生活的安排,也是一种积极养老的体现,这也是实现"朝夕美好"生活的重要体现。

4. 社会现代化为居家老年人积极养老形成了发展思路

现代化的本质是人的现代化,实现人的自由和全面发展,对于老年人也是同样如此。现代社会的老年人,学历水平逐步提高,个性化的思维方式也较为普遍,在解决了生活保障的前提下,对于精神娱乐要求越来越重视,就是需要主动参与社会活动,保持人际交往,而并不希望自己留在家庭中"被动"地养老,积极养老成为居家老年人普遍的需求。对此,要通过精准识别不同老龄人口的现实需求,兼顾照护与生产、物质与精神、普惠与差异,打造更加尊重老年人权益和个体尊严的现实世界,以老年人的资源助力现代化建设,以现代化建设成果改善老年人权益。同时,充分发挥主流媒体正面宣传的引领作用,在全社会大力弘扬和树立"积极老龄观""健康老龄化"观念,突出老年人的社会价值,消除"老年即负担"的负面心态,培育"老有所用""老有所为"的社会舆情,扭转社会对老年人"衰弱""依赖""失用"等刻板印象。

综上,有效应对我国人口老龄化,事关国家发展全局,事关亿万百姓福祉,事关社会和谐稳定,对于全面建设社会主义现代化国家具有重要意义。随着时代的发展、社会的变化,政府购买居家养老服务也正在面临服务内容、服务形式的变化,居家老年人对于晚年生活的想法也会产生本质的变化,自主、自立以及积极参与社会活动的意识显著加强,他们更需要一种全新的生活方式,以满足自身的需求。对此,新时代老龄工作要重点推动"养老"为"享老",要促进老年人社会参与,鼓励居家老年人继续发挥社会作用和家庭作用,以积极的心态提高晚年生活质量。当然,这种"享老"要形成相应的政策保障和支持体系。如在低龄老年人灵活再就业方面,政策可以支持的就业方向可以是医院、学校,主要应该是护工、清洁工之类的,男性为主;家政服务,女性为主;公共场所服务管理保安之类工作等,给偏体力劳动的老年人寻找灵活就业机会;用人单位要切实保障他们的工资待遇,建立基于岗位价值、能力素质、业绩贡献的工资分配机制等,落实职业保护基本要求。此外,居家环境的"适老化"改造必不可少,这也是保障居家老年人"享老"的重要保障,只有老年人安全有保障,才能更好地享受老年生活。

六、观念转变:提高居家养老消费能力

根据中国消费者协会发布的《2022年养老消费调查项目研究报告》显示,老人居家养老需求重在家政清洁、餐饮、老年饭桌等"日常所需",低龄老年人消费更具活力,升级型消费需求明显,高龄老人养老亟须加大支持力度。整体而言,老年人消费环境仍需"适老化"提升。实施政府购买居家养老服务的很重要的原因之一在于居家养老服务市场不成熟,服务产品属于微利性,要通过政府补贴吸引相关企业进入居家养老服务市场,丰富养老服务供给。但是传统的消费习惯决定了老年人对于居家服务消费能力偏弱,但是在健康服务或产品上消费能力又会显著增强的态势。如果不能有效提高居家老年人的消费支出,会降低居家养老服务机构的服务意愿和承担居家养老服务的意愿,降低居家养老服务市场的竞争性,由此也会助长居家老年人的服务套现行为。从我国现状来看,新时代的老年人具有巨大的消费潜力,但老龄化可能抑制消费的自然倾向,使其消费潜力难以得到有效释放[1]。人均收入水平增加带来的消费促进效应不足以抵消人口结构老化所致的消费抑制效应,总体消费水平或随老龄化程度的加深而降低,这不利于消费需求的转型升级,对持续释放内需潜力产生更大的阻力[2]。同时,以医疗保健类为主的老龄消费,主要对国内大循环的内需消费产生溢出效应,阻碍了完整消费需求体系

---

[1] 蔡昉.老龄化第二个转折点将至,会带来哪些影响?[EB/OL].新华网.http://www.news.cn/sikepro/20210512/2fa24ce2cc4f46128f4cec1e908cb5ae/c.html.
[2] 吴敏,熊鹰.年龄、时期和队列视角下中国老年消费变迁[J].人口与经济,2021(5):45-48.

的培育[1]。

1. 开展老年用品与涉老服务质量专项提升行动

深化开展涉老产品质量专项整治与提升,加强质量评测与监管,推进涉老服务标准化,促进养老服务整体水平提高,通过产品和服务品质提升来拉动居家老年人的消费意愿。

2. 加大高龄老人养老服务供给支持力度

鼓励居家与机构养老服务更多聚焦高龄老人,加大政策补贴支持力度。刺激消费和保障基本之间需要有相应的平衡,不能因为一味地拉动居家老年人的消费,而忽视了政府购买居家养老服务的服务对象还包括需要"兜底"服务的老年人,保障他们的利益同样不容忽视。

3. 要依托居家养老服务智慧化和科技化,推动居家养老服务与其他行业融合发展,推动科技助老,营造"适老"消费环境

一方面要通过"智慧助老",提高居家老年人的服务获得能力,另一方面加快服务场景的"适老化"改造,提高老年人的消费便利性,畅通老年消费渠道。此外,通过持续推进老年人融入数字经济,打通线上消费渠道,构建居家老年消费数字化便利圈。

4. 要遵循老人消费观念和习惯

通过"进社区"行动,引导居家养老服务机构在社区内布点,支持引导线下老年用品实体店布局,构建老人便利生活消费圈。

5. 重点发展医养康养服务和产品

根据居家老年人实际需求,引导更多的居家养老服务机构培育医养康养服务项目,开发和提供更多相关配套产品,丰富居家养老服务供给。中国旅游研究院发布了《中国老年旅居康养发展报告》,报告认为,老龄化是未来较长时期基本国情,2020年我国康养旅游人数已达6 750万人次,老年旅游从福利事业向旅游产业转变,从小众市场向主流市场转型。老年旅居康养潜力巨大但存在供需错位的问题,老年群体需求尚未获得充分满足。

---

[1] 王宇鹏.人口老龄化对中国城镇居民消费行为的影响研究[J].中国人口科学,2011(1):46-52.

6. 建立完善与经济社会发展相匹配的收入稳定增长机制

收入是决定消费的关键因素。"七普"数据显示,我国60岁及以上就业人口仅占就业总人口的8.8%,老年劳动力价值尚有很大的提升空间,要鼓励低龄老年人发挥余热参与社会劳动。当然,通过收入提高老年人的消费能力和服务购买力的同时,还须加强老人养老观念、消费意识和生活习惯等的教育引导,以及养老消费安全宣传教育,强化重点领域养老消费维权,改善老年消费维权环境,加快完善老年人劳动力市场参与的法律法规建设,切实保障老年人的劳动权益。

参考文献

[1] Evers. Wohlfahrts Pluralismus：Vom Wohlfahrts Staat Zur Wohlfahrts Gesellschaft[M]. Opladen,1996.

[2] J Wolfenden. The Future of Voluntary Organizations[M]. London：Croom Helm,1978:9－14.

[3] Johnson N. The Welfare State in Transition：The Theory and Practice of Welfare Pluralism[M]. Amherst：University Massachusetts Press,1987.

[4] Olsson. Social Security in Sweden and other European Countries-Three Essays[R]. Stockholm：ESO,1993.

[5] Rose R. Common Goals but Different Roles：The State's Contribution to the Welfare Mix[M]. Oxford：Oxford University Press,1986.

[6] Tian G. The Uniqueness of Informational Efficiency of the Competitive Mechanism in Production[J]. Soc Choice Welfare，2006，26:155－182.

[7] 陈立行,柳中权. 向社会福祉跨越[M]. 北京：社会科学文献出版社,2007.

[8] 陈良瑾. 中国社会工作百科全书[M]. 北京：中国社会出版社,1994.

[9] 陈叔红. 养老服务与产业发展[M]. 长沙：湖南人民出版社,2007.

[10] 陈永杰,卢施羽. 中国养老服务的挑战与选择[M]. 广州：中山大学出版社,2013.

[11] 冯佺光,等. 养老产业开发与运营管理[M]. 北京：人民出版社,2013：275－302.

[12] 郭爱妹. 多学科视野下的老年社会保障研究[M]. 广州：中山大学出版社,2011:63.

[13] 贾素平. 养老机构管理与运营实务[M]. 天津：南开大学出版社,2013：

43-44.

[14] 梁万福.香港安老院舍评审计划五年检讨报告书(2005—2010)[R].香港:香港老年学会,2012.

[15] 穆光宗.挑战孤独——空巢家庭[M].石家庄:河北人民出版社,2012:1-2.

[16] 宁波市人口普查办公室.宁波市2010年人口普查资料[M].北京:中国统计出版社,2012.

[17] 祁峰.中国养老方式研究[M].大连:大连海事大学出版社,2014:17,104.

[18] 全国社会工作职业水平考试教材编写组.社会工作政策与法规[M].北京:中国社会出版社,2009.

[19] 王思斌.社会工作导论[M].北京:高等教育出版社,2004.

[20] 世界卫生组织.积极老龄化政策框架[M].中国老龄协会,译.北京:华龄出版社,2003:9.

[21] 仝利民.老年社会工作[M].上海:华东理工大学出版社,2006.

[22] 佟新.人口社会学[M].北京:北京大学出版社,2002:311.

[23] 王思斌.社会工作概论[M].北京:高等教育出版社,1999:138.

[24] 魏华林,金坚强.养老大趋势:中国养老产业发展的未来[M].北京:中信出版社,2014.

[25] 邬沧萍.社会老年学[M].北京:中国人民大学出版社,1999:205.

[26] 吴敏.需求与供给视角的机构养老服务发展现状研究[M].北京:经济科学出版社,2011.

[27] 杨立雄.老年福利制度研究[M].北京:人民出版社,2013.

[28] 张维迎.博弈论与信息经济学[M].上海:上海人民出版社,2012.

[29] 中国大百科全书编辑部.中国大百科全书·社会学[M].北京:中国大百科全书出版社,1993.

[30] 中华人民共和国民政部.中国民政统计年鉴——2014[M].北京:中国统计出版社,2014.

[31] 李昌麒.产品质量法学研究[M].成都:四川人民出版社,1995.

[32] 曹荣桂.医院管理学概论分册[M].2版.北京:人民卫生出版社,2011.

[33] 李鲁.社会医学[M].4版.北京:人民卫生出版社,2012.

[34] 刘淑娟.长期照护[M].2版.台北:华杏出版股份有限公司,2011.

[35] 梁万年.卫生事业管理学[M].2版.北京:人民卫生出版社,2008.

[36] 沈荣华.政府机制[M].北京:国家行政学院出版社,2003.

[37] 王莉莉,郭平.日本老年社会保障制度[M].北京:中国社会出版社,2010.

[38] 邹文开,赵红岗,杨根来.全国健康养老保障政策和标准大全[M].北京:化学工业出版社,2010.
[39] 郭竞成.居家养老研究:来自浙江的调查与思考[M].北京:中国社会科学出版社,2016.
[40] 张旭升.政府购买居家养老服务参与主体的行动逻辑[M].北京:中国社会科学出版社,2016.
[41] 朱晓卓.卫生法律实务[M].南京:东南大学出版社,2013.
[42] 朱晓卓.老年人日常生活案例解读[M].南京:东南大学出版社,2016.
[43] 田侃,朱晓卓.医学法学[M].北京:中国医药科技出版社,2013.
[44] 田侃.民商法概论[M].南京:东南大学出版社,2009.
[45] 罗思荣.民法案例评析[M].杭州:浙江大学出版社,2005.
[46] 关怀,林嘉.劳动法学[M].北京:中国人民大学出版社,2005.
[47] 王益英.外国劳动法和社会保障法[M].北京:中国人民大学出版社,2001.
[48] 中华人民共和国劳动法(实用版)[M].北京:中国法制出版社,2010.
[49] 中华人民共和国劳动法(附最新司法解释)[M].北京:法律出版社,2010.
[50] 王全兴.劳动法学[M].北京:高等教育出版社,2009.
[51] 全国人大常委会法制工作委员会行政法室.《中华人民共和国劳动争议调解仲裁法》条文释义与案例精解[M].北京:中国民主法制出版社,2008.
[52] 刘昕.薪酬管理[M].2版.北京:中国人民大学出版社,2007.
[53] 谢培豪.养老机构服务与管理[M].北京:科学出版社,2021.
[54] 陈卓颐.实用养老机构管理[M].天津:天津出版社,2009.
[55] 斯蒂芬·罗宾斯,玛丽·库尔特,著.管理学[M].刘刚,程熙镕,梁晗,等译.北京:中国人民大学出版社,2017.
[56] 张亮,王明旭.管理学基础[M].北京:人民卫生出版社,2006.
[57] 冯占春,吕军.管理学基础[M].2版.北京:人民卫生出版社,2013.
[58] 方振邦.管理学基础[M].3版.北京:中国人民大学出版社,2016.
[59] 朱晓卓.老年人服务与管理政策法规[M].北京:海洋出版社,2017.
[60] 徐浪静.医学伦理与法规[M].杭州:浙江大学出版社,2022.
[61] 饶和平.卫生法规与护理管理[M].杭州:浙江大学出版社,2016.
[62] 奚伟东,邵文娟.养老机构管理与服务[M].北京:清华大学出版社,2021.
[63] 老龄文明智库.老龄文明蓝皮书[M].南京:江苏人民出版社,2023.